Wolfgang Fischer • Dem Leiden Sinn geben

Wolfgang Fischer

Dem Leiden Sinn geben

Orientierung aus dem Glauben

Styria

Die Deutsche Bibliothek – CIP-Einheitsaufnahme

Fischer, Wolfgang:
Dem Leiden Sinn geben : Orientierung aus dem Glauben /
Wolfgang Fischer. – Graz ; Wien ; Köln : Verl. Styria, 1998
ISBN 3-222-12443-4

© 1998 Verlag Styria Graz Wien Köln
Umschlaggestaltung: Zembsch' Werkstatt, München
Satz: B & R Satzstudio, Graz
Gesamtherstellung: Verlag Styria, Graz
ISBN 3-222-12443-4

INHALT

Vorwort

„Es sind die, die aus der großen
Bedrängnis kommen; sie haben ihre
Gewänder gewaschen und im Blut des
Lammes weiß gemacht."

(Offb 7,14b)

An der Universität Münster schrieb ich 1980, vor achtzehn Jahren, bei Professor Dr. Franz Kamphaus, dem späteren Bischof von Limburg, meine theologische Diplomarbeit mit dem Thema: „Die Bewältigung und Annahme des Leids im pastoralen Konzept von Pater Josef Kentenich". Dieses Thema hat mich weiterhin begleitet. In der Jugend- (1983–1989), Wallfahrts- (1990–1991) und Pfarr- (1992–1997) Seelsorge ist mir viel fremdes Leid begegnet. In der eigenen Lebensgeschichte hatte ich selbst Leid zu bewältigen oder schlicht anzunehmen. 1995 hatte ich ein sogenanntes Sabbatjahr, wo ich Zeit für mich hatte. Da habe ich verschiedene (Pilger-)Reisen unternommen, „frei" studiert, an Selbsterfahrungskursen teilgenommen und aus meiner Diplomarbeit dieses Buch werden lassen.

Beim Thema Umgang mit dem Leid bewundere ich die Weisheit und Weisung von Pater *Joseph Kentenich*. Er zeigte Interesse an der pastoral-psychologischen Seite, am Wie des Leidens. Hier brachte er einen originellen, wenig beachteten Beitrag in die Pastoral ein. Kentenich nimmt die Psychologie ernst und berücksichtigt seelische Gegebenheiten. Dadurch wird die Tradition der Kreuzesnachfolge korrigierend ergänzt. Wir lesen Pater Kentenich, den Gründer der internationalen Schönstatt-Bewegung, verstärkt mit einer pastoral-psychologischen Brille. Pater Kentenich wird immer mehr als psychologisch orientierter Seelsorger entdeckt, der neue und mutige Wege in der Pastoral ging. Das Ineinanderklingen von Psychologischem und Religiösem ist ganz typisch für Kentenich. So kann beispielsweise ein schnelles Trostwort verhindern, daß der Leidende sich ausweint oder ausklagt. Dann hätte der Betroffene den erlebten Schmerz nicht mit dem Gemüt angenommen und die religiöse Deutung würde nicht die Tiefe seines Herzens erreichen. Doch der ganze Mensch, nicht nur der „fromme Kopf" hat Leid zu meistern.

Ein weiterer Autor gewann bald an Bedeutung: *Viktor E. Frankl*, der Begründer der Logotherapie. Kein zweiter vertritt so offensiv die Sinnhaftigkeit des Leids. Mit dieser Position liegt Frankl nicht im Trend heutiger Theologie, die ich ja zu studieren hatte. Doch Frankl weiß, wovon er spricht, sein Leben war randvoll mit Leid angefüllt. Mit beiden, Kentenich und Frankl, führe ich Gespräche. Und ich spreche mit dem Leser, dem ich am Ende jedes Kapitels einen langen Fragenkatalog zumute.

Ich habe dieses Buch für jedermann geschrieben. Deshalb verzichte ich auf theologische, psychologische oder logotherapeutische Sprache. In jedem Fall wird diese „Spezialsprache" allgemein verständlich ausgedrückt. Das „Schreiben für jedermann" ist bei komprimierten Darstellungen schwierig. Im Kapitel 1.3 – der „liebe" Gott nach Auschwitz – wird derjenige, der sich kaum mit der Theodizeefrage (= Rechtfertigung Gottes angesichts des Leids) beschäftigt hat, die Lektüre mühselig finden. Nicht wenige möchten gerne dies Kapitel der (deutschen) Geschichte am liebsten ausklammern, was falsch ist. Des weiteren wird im 6. Kapitel die Logotherapie Frankls dargestellt. Hier wären psychologische Vorkenntnisse für die Einordnung des Gesagten hilfreich. Doch grundsätzlich schreibe ich dieses Buch für „jedermann" und jede, ob Christ, Jude oder Ungläubiger, ob kirchennah oder kirchenfern, ob mit viel oder wenig Selbsterfahrung, jeder kann diese Lektüre mit Betroffenheit lesen, weil jeder Leid zu bewältigen hat.

Das Buch richtet sich nicht nur an „Spezialisten" in Sachen Leid. Jeder Mensch hat zu leiden, jeder sollte mit seinen Möglichkeiten des Zuhörens, Betens und Liebens Seelsorger(in) sein. Die gute Seelsorge zeichnet sich dadurch aus, daß sie eine Lebenssituation unbefangen aufnimmt und durchs Herz gehen läßt. Wir alle sind ein Stück weit Psychotherapeuten und ein Stück weit Menschen, die der Beratung und Begleitung bedürfen. Uns treibt die Hoffnung, daß der Leidende im Gespräch mit einem einfühlsamen Menschen und im klagenden Gebet aus seiner Traurigkeit herausgerissen werden kann.

Der Leser sollte keine Patentrezepte erwarten. Am Ende jedes Kapitels sind nicht Antworten oder Tips aufgelistet, sondern Fragen zum Nachdenken und Nachfühlen gestellt. Ich möchte mit dem Leser ein Gespräch führen und keine klugen Vorträge halten. Deshalb verstehe ich mich weniger als Referent, sondern als möglicher Freund im vertrauten Gespräch. Der „gute Freund" zeichnet sich nicht durch viele gutgemeinte Ratschläge aus, sondern dadurch, daß er die richtigen, oft schmerzhaften Fragen stellt. Und nach einer Spruchkarte sollte der gute Freund jemand sein, der die Melodie seines Herzens kennt und sie dir vorsingt, wenn du sie vergessen hast. Wenn der Leser die genannten Fragen in einer vertrauten Lebensgemeinschaft persönlich bespricht, dürfte er dabei die Grundmelodie seiner eigenen Seele tiefer entdecken. Ich verspreche intensive Ehegespräche für den Fall, daß sich ein Ehepaar gemeinsam an die Beantwortung eines Fragebogens heranwagt. Denn die Antworten auf die Sinnfrage des Leidens sind in keinem Buch, sondern im eigenen Herzen ganz subjektiv zu finden. Und ein vertrauter Gesprächspartner kann dem Leser möglicherweise eine größere Selbsteinschätzung seiner Lebens- und Leidbewältigung schenken.

Nicht alle angesprochenen Themen werden ausdiskutiert, weil sonst das Buch noch länger geworden wäre. Manchmal mute ich dem Leser schon einmal einen Gedankensprung oder etwas abrupt ein neues Thema zu. Die Zitierungen und Endnoten zeigen dem Leser an, wo ein Einzelgespräch intensiviert weitergeführt werden könnte. Dieses Buch kann ohne Beachtung der Endnoten gelesen werden. Der Text hat eine gewisse Dichte und eignet sich nicht zum „Schnell-Lesen". Jedes Kapitel kann für sich gelesen werden; Kapitel können auch übersprungen oder in einer anderen Reihenfolge gelesen werden.

Es bereitet Freude, sich mit Pater Joseph Kentenich, unserm wichtigsten Gesprächspartner, zu unterhalten. Wir werden ihn kritisch befragen und ganz offen diskutieren. Der Leser wird aber merken, daß Kentenich für mich schon ein Weisheitslehrer ist. Auch Viktor Frankl besitzt für mich eine hohe Autorität, obwohl ich mich selber nicht auf seine logotherapeutische Schule festlegen möchte. Doch zu den Diskussionspartnern gehören weitere Psychologen und Theologen, die Kentenich und Frankl gar nicht kennen. Gerade jüdische Denker bringen ihre Gesprächsbeiträge ein. Leute von der Straße diskutieren unzitiert mit. Menschen, die mir in der Seelsorge ihr Leid anvertrauten, klagen ungenannt in leicht veränderter Darstellung ihr Leid. Schönstätter, die Kentenich ernsthaft studiert haben, werden ihre Sicht vorbringen.

Zuerst wird Leid beobachtet. Wir schauen uns die vielen Gesichter des Leids an (Kapitel 1.1) und überlegen, wie heute Menschen mit dem Leid umgehen (Kapitel 1.2). Die Existenz des KZ Auschwitz wirft die „Warum-Frage" in aller Schärfe auf (Kapitel 1.3). Dann stelle ich Pater Joseph Kentenich dem Leser vor, denn seine eigene Lebens- und Leidensgeschichte (Kapitel 2) ist mitzudenken, wenn der Leser Äußerungen Kentenichs aufnimmt. Danach geht es um den Verstehenshintergrund, um grundsätzliche Gedanken Kentenichs: Was meint sein (Vorsehungs-)Glaube (Kapitel 3.1), seine Auffassung über Kindlichkeit (Kapitel 3.2) und seine Sicht der Verwobenheit von Religion und Psychologie (Kapitel 3.3)? Anschließend geht es um das Wie des Leidens, um die Praxis, um die Stadien oder Phasen im Leidensvorgang (Kapitel 4). Im 5. Kapitel beschäftigen wir uns intensiv mit der Annahme des Leids, die mit zwei ganz zentralen Spezialworten Blankovollmacht und Inscriptio beschrieben werden kann. Im Kapitel 6 geht es intensiv um die Logotherapie. Des näheren wird die paradoxe Intention als eine Methode zur Bekämpfung zwangsneurotischer Erscheinungsbilder dargestellt, danach wird die Biographie Frankls beschrieben, und schließlich wird die Sinnsuche des Leidenden aufgezeigt. Das 7. Kapitel beschreibt, welche positive Kraft im Leiden stecken kann. Leiden macht nicht nur resignativ oder (auto-)aggressiv. Das Leid birgt in sich folgende Aufgaben: Leid wird (mit-)geteilt im Gespräch, im einfühlsamen Zu- und Heraus-Hören (Kapitel 7.1). Das Betrachten des Leids geschieht in Gebet und Meditation (Kapitel 7.2). Und schließlich wäre Leid in Liebe zu wandeln (Kapitel 7.3). Das Zuhören, Beten und Lieben erhält im Leiden eine besondere Intensität. Das 8. Kapitel stellt eine kurze Zusammenfassung des Buches dar.

Diejenigen, die im oben genannten Bibelzitat um den Thron Gottes stehen, kommen aus großer Bedrängnis. Doch die Bedrängten tragen festlich weiße Gewänder, die im Blut des Lammes gewaschen sind. Die Erlösten, Seligen, Glücklichen tragen Palmzweige als Siegeszeichen in ihren Händen. Das ist ein jenseitig himmlisches Bild. Und doch hat dies Bild ebenso Bedeutung für das diesseitige Leben und Leiden. Denn wenn wir Leid wandeln, gehören wir schon im Hier und Heute zu den Erlösten, zu den Selig- oder Glücklich-Gepriesenen.

1
Lebenserfahrung heute

1.1 Die tausend Gesichter des Leidens

> *„Dahin sind meine Tage, zunichte*
> *meine Pläne, meine Herzenswünsche."*
> (Ijob 17,11)

Das Leid hat tausend Gesichter. Erdbeben, Vulkanausbrüche, Naturkatastrophen wie Unwetter und Hochwasser zeigen an, wie hilflos und abhängig wir Menschen selbst in unserem technischen Zeitalter noch sind. Schicksalsschläge verschiedenster Art und Krankheiten aus „heiterem" Himmel lähmen viele. Enttäuschungen in einer Freundschaft oder das Erleben eigener Ohnmacht gehören wohl in jedes Menschenleben hinein. Tiefe Trauer nach dem Tod eines nahestehenden Menschen will durchlitten sein. Jede Scheidung reißt tiefe Wunden bei den Ex-Partnern und bei den auseinandergerissenen Kindern. Selbst in geglückten Beziehungen gibt es die Erfahrung des Nichterfülltseins. Junge und alte Menschen erfahren oft Einsamkeit und Unverstandensein. Sündige Menschen zerstören das Glück anderer durch fahrlässige Autounfälle, durch sexuellen Mißbrauch (selbst in den eigenen Familien), durch brutale Gewalt oder durch Alkoholabhängigkeit. Ökologische Sünden bewirken Wetterveränderungen und verschlechtern unser Klima und Wohlbefinden. Ohnmächtig scheint der Mensch dem Leid ausgeliefert zu sein. Moderne Menschen tun sich schwer damit, dem Leid Sinn abzuringen.

Alle Lebensphasen des Menschen beinhalten Leidvolles. In der Geburt verläßt der Säugling seine Urheimat, den Mutterschoß, und mit einem lauten Schrei begrüßt der neue Erdenbürger das Licht der Welt. In den ersten drei Lebensjahren wird Entscheidendes für das ganze Leben passieren. „Elternsünden" im Sinne einer mangelnden

Zuwendung haben unheilvolle Folgen ein Leben lang. Nicht alle Kinder leben in einer „heilen" Welt, den Ehestreit erleben sie beispielsweise als etwas Bedrohendes. Wird ihnen das Spielzeug aus „pädagogischen" Gründen weggenommen, so macht sie das sehr traurig. Gerade Kinder weinen bitterlich und sind oft „untröstlich", weil sie sich vom Leid betreffen lassen und noch keine „Schutzmauern" dem Schmerz gegenüber aufgebaut haben. Neurotische Eltern erziehen oft wieder neurotische Kinder; die unerreichten eigenen Lebensziele soll das arme Kind erreichen. Es landet oft in einem zwanghaft gearteten, unglücklichen Verhalten.

Später lernt der pubertierende Mensch „ich" und „du" und „wir" sagen, in einem schmerzhaften Findungsprozeß. Der Jugendliche in der Trotzphase beginnt damit, sich selbst in einem inneren Spiegel anzuschauen. Da ist zuerst sehr viel Verwirrendes wahrzunehmen. Danach gibt es eine Suchbewegung: Welchen Beruf soll ich ergreifen, welcher Lebenspartner könnte zu mir passen? Bis zur Ich-, Du- und Gott-Findung ist ein langer Weg des Suchens mit Verwirrungen und Versuchungen zurückzulegen. In der „midlife-crisis", der Krise der Lebensmitte, können sich solche Findungsprozesse auf einer höheren Ebene wiederholen.

Wir leiden an der gegenwärtigen Umbruchzeit mit ihren bedrohlichen Erscheinungsbildern. Es gibt den Wahnsinn der Kriege und die Zerstörung unserer „Mutter Erde". Wir hören von neuen Katastrophen, von den Kindern in Tschernobyl, die einer stark radioaktiven Strahlung ausgesetzt sind. Nicht wenige junge Menschen flüchten in ihrer Verletztheit, Beziehungsnot und letztlich unstillbaren Sehnsucht in den Alkohol, in die Drogenwelt. Für Heroin abhängige Mädchen ist es nicht ungewöhnlich, in der Prostitution zu landen. Der kirchlich gebundene Berater muß seine primär moralischen Beurteilungskriterien aufgeben, um die Lebenssituation einer drogenabhängigen Prostituierten ungefiltert an sich heranlassen zu können. Für die Seelsorge gibt es die Spannung von situativer und objektiver Ethik.

Oder jeder hat in seiner Weise an unserer Kirche zu leiden. Viele Christen stören sich an ihrer und an den vielen Kirchen. Für nicht wenige Katholiken sind römische Verlautbarungen oder manche Bischofsernennungen kaum ein Grund, sich an der Kirche zu freuen. Bisweilen werden Konflikte in der Kirche ebenso unbarmherzig ausgetragen wie in der „bösen" Welt. Aber schon zu Zeiten Jesu gab es den Judas Iskariot mitten in den eigenen Reihen. Die Kirchengeschichte ist eine Geschichte von Heiligen und Sündern zugleich. Und doch läßt Christus seine „sündige Braut" nicht im Stich, sagt uns der Glaube. In der konkreten Pfarrgemeinde vor Ort trägt nicht unbedingt der eine des anderen Last. Oft wird Gemeinde nicht als „ein Herz und eine Seele" erlebt.

An Gott kann der Mensch ebenfalls leiden, wie das im Jakobskampf (Gn 32,23–31) faszinierend dargestellt ist: Jakob ringt eine Nacht lang mit Gott. Die Beziehung zwischen Gott und Mensch wird als Kampf mit viel Nähe, mit Festhalten, mit Nicht-voneinander-Lassen dargestellt. Die Bibel kennt die Gestalt des leidenden Gottesknechtes (Js 42,1 ff; 49,1 ff; 50,4 ff; 52,13 ff), die später das Schicksal Jesu sowie gläubiger Juden und Christen beschreibt. Der sensible Prophet Jeremia soll Untergang und Zerstörung Jerusalems vorhersagen und zerbricht an seinem Gottesauftrag. In den Bekenntnissen des Jeremia-Buches (Jr 11,18–12,6; 15,10–21; 17,4–18; 18,18–23; 20,7–18) erhält der Bibelleser einen Einblick in die inneren Nöte des Propheten. Dem Ijob schickt der Teufel Leid auf Leid, damit er sein Festhalten an Gott aufgibt. Die drei Theologenfreunde des Ijob geben Antworten, die Jahwe nicht gefallen. Der Prophet Jona möchte vor Gott fliehen und kann das doch nicht. Dann sagt er – wie von Gott gewünscht – der großen Stadt Ninive den Untergang voraus. Doch er wird zornig, weil Gott diese Stadt der Heiden verschont, nachdem sie sich bekehrt hat. Die Bibel erzählt viele Geschichten, auf die man sich nicht so schnell einen Reim machen kann.

Wir können Leid einmal als scheinbar sinnvoll, dann als scheinbar sinnlos ansehen. Im Leiden kann ein Reifungsprozeß erfolgen. Ohne Erschütterungen kommt mancher nicht aus seiner bürgerlichen Sattheit heraus. Eine enttäuschte Liebe bringt viel Trennungsschmerz mit sich, doch eine solche Erfahrung unerfüllten Verliebtseins ist weniger schlimm, wenn später eine erfülltere Liebesbeziehung glückt oder wenn einsehbar ist, daß diese Beziehung nicht zu einer dauerhaften Bindung führen konnte. Eine mißlungene Prüfung wird unproblematisch erlebt, wenn sich später ein anderer Berufsweg auftut.

Leid ist für Pater Kentenich nicht am Rande, sondern in der Mitte des Lebens zu orten. Es ist nicht Ausnahmefall, sondern oft der Regelfall des Lebens. In einer Predigt in Milwaukee ergänzt

Kentenich das „ora et labora" des hl. Benedikt von Nursia mit der Aussage: „Bete und arbeite und leide!"[1] Gerade religiöse Menschen sollten das Selbstverständliche des Leids sehen. Ein junges Ehepaar mit einem Säugling hat häufig unruhige Nächte mit Schlafunterbrechungen, ohne deshalb eine Kreuzesmystik oder Opfertheologie zu entwickeln. Ein solches „Opfer" der schlaflosen Nacht ist „ganz normal". Übertrieben religiöse Deutungen des Leidens helfen nicht. Gerade Menschen, die „um des Himmelreiches willen" unverheiratet sind, tun gut daran, nicht jedes Wehwehchen mit der Kreuzesnachfolge Christi in Verbindung zu bringen. Es ist besser, auf dem Teppich zu bleiben, als scheinbar spirituelle Höhenflüge zu vollziehen. Es braucht eine gewisse Nüchternheit, um Leben als etwas anzusehen, was randvoll mit Leid angefüllt ist. In diesem Sinn schreibt der im KZ Dachau geweihte, später seliggesprochene Diözesanpriester Karl Leisner in sein Tagebuch: „Nicht sich im Leiden interessant vorkommen!"[2]

Die folgenden Zitate sollen die Einordnung des Leids bei Kentenich darstellen: „Wir müssen darauf achten, daß wir nicht wunders meinen, ich sei eine Mater dolorosa. Wir müssen Kreuz und Leid als das Selbstverständlichste unseres Lebens auffassen."[3] „Wir setzen uns so in den Sessel so einiger Übungen und kultivieren die Ichsucht. Und wenn mal einer mit der Nadel ritzt, meinen wir wunders, wieviel Kreuz wir schon tragen."[4] „Wir müssen Leiden lernen, sonst werden wir verbittert."[5] „Normalerweise wird eine edle Frau am stärksten da geformt in ihrem Familienkreis, wo sie Leid auf Leid zu tragen hat, wo sie nicht immer fragen kann: Tut mir das gut?"[6]

Leid ist also das „Normalste" in der Welt, etwas, was ständig und überall in verschiedensten Ausprägungen auftritt. Reinhold Schneider sagt es noch extremer: „Alles Leben stammt vom Leiden her und vom Opfer wird es unterhalten."[7] Das Buch Ijob meint: „Der Mensch ist zur Mühsal geboren, wie Feuerfunken, die hochfliegen" (Ijob 5,7). Leid ist nicht nur etwas Selbstverständliches; es ist auch etwas sehr Rätselhaftes. Die eigene Lebenserfahrung sagt, daß „die Menschen ein so unterschiedliches Maß an Leid zu tragen haben".[8] In Wirklichkeit kann selbst „der vom Glauben erleuchtete Verstand nicht alles erklären".[9] Das Rätselhafte, Unverständliche oder gar Sinnlose des Leidens ist für den Betroffenen eine Infragestellung seines Lebenssinnes.

Eine ähnliche Leiderfahrung ruft bei jedem Menschen andere Reaktionen hervor. Beispielsweise wird die besitzergreifende Liebe der Mutter von zwei Geschwistern ganz anders verarbeitet. Einmal kann derselbe Mensch viel, später wieder nur wenig Belastungen tragen. Jedes Leid füllt immer die ganze Seele des Menschen aus, der ganze Mensch ist traurig und gelähmt. Zudem möchte die Seele aus der Vergangenheit eine gute alte Zeit malen, was eigentlich eine geschickte Art der Selbstheilung ist. Doch will das nicht immer gelingen, denn im unterbewußten Seelenleben sind alle Erfahrungen – gerade auch die Schmerzen – wie in einem Computer gespeichert. Das „Verdrängte" lebt in der Seele weiter. Und dieses kann oft wirkmächtiger sein als das, was im Bewußtsein gegenwärtig ist.

Je früher die Seele des Kindes verletzt wird, um so verheerender ist die Auswirkung. Denn die frühkindlichen und vorgeburtlichen Erlebnisse sind die prägenden Eindrücke für die Seele. Deshalb sind die ganz frühen Verletzungen besonders tief in den Grund der Seele eingeschrieben. Im vorgeburtlichen Leben und bis zum dritten Lebensjahr scheint die Grundmelodie der menschlichen Seele festgelegt worden zu sein. Deshalb benötigen besonders Kleinkinder die Fürsorge und Zuwendung der Eltern. Viele Menschen stellen sich erst einmal vor, sie hätten als Kind viel Liebe erlebt und erfahren. Bei diesem Bemühen gelingt das Schönermalen der Herkunftsfamilie dem bewußten Seelenleben besser als dem Unbewußten. Doch das Schwierige des Lebens, wie etwa die Angst vor einem unberechenbaren Vater, ist eine Art Hypothek, die ein Leben lang abzutragen ist.

Die ersten Grundgestalten von Mutter und Vater sind prägend; alle späteren Beziehungen sind vom Mutter- und Vatererlebnis mitbeeinflußt. Beziehungen geschehen auf drei Ebenen: Es gibt Beziehungen nach oben (zu Eltern, Ersatzeltern, Gott), Beziehungen zur Seite (zu Geschwistern, Ehepartnern, Freunden) und Beziehungen nach unten (zu Kindern, Ersatzkindern). Ist die Kindesbeziehung nach oben gestört, so sind auch die späteren Beziehungen zur Seite oder nach unten belastet. Die familiären Grundgestalten belasten oder erfreuen irgendwie „erbarmungslos" eine spätere Ehe oder Lebensgemeinschaft. Die Herkunftsfamilie und die eigene Kindheit holen mich in der neuen Beziehung, Lebensgemeinschaft und Ehe immer wieder ein. Die „Ablösung" vom Elternhaus sollte ein Stück weit geschehen sein, damit die neue Ehe gelingen kann. Im menschlichen Bindungsverhalten gibt es das Erlebnis des Abhängigseins (des Kindes) sowie das Erlebnis der Gegenabhängigkeit (in der Pubertät), was von Jugendlichen irrtümlicherweise als Freiheit erlebt wird. Danach gibt es das Erlebnis des Unabhängigseins (beim „Single"). Als Ziel ist die frei gewählte Abhängigkeit (in Ehe oder verläßlichen Bindungen) anzustreben. Diese Bindungsvorgänge (Abhängigkeit, Gegenabhängigkeit, Unabhängigkeit, „reife" und „freie" Abhängigkeit) sind in einem schmerzreichen Lebensprozeß zu erzielen, wobei keine Stufe einfach übersprungen werden sollte. Wer etwa früh heiratet und immer noch „Muttersöhnchen" ist, wird als Verheirateter frustriert sein, weil die Ehefrau nicht den eigenen Bedürfnissen entspricht. Auch wird er im Eheleben die Freiheitsgelüste eines Pubertierenden und später die eines Single entwickeln.

Bindung wächst im Körperkontakt, in der Zärtlichkeit von Mutter, Vater und weiteren ständigen Bezugspersonen. Das Kind braucht ein „Nest", das eindeutige Wissen: Ich bin geliebt. Noch wichtiger als die Erfahrung der Freiheit ist die Erfahrung des Geliebtseins. Wenn das mangelhaft geschieht, wird die Therapie nachher versuchen, Heilung zu schaffen. Frau Dr. Prekop hat die „Festhaltetherapie" entwickelt, wo zwei sich festhalten müssen, wo Bindung „künstlich" eingehalten wird, wo Konflikte im engen Körperkontakt ausgetragen werden.[10]

Manchmal kann eine therapeutische Hilfe dem einzelnen helfen, in einer „Familienkonstellation" seine kindliche Lebenssituation anzuschauen. In der Kindheit hat sich der Mensch sein Sozialverhalten angeeignet und dabei eine Rolle eingenommen, die möglicherweise im Erwachsenenleben unbewußt „kopiert" wird. Diese internalisierte Schlüsselposition belastet oft seine gegenwärtigen Beziehungen in Ehe oder Beruf. In einer Gruppentherapie „baut" der Klient in einer Familienskulptur oder Familienstellung mit den Gruppenmitgliedern eine Art Denkmal auf. Dabei übernimmt jede(r) eine Rolle in der Herkunftsfamilie. Der Klient läßt sich vom Therapeuten oder „Trainer" befragen, was eine gute Stunde in Anspruch nehmen kann. Es ist schwierig, wenn das Kind Liebe mit Bedingungen erfahren hat. Die Botschaft lautete dann: Du darfst leben, wenn du brav, still, lieb, klug, schön . . . bist. Der Mensch sollte seine frühkindliche Lebenssituation erkennen und nicht ein Leben lang beispielsweise die „schöne Puppe" oder das „Vorzeigekind" der Eltern bleiben.

Eine sehr langwierige Therapie ist die klassische Psychoanalyse. Da braucht es manchmal Jahre, bis das so stark umstellte „Ich" in seinem Kern freigelegt ist. Der Psychoanalytiker kennt eine Art zweiter Verdrängung beim Klienten im analytischen Prozeß, die noch nach der Überwindung der ersten erfolgt. Der Patient möchte das leidvoll Geschehene nicht wahrhaben. Die frühkindlichen Schmerzen schaut sich der Mensch nicht gerne an; da bedarf es eines großen Leidensdruckes, damit einer bereit ist, das Erlittene aufzuarbeiten. Wenn Wunden behandelt werden und heilen, tut das sehr weh. Das ist bei seelischen Verletzungen nicht anders als bei körperlichen Schmerzen. Für manche scheint es daher bequemer zu sein, krank zu bleiben und sich im seelischen Schmerz „einzurichten".

Leiden wird verschiedenartig angenommen: wütend oder gefaßt, jammernd oder scheinbar heldenhaft, verbittert oder kindlich. Die Verschiedenartigkeit der Leidverarbeitung beschreibt Kentenich so: „Und wenn ich Menschen sehe, vergleiche miteinander: der eine wird durch sein Kreuz ein Revolutionär, wütend, wild, stößt alles von sich; und der andere – ja was wird der? – der wird geheilt von manchen Schwächen, geläutert, verklärt, abgeklärt, wie gerne ist man in seiner Umgebung, es geht eine geheimnisvolle Ruhe aus von ihm."[11]

Eine interessante Beobachtung macht V. E. Frankl, selbst KZ-Häftling und Psychologe, über das Verhalten seiner Mithäftlinge: „Empfindsame Menschen, die von Hause aus gewohnt sind, in einem geistig regen Dasein zu stehen, werden daher unter Umständen trotz ihrer verhältnismäßig weichen Gemütsveranlagung die so schwierige äußere Situation des Lagerlebens zwar schmerzlich, aber doch irgendwie weniger destruktiv in bezug auf ihr geistiges Sein erleben. Denn gerade ihnen steht der Rückzug aus der schrecklichen Umwelt und die Einkehr in ein Reich geistiger Freiheit und inneren Reichtums offen. So und nur so ist die Paradoxie zu verstehen, daß manchmal die zarter Konstituierten das Lagerleben besser überstehen konnten als die robusteren Naturen."[12] Nach Frankls Beobachtung sind Menschen mit einer weichen Gemütsveranlagung leidensfähiger und belastbarer als scheinbar starke Persönlichkeiten.

Pater Kentenich war ein psychologisch orientierter Seelsorger, bei ihm gibt es den Dreiklang: erst Mensch, dann Christ, dann ganzer Mensch. Auf unser Thema übertragen hieße das: erst menschlich leiden, dann christlich leiden, dann ganz menschlich leiden. Zum menschlichen Leiden gehört das Ausweinen und Ausklagen hinzu. Nur was angenommen ist, kann erlöst werden. Erst nach dem Ausweinen soll der Leidende sich um Deutungen bemühen und das Erlittene als eigene Weise der Kreuzesnachfolge interpretieren. Damit ist eine erste Grundrichtung angezeigt.

Wer eine Leidenssituation mit dem Kopf erklärt, muß das Leid noch nicht mit dem Herzen (ganzheitlich) verstanden haben. Leid erklären, verstehen, deuten und herausweinen – all das sind eigene Lebensvorgänge. Intellektuellen Menschen ist oft die Heilung verwehrt, weil ihr Kopf ihnen selbst im Wege steht. Anstatt ihr Leid herauszuweinen, denken sie immer wieder neu nach und betrügen sich selbst in ihrer rationalen Ursachenforschung. Eine Dereflexion wäre für sie das einzig Richtige, der bewußte Verzicht aufs Denken und damit verbunden das Herauslassen der Affekte. Leid ist primär keine Angelegenheit des Kopfes. Die Analytiker sind nicht die Betroffenen; sie beschreiben eine Art Bühnenbild und bleiben Zuschauer. Sie machen eine geistreiche Bildmeditation. Aber sie gehen nicht auf die Bühne.

Leiden – das heißt: Tränen, Schreien, Klagen oder sprachlos sein. Wir sollten der Versuchung widerstehen, nur klug über das Leid nachzudenken. Ausweinen geschieht auf der emotionalen Ebene oder es geschieht gar nicht. Eine Frau etwa, die als Kind von ihrem eigenen Vater sexuell mißbraucht wurde, muß ihr Leid (in therapeutischer Begleitung) hinausschreien. Sie wird nicht dadurch geheilt, daß sie immer wieder ein neues Buch zum Thema liest. Oder die Dosis an Leid war so hoch, daß die Gefühlswelt zum scheinbaren Schutz eingesperrt wird, was nicht lange gutgehen kann. Die affektive Ebene wird dann weniger durchlässig. Der Betroffene reagiert möglicherweise einmal stark rational und dann mit starken Gefühlsausbrüchen. Manchmal spielt der Leidende den Clown: Nach außen hin ist er ein großer Spaßmacher, aber nach innen hin eine todtraurige Person. Irgendwann kommt die Zeit, wo jeder Clown seine Masken ablegen muß.

Schwierig ist, wenn der Leidende nicht weinen kann. Ein Beispiel: Die Eltern schenkten ihrem Sohn nach bestandenem Abitur einen schnellen Sportwagen, und wenig später rast der Sohn mit diesem Auto selbst in den Tod. Die Eltern – mit Schuldgefühlen behaftet – sind stumm, abgestorben, nicht des Weinens fähig. Trauerarbeit ist so kaum möglich. Manchmal braucht es einen einfühlsamen Menschen, der das so gut versteckte, leidvolle Gemüt „wachküßt". Der sich Versteckende benötigt eine Atmosphäre der Annahme, in der die kleinste Störung unterbleiben sollte. Nur dann kann er von seinen Verletzungen erzählen. Viele haben Angst vor Tränen, sie möchten keine Schwäche zeigen oder „zusammenbrechen". Einen guten Zuhörer zu finden, ist ein großes Geschenk.

Ein Sprichwort im Plattdeutschen sagt, es gebe kein schlimmeres Leid als das, was der Mensch sich selbst antut („andeit"). Leid wird uns nicht nur zugefügt; Leid ist oft selbst verschuldet, durch eine sündige Tat, durch eine Fehlentscheidung oder durch eine verpaßte Chance. Leid, das ich nur mir selbst in die Schuhe schieben kann, tut besonders weh. Ich selbst und niemand anders habe mein Leben verpfuscht oder erschwert, denn ich habe meine Ehe durch meinen Alkoholmißbrauch zerstört. Oder ich sitze als Querschnittsgelähmter im Rollstuhl, weil ich zu riskant Auto fuhr. Beim selbstverschuldeten Leid verdichten sich Leid- und Schuldgefühle und verstärken sich gegenseitig bis ins Unerträgliche.

Die Fragen am Ende jedes Kapitels sollen sensibilisieren, Aufmerksamkeit wecken und bewirken, daß das Gelesene mit persönlichen Lebenserfahrungen verbunden wird.

Persönliche Fragen:

• Hat mich eines der tausend Gesichter des Leids besonders betroffen gemacht?

• Wann und wie oft suche ich Orte des Leidens auf: Altenheim, Krankenhaus, Friedhof, pychiatrische Klinik, ein Haus, wo kürzlich ein Sterbefall war, einen sozialen Brennpunkt, einen einsamen Menschen?

• Kommen die Menschen gerne mit ihren Sorgen zu mir? Bin ich für viele so etwas wie ein „seelischer Mülleimer"?

• Blockiere ich bei Gesprächen, wenn es mir zu persönlich wird? Habe ich viel Zeit für Gespräche? Verhalte ich mich selbst wie ein „Buch mit sieben Siegeln"?

- Wie beurteile ich mich? Wie beurteilen andere mich auf einer gedachten Skala von 1 bis 100? Wenig sensibel bis übersensibel, sehr gutes bis sehr schlechtes Zuhören?
- Halte ich schmerzhafte Konflikte aus, oder ergreife ich die Flucht durch Weggehen und Ausweichen? Wieviel Leid habe ich mit dem Kopf, und wieviel Leid habe ich mit dem Herzen verarbeitet?
- Ich schreibe auf, welche Negativerlebnisse mich emotional sehr bewegt haben: eine Todesnachricht? Eine starke Verletzung durch den/die Geliebte(n)? Das Gefühl, wie eine „weggeworfene" Rose zu sein? Ohnmächtige Wut gegen einen Mächtigen?
- Kenne ich meine eigene Lebens- und Leidensgeschichte? Habe ich schon einmal Tagebuch geschrieben, Gemütsäußerungen aufgeschrieben?
- Gleite ich selbst in tiefe Traurigkeit, wenn ich mir zuviel Tragisches anhöre? Wie schütze ich mich? Wie kann ich besser Distanz schaffen?
- Verdecke ich meine Bruch- und Grenzerfahrungen mit Hektik, Betriebsamkeit oder ständigem Musikhören? Wie „verdränge" ich meine seelischen Wunden?
- Bin ich zu distanziert im Umgang mit anderen? Habe ich zu wenig Distanz und so viel Nähe und Einfühlung, daß ich mich nicht mehr schützen kann?
- Können die anderen meine Betroffenheit spüren?
- Wen müßte ich einmal festhalten? Mit wem sollte ich einen Konflikt austragen, wo keiner die Flucht ergreifen kann? Wie ist meine Konfliktkultur?
- Wo habe ich mir selbst ungewollt Leid zugefügt? Wann konnte ich einer Versuchung des Betrügens nicht widerstehen?
- Welche Rollen (etwa den Clown) spiele ich, um meinen Schmerz zu verbergen? Welche Masken habe ich, um der (die) „Sonnige" sein zu können?
- Welcher Mensch ist einfühlsam genug, damit ich meinen Schmerz sagen kann?

Fragen zu meiner Kindheit:

- Bin ich in meiner Kindheit eindeutig geliebt und gehalten worden?

- Haben meine Eltern mich bedingungslos (= wie Gott) geliebt? Oder war ihre Liebe an Bedingungen geknüpft? Welche Bedingungen waren das?
- Wer war das Lieblingskind in meiner Herkunftsfamilie? (Eltern lieben nie alle Kinder gleich, sondern jedes Kind anders.) Wer bekam mehr Zuwendung, vielleicht wegen einer Behinderung oder Krankheit, so daß ein anderes sich vernachlässigt fühlte?
- Wer war Außenseiter oder „Sandwich"-Kind im Schatten des älteren und jüngeren Geschwisterchens? (Sandwich = Butterbrot; damit ist ein Kind gemeint, das im „Schatten" des älteren und jüngeren Geschwisterchens aufgewachsen ist.)
- Schau dir drei Herkunftsfamilien von guten Freunden an.

1.2 Der leidfreie Mensch von heute

> *„Der Aussätzige soll abgesondert wohnen, außerhalb des Lagers soll er sich aufhalten."* (Lev 13,46)

Das Zitat aus Levitikus mag manchen schockieren. Doch so grausam waren die Juden im Alten Testament gar nicht. Die Gefahr der Ansteckung war ein triftiger Grund, die Aussätzigen abzusondern. Die Leidenden unserer Tage erfahren wie die Aussätzigen ein ähnliches Schicksal der Isolation. Denn die Menschen in den reichen Ländern haben Institutionen geschaffen, die sich mit Behinderten, Senioren, Kranken und Sterbenden beschäftigen. Weil die Leidenden von fachlich geschultem Personal betreut werden, verlernen manche Menschen, unbefangen mit Leidenden umzugehen. Wann sieht ein Enkelkind das Sterben seiner Oma? Behinderte sind in Ferienorten und Hotels oft nicht gern gesehene Gäste.

Dorothee Sölle beschreibt kritisch unsere oft apathisch „leidlose" Gesellschaft: „Es ist zu fragen, was aus einer Gesellschaft wird, in der bestimmte Formen des Leids kostenlos vermieden werden, wie es dem Ideal der Mittelklassen entspricht, in der die als unerträglich erkannte Ehe rasch und glatt gelöst wird, in der nach der Ehescheidung keine Narben bleiben, in der die Beziehungen der Generationen möglichst rasch, konfliktfrei und spurenlos abgelöst werden, in der die Trauerzeiten vernünftig kurz sind, in der die Behinderten und Kranken schnell aus dem Haus und in der die Toten schnell aus dem Gedächtnis kommen."[13] „Sie haben keine Sprache und keine Gesten, sich mit dem Leiden auseinanderzusetzen . . . Sie lernen nichts daraus."[14]

Leid darf nicht zur „sinnleeren Verlegenheit"[15] werden, wie Johann Baptist Metz das im Synodentext „Unsere Hoffnung" ausdrückte. Wo Leidlosigkeit als höchstes Ideal gelebt wird, da verzeichnen wir die höchsten Selbstmordraten (Skandinavien, Japan . . .). Wer für jeden Schmerz sofort die passende Pille haben will, gerät in die Gefahr der Tablettenabhängigkeit. Wer sich Enttäuschungen nicht stellt, sucht den Ausweg im Alkohol, der nach dem Kontrollverlust in der Sackgasse oder in der Entziehungskur endet. Die ständig zunehmenden Suchterkrankungen und die Narkotisierung der Menschen haben nicht zuletzt in der Leidverdrängung eine Mitursache. Suchtkranke sind nicht selten Beziehungskranke.

Der leidfreie oder leidlose Mensch unserer Tage spielt nur den Apathischen, den Coolen und Gleichgültigen. Teenager gehen heutzutage oft sehr früh eine andersgeschlechtliche Freundschaft ein, die wegen zu großer und unerfüllbarer Erwartungshaltungen scheitert. Danach spielt der Jugendliche oft den „Coolen" (zu deutsch: Kühlen), den scheinbar Gemütsarmen, der nicht erneut enttäuscht werden möchte. In dieser Maske kann man oft leidlos, narzißtisch, egoistisch und lieblos werden. Lieben ist nun mal nicht berechenbar, es bleibt ein enttäuschungsanfälliges Geschehen. Eine Liebesbeziehung oder Freundschaft wächst auch nach einer „Liebe auf den ersten Blick" nur langsam und bedarf einer ständigen Pflege. Es gibt sehr selten das schnelle Glück.

Der Liebende gerät ins Leid hinein. Liebe und Leid werden als Widerfahrnis erlebt. Mit dem oder der Geliebten möchte ich auch Leid teilen. Letztlich sehnt sich der Mensch nach jener Eindeutigkeit von Liebe, wie sie in der Ehe versprochen wird. Im Christentum ist nach katholischem und orthodoxem Verständnis diese Bindung zwischen Mann und Frau ein Sakrament, ein Heilszeichen und Abbild göttlicher Liebeszusage. Geglückte Ehe ist im Idealfall zutiefst Gotteserfahrung, die im Alltag erlebt und gelebt wird. Im Alten Testament, genauer im Hohenlied, finden sich Hochzeitslieder, lyrische Texte mit einer zärtlichen Erotik. Die Mystiker entdecken in diesen

Texten die Beschreibung ihrer Gottesbeziehung. Die Liebe zum „du"
des Ehepartners und die Liebe zum „Du" Gottes kann mit ähnlichen
Worten beschrieben werden. Liebessprache und Gebetssprache können sich sehr ähnlich sein. Damit das eheliche Sakrament gelebt werden kann, bedarf es einer hohen Gesprächs- und Kommunikations-
kultur; und des Wandelns von Verletztheit in Versöhnung.

Die Medien verändern ebenfalls unsere Einstellung zum Leid.
Allabendlich gibt es in den Nachrichtensendungen der Fernseh-
anstalten Berichte von Weltkatastrophen. Diese werden im Bild als
„lukullischer Augenschmaus" dargeboten: ein Kriegsschauplatz,
ein Schiffs- oder Busunglück, ein Waldbrand im fernen Australien,
ein Wirbelsturm, ein Terroranschlag, der neueste Hochwasserstand.
Nach diesem Repertoire bringt meist die Meldung vor dem Wetter-
bericht die „Welt" des Fernsehzuschauers wieder in Ordnung. Er
kann sich gelassen in den Fernsehsessel zurückfallen lassen, um die
Schreckensmeldungen schnell wieder zu vergessen und zum Unter-
haltsamen überzugehen. Das sensationelle Leiden schockiert nach
einiger Zeit den Betrachter nicht mehr. Die Überdosis „sekundär"
vermittelter Katastrophen zeigt wenig Wirkung, weil der Zuschauer den Sterbenden nicht in seinen Armen hält. Ich denke, Leidens-
berichte im Fernsehen erreichen selten das Herz des Zuschauers.

Neil Postman beschreibt in seinem Buch „Wir amüsieren uns zu
Tode" die Auswirkungen unserer Mediengesellschaft und der
Unterhaltungsindustrie. Durch den größer werdenden Wettbewerb
der Fernsehgesellschaften und durch das ständige Schielen auf die
Einschaltquoten wird die Unterhaltung zum wichtigsten Element in
der Programmgestaltung. Politik, in der Diskussionsshow angeboten, wird zum „Entertainment". „Kultur verkommt zum Varieté"[16],
die Religion zieht „im Wiegeschritt nach Bethlehem", so formuliert
das Postman. Die kommerzielle Werbung tut das Ihre dazu. In den
Werbespots gibt es nur junge, schöne, glückliche, sportliche und
dynamische Menschen. Jeder Werbeträger liebt das Abenteuer, ist
schlank, sexy und attraktiv. In den Unterhaltungsserien wird das „zu
Tode Amüsieren" zelebriert.

Der Wiener Verhaltensforscher Konrad Lorenz zählt den „Wärmetod des Gefühls" zu den „acht Hauptsünden der zivilisierten
Menschheit".[17] So lautet einer seiner Buchtitel. Die Gemütswelt des
„zivilisierten" Menschen will keine Höhen und Tiefen mehr kennen.

Alles soll softy, Unlust vermeidend, wohltemperiert sein. Der „Über-zivilisierte" sitzt im Sofa, konsumiert etwas Nettes und hat die Lebensphilosophie des „have a smile and a coke". Nach Konrad Lorenz kennt die Natur die entgegenwirkenden Prinzipien von Lohn und Strafe, von Lust und Unlust. Es ist eine „Todsünde", alle Spannungen abzubauen und zu versuchen, ausschließlich in einer Welt des Behaglichen zu leben. Schon im Mittelalter hat die heilige Hildegard von Bingen diese Gefahr erkannt, wenn sie schreibt: „Alle Kreatur ist auf Spannung angelegt. Spannung beseitigen wollen ist naturwidrig, heißt Leben zerstören."[18] Zu den Höhen und Tiefen menschlichen Lebens gehört auch das Auskosten von Leid und Liebe, von Unlust und Lust, von Niederlage und Sieg. Zum Leben gehören Polaritäten. Da gibt es das Streben nach Geborgenheit und Loslösung. Es gibt Binden und Lösen, Gewinnen und Verlieren, Fasten und Genießen, Sattsein und Hungrigsein, Heimweh und Fernweh. Zwischen diesen Spannungen müssen wir uns immer wieder neu festlegen und so unser Leben in Freiheit bestimmen. Wird ein Pol in der Spannung aufgelöst, scheint Leben nicht richtig zu gelingen. Wer nie fastet, kann nur schlecht genießen.

Wenn Konrad Lorenz vom „Wärmetod des Gefühls" spricht, so erinnert mich das an ein Wort des Neuen Testamentes. Der Gemeinde von Laodizea wird vorgeworfen: „Wärest du doch kalt oder heiß! Weil du aber lau bist, weder heiß noch kalt, will ich dich aus meinem Munde ausspeien" (Offb 3,15b–16). Die Gemeinde mit der Qualifizierung „lau" („Wärmetod des Gefühls") ist für Gott zum „Kotzen". Das mag eine Anfrage an Christen sein. Sind sie „heiß" durch das Evangelium? Nur, was mich heiß macht, weiß ich auch, sagt ein umgedrehtes Sprichwort. Der heiße Mensch mit Fleisch und Blut liebt und leidet in vollen Zügen.

Die russische Philosophin Tatjana Goritschewa, die zuerst Atheistin war und sich in kommunistischer Zeit zum Christentum bekehrte, mußte von Staats wegen die damalige Sowjetunion verlassen. Im Buch „Die Kraft der Ohnmächtigen" beschreibt sie, negativ überzeichnend, den leidfreien Menschen des Westens:

„Es gibt viele Spezialisten im Leiden ohne Gott, besonders unter den Frauen. Auch bei den Männern findet man das. Viele depressive Menschen gehören dazu. Sie lieben ihr gottloses Leiden geradezu. Die Depression ist ja hier im Westen die Krankheit. Hier, in dieser lustigen Welt, trennt man das Leben vom Leid, man versteckt das Leid irgendwo im Hochhaus, im Altenheim, im Krankenhaus. Oder man spült es mit Alkohol hinunter, verdrängt es mit Hilfe von Drogen. Wir haben keine Vorschläge zur Leidensmilderung oder zur gewalttätigen Veränderung geraten – uns ging es um den Prozeß des Reifens. Hier im Westen erlebe ich eine große Leidensscheu bei den Christen. Sie schämen sich sogar zu sagen, daß sie leiden oder Not haben. Aber wie sollen diese Christen die Tiefen und damit den Reichtum des Lebens überhaupt einmal erfassen können? . . . Der Mensch meint, er habe ein Recht auf Glück. Und er weiß gar nicht, was er sich selber für ein Leid damit antut, denn dieser Rechtsanspruch auf Glück zerreißt ihn . . . Es gibt das sogenannte Helfersyndrom, das sich bei einem entwickelt, wenn man glaubt, man wäre der Helfer für alle. Aber Gott will das gar nicht und man macht sich in dieser Rolle kaputt. Das heißt: Es ist nicht unsere Aufgabe, das Leid aus der Welt zu schaffen oder allen zu helfen. Das ist unmöglich. Das Tragische wird bleiben."[19]

Eine andere Beschreibung des leidfreien Menschen findet sich bei Johannes Brantschen: „In den USA werden selbst Verstorbene durch Make-up wie schlafende, blühende Jugendliche hergerichtet . . . Die Unerschütterlichkeit und Selbstbeherrschung wurde uns in unserer harten Männerkultur so lange eingedrillt, daß wir das befreiende Weinen verlernt haben und darüber krank werden . . . Ohne Tränen sein heißt, in einer ausdrucksarmen und gefühlsunfähigen Kultur leben. Das Mittelalter kannte noch die Bitte um Tränen. Die heutigen Manager und Macher können darüber nur den Kopf schütteln . . . Kinder haben in der Regel überhaupt keine Probleme mit kränkelnden alten Leuten oder mit Behinderten . . . Der Mensch, der eine solche Art von Leidfreiheit sucht, entwickelt eine Berührungs- und Beziehungsangst, die ihn von der Wahrheit des wirklichen Lebens abschneidet . . . Die Tiefe des Lebens geht verloren, die Beziehungen untereinander werden oberflächlich – Leere und Langeweile breiten sich aus . . . Wir sind krank, weil wir nicht leiden können . . . An den Widrigkeiten und Schwierigkeiten des Lebens kann der Mensch wachsen, reif und weise werden. Aber er muß sich diesen Schwierigkeiten und Leiden stellen, sie verarbeiten . . . Großartige Dinge – auch in der Kunst – werden vor allem im Leiden geboren."[20]

Für den leidfreien Menschen ist ein langwieriger Sterbensprozeß kaum sinnvoll. Der Ruf nach Euthanasie, dem „schönen Tod", wird lauter. Die falschen Propheten des angeblich humanen Sterbens möchten schneller den Tod herbeiführen, um Leiden – was sinnlos sei – zu verhindern. Hatte der religiös gebundene Mensch des Mittelalters Angst vor einem plötzlichen Tod und vor dem Gericht Gottes, so hat sich beim heutigen Menschen diese Angst verlagert. Der heutige Mensch hat nicht so sehr Angst vor Tod oder Gericht, sondern Angst vor einem möglicherweise sehr langsamen Sterbeprozeß. Die moderne Medizin kann das Sterben künstlich hinauszögern. Patienten in Krankenhäusern können mit medizinischen Apparaten und mit „Astronauten"-Kost länger am Leben gehalten werden. Im Einzelfall kann das Heilung bedeuten, doch meist wird das natürliche Sterben verhindert. Es ist für den Sterbenden und die Angehörigen belastend, wenn der Mensch ganz langsam sein Leben in die Hand des Schöpfers zurücklegen muß.

Leiden und Sterben dürfen nicht verlernt werden. Die schweizerische Sterbeforscherin Elisabeth Kübler-Ross schreibt: „Menschen, die nie Schmerzen erlitten haben, haben nie gelebt; Menschen, die mit Schrammen bedeckt sind, haben eine besondere Glut."[21] Die Leidfreien leben also ohne Tiefe. Sie, die meinen, alles vom Leben zu haben, verpassen das Leben. Ihr Leben brennt auf Sparflamme oder wie ein Strohfeuer, das keine Glut hinterläßt und keine Wärme schenkt, sondern höchstens den Kurzgenuß des Feuerwerks. Ihnen gilt das Drohwort Christi: „Denn wer sein Leben retten will, der wird es verlieren" (Mk 8,35a).

Leidfreie Menschen haben es oft schwerer als leidvolle Menschen. Viktor Frankl sagt: „Situationen der Entlastung können genauso pathogen sein wie Situationen der Belastung."[22] Wie anders ist erklärbar, daß gerade Kinder von reichen Eltern, die materiell alles haben, was das Leben so bieten kann, so oft in der Drogenszene landen. „Bewußtseinserweiterungen" mittels LSD-Schnüffeltrips oder mit Ekstasy-Tabletten bei der Techno-Party sind oft am langen Wochenende angesagt. Jeder Lebenskünstler muß sein Leid ins Leben integrieren. Es gibt kein Lebensglück jenseits des Leids. Ohne Leidenskunst keine Lebenskunst! Der leidfreie Mensch kann am Ende nicht mitleiden, nicht lieben und nicht leben; denn „lebendig sein" tut schon weh.

Der russische Schriftsteller Dostojewski hat – so sagt Pater Kentenich im Exerzitienkurs über die Werktagsheiligkeit – „ein für allemal begriffen, daß alle Menschen Leidende sind . . . daß sie alle würdig bleiben des Mitleids, und daß niemand unwürdig werden kann der Liebe".[23]

Vielleicht kann die Geschichte von der *Entstehung der Perle* den scheinbar Leidlosen oder Leidfreien nachdenklich stimmen. In eine Muschel setzt sich ein Sandkorn, ein Fremdkörper. Das Meerwasser durchspült diese Muschel, und das Sandkorn stößt an die Innenwände der Muschel. Das geschieht jahre- und jahrzehntelang. Das Sandkorn verläßt nicht den Innenraum der Muschel. Statt dessen stößt dies Sandkorn immer wieder an die Innenwände der Muschel an. Um sich vor Reibung und Schmerz zu schützen, löst die Muschel eine Perlmuttschicht nach der anderen von der Innenwand. Und diese Perlmuttschichten umschließen das Sandkorn und gestalten es um zu einer wunderschönen Perle.

Aus dem verletzenden Fremdkörper ist eine Perle geworden. Wenn ich wie die Perle das Leid umschließe, wenn ich mich an meiner Verletzung abarbeite, wenn ich nicht so tue, als gäbe es dieses Sandkorn gar nicht, dann ist die Chance gegeben, daß aus der Verletzung – in meiner Seelenmitte verarbeitet – etwas Wunderschönes wird. Der Fremdkörper Leid will in die Mitte meines Lebens genommen werden, nur dann kann dem Leid Sinn abgerungen werden. Natürlich bietet dieses Bild auch Möglichkeiten der Fehlinterpretation. Das Sandkorn (= der Schmerz) ist nicht nur zu umhüllen, sondern in seinem Kern zu verändern. Das Bild der Perle soll nicht so interpretiert werden, daß um etwas Schwieriges nur ein schönes Mäntelchen zu hängen wäre.

Persönliche Fragen zur Selbsterfahrung:

- Gibt es den Versuch zur Leidfreiheit auch in meinem (unserem) Leben?
- Gehöre ich zu denen, die nur genießen wollen?
- Wieviel Leid verstecke ich auch vor nächsten Freunden?
- Finde ich die Beurteilungen von Goritschewa und Brantschen für passend oder für übertrieben? Kenne ich Spezialisten im Leiden ohne Gott?
- Welche Menschen bewundere ich, die mit Schrammen bedeckt sind und eine besondere Glut haben?
- Wie gehe ich mit „Liebschaften" und Freundschaften um? Kann ich „warten" oder jage ich von einer Beziehung in die nächste?

Spiele ich dann den „Coolen", um Enttäuschungen nicht zuzulassen?

- Ist das meiste, was ich im Fernsehen anschaue, seichte Unterhaltung? Lasse ich mich vom Leid in den Nachrichten berühren?
- Trage ich Spannungen durch? Oder gebe ich zu schnell auf bei Widerständen? Bin ich ein Sklave meiner angeblichen Bedürfnisse?
- Habe ich am Sterbebett von Verwandten und Freunden gestanden? Oder bin ich aus scheinbar guten Gründen fortgeblieben?
- Welche „Schrammen" gehören zu mir und meiner Lebensgeschichte?
- Womit betäube ich meinen Schmerz? Einen kleinen Cognac, ein sexuelles Abenteuer, „sanfte" Drogen, eine rasante Autofahrt?
- Denke ich öfters ans Sterben? Gehört der Gedanke an den Tod zu meinem Abendgebet?
- Wessen Leid berührt mich besonders? Wo ist im Mitleiden meine Liebe gewachsen?
- Bekomme ich genügend Freude in mein Leben? Oder neige ich wie manche Melancholiker dazu, mich im Schmerz zu „vergraben"?
- Wo hat sich die Geschichte von der Perle in meinem Leben erfüllt?
- Welche „Perlen" gehören zu meiner (unserer) Lebensgeschichte?

1.3 Der „liebe" Gott nach Auschwitz

> *„Rahel weint um ihre Kinder und will*
> *sich nicht trösten lassen;*
> *um ihre Kinder, denn sie sind dahin."*
> (Jer 31,15)

Bei den Massenmenschen ist der leidfreie Mensch, der trotz allem leidet, in Reinkultur anzutreffen. Doch in der Kulturlandschaft unserer Tage ist das Bild ganz anders. Nicht wenige Vertreter der modernen Kunst haben sich geradezu in das Absurde, Sinnlose verliebt. Das Tragische wird im Film und in modernen Kunstwerken dargestellt. Beim Schriftsteller Wolfgang Borchert befindet sich nicht nur der Kriegsheimkehrer „Draußen vor der Tür". Der Engländer Francis Bacon malt das Kreuz ohne Jesus Christus; er malt das Bild auf ein Triptychon, auf ein mittelalterliches auf- und zuklappbares Altarbild. Francis Bacon will damit ausdrücken, daß es so viel zu Erlösendes, aber keinen Erlöser gibt. Der leidende Mensch schreie nach Erlösung; doch niemand sei da, der erlöst und befreit.

In den Problemfilmen unserer Zeit geht es um Unfreiheit und Bindungsnot, um mißlungene Identität und Selbstfindung, um zerstörerische Sexualität, um Intrige und Gewalt, um seelische Verwundungen aller Art. Die Aufgipfelung alles Absurden und Tragischen in der geschichtlichen Wirklichkeit aber scheint das Funktionieren der Konzentrationslager im nationalsozialistischen Deutschland zu sein.

Auch der leidlose Mensch unserer Tage begegnet diesem Wahnsinn des perfekt billigen Massenmordes. Der Tod in den Gaskammern verursachte geringste Kosten für die SS-Schergen. Für den längeren Touristen in der Weltstadt München gehört das KZ Dachau mit zum „sight seeing program". Manche merken kaum, daß sie im KZ an einem Ort sind, der Trauer und Andacht erfordert. Da stehen sie und lächeln in die Kamera; für welche „ice cream" werben sie? Im Hintergrund der braungebrannten Sommergesichter sind die Mauern oder gar die Verbrennungsöfen der SS zu sehen. Und nach dem KZ-Programm klingt der Abend in einer schönen Wirtschaft aus. Beten und Fasten, Sühnen und Weinen finden nicht statt. Oder man kann Jugendliche beobachten, für die der Besuch im KZ zum Pflichtschulprogramm gehört. Für manche ist das endlich mal kein Schulalltag und Anlaß zum Flirten, zum „small talk". Wer versucht ernsthaft, sich mit ganzem Herzen, Gemüt und Verstand diesem unvorstellbaren Leid zu stellen? Der „Filmmensch" unserer Tage läßt sich vielleicht noch am ehesten vom Film über die Befreiung des KZ Dachau von den Amerikanern beeindrucken. Ehemalige KZ-Häftlinge klagen, daß sie oft Zuhörer fanden, die irgendwann nicht mehr von all den Grausamkeiten hören wollten. Die Tatsache dieser Todesstädte, dieser preiswert funktionierenden Todesfabriken ist eine Anfrage an den Glauben für Juden und Christen.

„Wie man nach Auschwitz den Gott loben soll, der alles so herrlich regieret, das weiß ich nicht."[24] Dies bekannte Wort der evangelischen Theologin Dorothee Sölle kritisiert das allzu naive Singen des ökumenischen Kirchenlieds „Lobe den Herren". Welche Theologie, welches veränderte Sprechen von Gott bleibt uns nach Auschwitz? Wie kann sich Gott angesichts solcher Leiden rechtfertigen, lautet die klassische Theodizee-Frage. Für den Marxisten und „Hoffnungs"-Philosophen Ernst Bloch bleibt nur ein „Atheismus zur größeren Ehre Gottes".[25] Der alte Kirchenvater Tertullian wollte den Glauben retten gegen alle Vernunft mit dem Wort: „Credo quia absurdum." (Ich glaube, obwohl alles widersinnig ist.)[26] Leszek Kolakowski spricht von der Gemeinsamkeit des Skeptikers und des Mystikers. Beide verzichten darauf, sich einen Reim zu machen, wie das zusammengeht: die Liebe des allmächtigen Gottes und das unsagbare Leid des Menschen. Der rationalistische Skeptiker kann wegen des Leids Atheist werden; und der Mystiker wird wegen des Leids anders und tiefer, jenseits des rein Rationalen, an die Liebe Gottes glauben. Johann Baptist Metz gibt zu bedenken: „Wir können nach Auschwitz beten, weil auch in Auschwitz gebetet wurde."[27]

Martin Buber, ein jüdischer Philosoph, stellt Fragen und bekennt seinen Glauben: „Wie ist in einer Zeit, in der es Auschwitz gibt, noch ein Leben mit Gott möglich? Die Unheimlichkeit ist zu grausam, die Verborgenheit zu tief geworden. Glauben kann man an den Gott noch, der zugelassen hat, was geschehen ist. Aber kann man noch zu ihm sprechen? Kann man ihn noch anrufen? Wagen wir es, den Überlebenden von Auschwitz den Hiob der Gaskammern zu empfehlen: Danket dem Herrn, denn er ist gütig, denn in der Weltzeit währt seine Huld!"[28] „Die Hitlerzeit war die schrecklichste, die ich erlebt habe; aber in ihr war Heilsgeschichte, war Gott. Ich kann nur nicht sagen, wie und wo. In aller Geschichte ist Heilsgeschichte; aber wir haben nicht immer genügend Glauben, um das zu erkennen."[29]

Wenn wir nach Auschwitz nicht mehr die Frage nach der Existenz Gottes stellen würden, so müßten wir mit gleicher Dringlichkeit die Frage nach dem Menschen als vernunftbegabtes Wesen stellen. Gibt es überhaupt den Menschen mit Verantwortung und Würde? Aus einem Theodizee-Problem, der Rechtfertigung Gottes angesichts des Leids, wäre eine Anthropodizee-Frage geworden: Wie läßt sich der Mensch rechtfertigen angesichts des Leids? Die Absurdität des Bösen spräche genauso gegen die Existenz des Menschen, wie sie gegen die Existenz Gottes spräche. Den Menschen als „animal rationale", als vernunftbegabtes Lebewesen mit Verantwortung und Freiheit gäbe es nicht. In einer einzig absurden Welt sind Menschenrechte und Menschenwürde nicht einbringbar und nicht einklagbar.

Elie Wiesel hat als kleiner jüdischer Junge die Konzentrationslager Birkenau (= Auschwitz II, ein reines Vernichtungslager), Auschwitz, Monowitz (= Auschwitz III) und Buchenwald überlebt. Die Massenvernichtung der NS-Zeit prägt sein literarisches Schaffen. Eine seiner erlittenen Geschichten sei angefügt: „Als wir eines Tages von der Arbeit zurückkamen, sahen wir auf dem Appellplatz drei Galgen. Antreten. Ringsum die SS mit drohenden Maschinenpistolen, die übliche Zeremonie. Drei gefesselte Todeskandidaten, darunter ein Kind mit fein geschnittenen schönen Gesichtszügen, der Engel mit den traurigen Augen, wie wir ihn nannten . . . Auf ein Zeichen des Lagerchefs hin wurden die Stühle umgekippt, und die Häftlinge mußten an den Gehängten vorbeimarschieren. Die beiden Erwachsenen starben sofort, aber der leichte Knabe lebte noch fast eine halbe Stunde und kämpfte seinen entsetzlichen Todeskampf. Alle mußten ihm ins Gesicht sehen, niemand durfte ihm helfen. Hinter mir hörte ich einen Mann fragen: Wo ist Gott? Und ich hörte eine Stimme in mir antworten: Wo er ist? Dort – dort hängt er, am Galgen."[30]

Gott ist dort, wo der Mensch leidet. Der „allmächtige" Gott ist solidarisch mit dem „ohnmächtigen" Menschen. Gott ist sympathisch, zu deutsch mit-leidend. Gott hängt am Galgen, sagt Elie Wiesel als gläubiger Jude. Wir Christen würden ergänzen: Gott selbst, der Mensch gewordene Gott in Jesus Christus, der Gottessohn, der Messiaskönig hängt am Kreuz. Das ist historisch geschehen in Jerusalem, wahrscheinlich am 7. April des Jahres 30 vor dem jüdischen Sabbat, der gleichzeitig Tag des Paschafestes war. Aber dies Geschehen wiederholt sich vorher und nachher im Schicksal vieler Menschen, eben auch in diesem Jungen, dem Engel mit den traurigen Augen, der am Galgen im KZ elendig stirbt. Der gekreuzigte Gott in Jesus Christus ist bei den Leidenden und nicht bei den Mächtigen zu finden. Der allmächtige Gott wählt in Jesus Christus, in Krippe und Kreuz selbst die Ohnmacht.

Es gibt nicht nur den geheimnisvollen Gott, sondern zugleich das geheimnisvolle Böse. Auschwitz lehrt, daß das Gegenteil von menschlich nicht einfach unmenschlich ist. Das Gegenteil von menschlich lautet dämonisch, satanisch, teuflisch. Die Konzentrationslager sind eine „Meisterleistung" des Dämonischen. Wenn das Böse übergroße Formen annimmt, liegt es nahe, jene Macht dahinter zu vermuten, die der „gefallene Engel" und Widersacher Gottes zu aktivieren versucht.

Das erste Konzentrationslager, wo alle SS-Leute ausgebildet wurden, war Dachau. Peter Locher beschreibt die Ankunft des Häftlings im Zugangsblock im KZ Dachau, wo der Blockälteste und Mithäftling Hugo Guttmann die Neuankömmlinge etwa so begrüßte: „Hier ist das Leben ein Dreck, die Strafen sind barbarisch. Wer Brot stiehlt, wird erschlagen. Du da hinten, du kannst heute schon dein Testament machen. Du kommst ohnehin nicht mehr lebendig hier heraus!" Als Pater Kentenich am 13. März 1942 in das Konzentrationslager Dachau eingeliefert wurde, erging auch an ihn eine Rede dieser Art. Weil der Kapo wußte, daß unter der Gruppe einige Geistliche waren, fügte er seiner Rede noch bei: „Und euren Herrgott könnt ihr daheim lassen. Mir ist er im Lager noch nicht begegnet." Dabei blickte er Pater Kentenich herausfordernd ins Gesicht und meinte: „Dir vielleicht?" Der erwiderte ruhig: „Wenn Ihnen hier der Herrgott noch nicht begegnet ist, dann aber sicher der Teufel."[31]

Die Konzentrationslager waren Teufelsstädte apokalyptischen Ausmaßes. Der folgende Text aus den nationalsozialistischen Monatsblättern kann das Menschenverachtende der SS-Henker belegen: „Von euch werden die meisten wissen, was es heißt, wenn hundert Leichen beisammen liegen, wenn fünfhundert daliegen, oder wenn tausend daliegen. Dies durchgehalten zu haben, und dabei – abgesehen von Ausnahmen menschlicher Schwäche – anständig geblieben zu sein, das hat uns hart gemacht. Dies ist ein niemals geschriebenes und niemals zu schreibendes Ruhmesblatt unserer Geschichte."[32] Was in den SS-Leuten vorging, ist schwer zu sagen.

Für den Schriftsteller Thomas Weber lebt der Henker von Auschwitz Rudolf Höss nicht in einer in sich geschlossenen Hölle. In einem modernen Mysterienspiel legt der Schriftsteller dem SS-Massenmörder folgende Worte in den Mund: „Sage keiner, in der Hölle sei kein Licht. Ich habe es in Auschwitz immer wieder aufsteigen sehen . . . Darum kann Hölle nie ganz Hölle sein, sie bleibt des Himmels mit . . . Himmel und Hölle begegnen sich auf der immerwährenden Rampe von Auschwitz . . . Henker und Heiliger in dir, in mir.“[33] Es gibt einen Himmel, und es gibt viele Höllen. Gott ist der Himmel. Und die Höllen? „Alle Höllen sind Abkehr von Gott, sind Gottesferne, Orte der Einsicht und des endlichen Erkennens.“[34]

Die Bildworte von Himmel und Hölle lassen sich ebenfalls bei Kentenich finden: „Das KZ Dachau ist nicht zu einer Hölle, sondern zu einem Himmel für uns geworden . . . Worin besteht der Himmel? In einer ausgesprochenen Liebesgemeinschaft mit dem dreieinigen Gott und den Seligen untereinander.“[35] In unseren Tagen vor der Jahrtausendwende gibt es Sektierer, die gerne den Teufel an die Wand malen und sich in dunkelsten apokalyptischen Bildern wohl fühlen. Doch solch eine Sicht kann den Glauben an Gottes guter Schöpfung völlig verdunkeln. Die realistische Sicht des Bösen darf nicht das Gute übersehen. In der Hölle der Konzentrationslager sahen viele Gläubige – Juden, Christen oder andere – wie der erste Märtyrer Stephanus den „Himmel offen“ (vgl. Apg 7,56).

Es gibt Orte des Grauens, eine besondere Landkarte des Bösen. Zu diesen Orten zählen die Konzentrationslager und viele andere Orte, etwa Hiroshima, wo am 6. August 1945 die erste Atombombe von einem US-amerikanischen Bombenflugzeug abgeworfen wurde. Papst Johannes Paul II. betete in Hiroshima am 25. Februar 1981:

„Höre meine Stimme, denn es ist die Stimme der Opfer aller Kriege und aller Gewalt unter einzelnen Nationen. Höre meine Stimme, denn es ist die Stimme aller Kinder, die leiden und leiden werden, wenn Menschen ihr Vertrauen auf Waffen und Krieg setzen. Höre auf meine Stimme, wenn ich Dich bitte, den Herzen aller Menschen die Weisheit des Friedens, die Kraft der Gerechtigkeit und die Freude der Gemeinschaft einzugeben. Höre meine Stimme, denn ich spreche für die vielen in jedem Land und in jeder Epoche der Geschichte, die den Krieg nicht wollen und bereit sind, die Straßen des Friedens zu gehen. Höre meine Stimme und gewähre uns Einsicht und Kraft, damit wir inneren Haß mit Liebe, Ungerechtigkeit mit voller Hingabe an die Gerechtigkeit, Not mit Selbstverzicht, Krieg mit Frieden beantworten. O Gott, höre meine Stimme und gewähre der Welt Deinen immerwährenden Frieden.“

Orte wie Hiroshima und Auschwitz werfen Fragen auf. Pater Kentenich gibt zu bedenken: „Wir werden gelebt, über uns wird verfügt von den Diktatoren dieser Welt. Alles, was wir auf der Bühne unseres Lebens im Vordergrunde wahrnehmen, kommt von Menschen, die durch ihre Leidenschaften andere tyrannisieren. Gott, wo bist Du? Auch wir sind mehr oder weniger in dieses Erlebnis hineingezogen. Und doch gibt es auch auf der anderen Seite noch Millionen, die trotz furchtbarer Schicksalsschläge tief innerlich die Gottesnähe erleben. Nicht so, als wären sie von den Schicksalsschlägen des Lebens verschont geblieben. Wir mögen uns an die Konzentrationslager erinnern. Wie viele Gotteserlebnisse auch dort, wo Mord und Totschlag Tausende hinwegrafften! Ungezählte haben den Weg zum lieben Gott gefunden, trotzdem er zu schlafen schien."[36]

Wer fünfzig Jahre danach durch die Konzentrationslager schreitet und diese Greueltaten auf sich wirken läßt, begegnet einem unheimlichen Ausmaß an Schuld und Leid. Schuld kann immer wieder neue Schuld hervorrufen, Leid kann immer wieder neues Leid hervorrufen. Doch Teufelskreise sind zu durchbrechen. Eingestandene und gesühnte Schuld kann positiv gewandelt werden. Der Schuldige, der Leid zugefügt hat, muß sich entschuldigen. Ohne Entschuldigen, ohne Sühne und Wiedergutmachung bleibt dem Opfer nur der Gedanke an Rache und Vergeltung. Die Beziehung zwischen Deutschland und Israel und das Verhältnis zwischen den Kriegsmächten des Zweiten Weltkrieges zeigen an, daß Versöhnung (zwischen einst verfeindeten Völkern) möglich ist.

Das Leben ist für viele Menschen des öfteren absurd und grausam. Man denke etwa an so heimtückische Krankheiten wie die Alzheimersche Krankheit. Das Zusammenleben mit dem Kranken wird langsam, aber sicher zu einer ständig größeren Belastung, weil die Verwirrtheitszustände des Patienten immer größer werden. Ein mir nahestehender Mensch stirbt millimeterweise. Die Angehörigen müssen zusehen, wie der Verwandte sich nicht mehr bewegen kann, wie er nicht mehr Tag und Nacht unterscheiden kann, wie er sich nicht mehr erinnern kann, wie er nicht mehr denken kann, wie er nicht mehr reden kann, wie er nicht mehr essen und schlucken kann. Da helfen keine frommen „Pfarrersprüche", da hilft kein billiger Trost. Dem guten Seelsorger verstummen die Tröstungsworte auf den Lippen. Leiden in solchen Dimensionen kann nicht als Erziehung, Sühne, Läuterung von seiten Gottes interpretiert werden. Wie viele stehen am Sterbebett und verfluchen den Fortschritt der Apparatemedizin? Eine junge Mutter erlebte „ihr" Auschwitz, als ihr Ehemann den Selbstmord oder Freitod wählte, weil er meinte, es ginge nicht mehr weiter in seinem so belasteten Berufsleben. Ich denke, billiger Trost ist genauso schlecht wie gar kein Trost.

Auschwitz ist unvergleichlich in dem Sinne, daß nie eine Tötungs-maschinerie so billig ein Volk, genauer das auserwählte jüdische Volk, ausrotten wollte. Deshalb werden wir Deutsche bis zum „Jüngsten Tag" das Kainsmal des Judenmörders auf unserer Stirn tragen. Aber Auschwitz ist vergleichbar in dem Sinne, daß auch anderswo Widersinniges, Absurdes und Grausames geschieht. Des-halb möchte ich den Leser ermutigen, schwierige Fragen an sich heranzulassen.

Persönliche Fragen:

• Gibt es Absurdes und Schreckliches in meiner Lebens- oder Familiengeschichte? Drogenabhängigkeit eines Kindes? Ein psy-chiatrisches Krankheitsbild eines geliebten Menschen? Selbst-mord eines Familienangehörigen oder Freundes? Ein medizini-scher „Kunstfehler" mit einer Behinderung als Folge?

• Wann habe ich verzweifelt gefragt: Gott, wo bist Du?

• Mein Gott, mein Gott, warum hast Du mich verlassen?

• Welche bedrückende Erfahrung habe ich selber gemacht: Tyran-nische oder krankhafte Vorgesetzte? Abhängigkeit von bösen und mächtigen Menschen? Eine „sinnlose" oder unterbezahlte Arbeit? Raumnot oder Wohnraumenge? Todesangst? Andere Ängste? Das Erleben „grau in grau"? Einsetzen der eigenen Ellenbogen? Das Untergehen in der Masse?

• Welche Orte des Grauens habe ich mit Betroffenheit besucht?

• Bekämpfe ich Juden- oder Ausländerhaß? Weise ich radikale „Stammtischpolitiker" scharf und bestimmt in ihre Grenzen?

• Gibt es den „kleinen Hitler" in mir? Strebe ich nach Macht über andere?

• Setze ich mich ein für Verständigung und Toleranz?

• Sind mir die Psalmen, die Klagegebete der Juden und Christen, eine Lebenshilfe?

• Kann ich trotz allem kindlich beten und meine Kerze bittend vor einem Gnadenbild anzünden?

- Glaube ich mehr an die Macht des Teufels als an die Macht des lieben Gottes? Neige ich dazu, den Teufel an die Wand zu malen? Ist mein Weltbild dualistisch, als wären Gott und Teufel ähnlich mächtig? Habe ich ein dämonisches Gottesbild?
- Was tue ich, um aufrichtiger und tiefer an die Liebe glauben zu können?
- Was ist „mein Auschwitz"- oder „mein Dachau"-Erlebnis?

2
Wer ist Pater Kentenich?

2.1 Kindheit und Jugend

> *„Ist das nicht der Zimmermann,*
> *der Sohn der Maria?"* (Mk 6,3)

„er wird am 18. november 1885
in gymnich geboren
nicht weit von köln
der taufbrunnen steht heute noch
und auch der zwiebelturm
der damals und heute die kirche krönt –
das kind joseph
wächst bei den großeltern auf
in bescheidenen verhältnissen
wie man so sagt
bei kentenichs
bis katharina seine mutter
ihn neunjährig
ins waisenhaus st. vinzenz
nach oberhausen bringen muß
die mutter empfiehlt ihr kind
betend vor einer muttergottesstatue
maria
was sich dem jungen tief ins herz prägt
und weitreichende folgen hat –
am erstkommuniontag gesteht er seiner mutter
er will priester werden
und dies will die mutter nicht
das ist schwer –
aber es gelingt

er beginnt im september 1899
in koblenz bei den pallottinern
die humanistischen studien
es läuft wie es läuft
wenn man missionar wird
noviziat philosophie theologie
aber es läuft anders
in krisenhafter auseinandersetzung
mit denken und lehren in seiner umgebung
er ringt um fragen nach
letzten bindungen des menschen
nach erkennbarkeit der wahrheit
er ist skeptisch
und der rat entscheidet
entlassen
INCEDIT PERICULOSAS VIAS
er beschreitet gefährliche wege
die entlassung wird zurückgenommen
ja aber
er hat schon tief geschaut
der gefährliche weg
bleibt"[1]

Diese erste Vorstellung des jungen Joseph kam aus der Feder des Dichters und Priesters Wilhelm Willms. Biographien über Joseph Kentenich sind von Engelbert Monnerjahn und Esteban Uriburu verfaßt worden. Peter Locher hat interessante Anekdoten über diesen rheinisch humorvollen Pater gesammelt. Heinrich Walter[2] hat mit seinem Comic einen anderen Zugang zu Pater Kentenich eröffnet.[3] Ich werde das beschreiben, was in den bisherigen, eher harmonisierenden Darstellungen unzureichend gesagt wurde. Leidvolles aus Kentenichs Leben – insbesondere Josephs Kindheit, seine Studienkrise und die Gründe für sein kirchliches Exil – wird zur Sprache kommen. Es wird das Vaterproblem und die Väterlichkeit Kentenichs dargestellt.

Meines Erachtens ist das Lebensproblem Joseph Kentenichs der Vater, der fehlte und der nicht da war. Seine Mutter Katharina Kentenich arbeitete als einfache Magd auf einem Bauernhof im Dörfchen

Oberbohlheim in der Nähe von Nörvenich, im Rheinland nahe der Domstadt Köln gelegen. Sie lernte dort den 21 Jahre älteren Oberknecht und Vorgesetzten Matthias Koep kennen. Dieser war Junggeselle und über vierzig Jahre alt. Aus dieser intimen Beziehung entstand jenes Kind Joseph, dessen Leben uns hier beschäftigt. Es trägt den Familiennamen seiner Mutter. Ihr Kind bringt sie im Haus ihrer Großeltern in Gymnich (Kunibertusplatz 4) zur Welt. Der Vater Matthias Koep hat sich nie um seinen Sohn gekümmert. Er blieb Junggeselle, ging sonntags regelmäßig in seinem Heimatdörfchen Eggersheim zur Kirche und war fasziniert von seiner Bienenzucht. Von ihm sind sonst keine Einzelheiten bekannt. Auch die Mutter heiratete nie, versuchte aber, in ökonomisch schwieriger Situation für ihren Sohn zu sorgen.

Doch als Joseph achteinhalb Jahre alt ist, muß Mutter Katharina ihren Sohn in ein Waisenhaus ins Ruhrgebiet nach Oberhausen bringen. Das Waisenhaus wurde von Ahrenberger Dominikanerinnen geführt. Dort sieht die Mutter eine größere Statue mit der Gottesmutter Maria und dem Jesuskind, vor denen der hl. Dominikus und die hl. Katharina von Siena knien. Vor dieser Statue vertraut Katharina in ihrem Abschiedsschmerz ihren Sohn der himmlischen Mutter an. Diese Weihe gehört zum Lebensgeheimnis Pater Kentenichs. In allen Krisen hat Joseph eine große Nähe und Liebe zu seiner himmlischen Mutter beibehalten. Die Kontaktnot des Waisenhauskindes verstärkt sich in seiner Pubertätszeit und verdichtet sich in seinen Studienjahren.

Seine Studienkrise umfaßt „zehn harte Jahre"[4], vom Noviziatsbeginn 1904 bis etwa 1914, umfaßt also auch die ersten Priesterjahre. Wann das Krisenhafte völlig verschwunden ist, wissen wir nicht. Pater Kentenich beneidet etwa in einer Laudatio die große Herzenswärme seines engsten Mitarbeiters Pater Dr. Alexander Menningen.[5] Über die Studienkrise Kentenichs gibt es folgende Selbstaussagen: „Gerade wegen der Lösung meines Geistes und meiner Seele vom Erdhaften, vom echt Menschlichen, vom Diesseitigen, wurde der ganze Mensch von einem totalen Skeptizismus, von einem überspitzten Idealismus, von einem zersetzenden Individualismus und von einem einseitigen Supranaturalismus innerlich zerquält und hin und her geworfen" . . . „Das waren wahnsinnige innere und äußere Leiden."[6] „Was ich dann persönlich erlebt habe, das war natürlich ein gewisser psychischer Zwang."[7] Obwohl sich Joseph Kentenich in den angegebenen Selbstaussagen hinter vielen „Ismen" zu verstecken versucht, wird dem kritischen Leser Genaueres über die Studienkrise mitgeteilt.

Der hochintelligente Student dürfte kaum seelische Kontakte gehabt haben. Das Image des Strebers bewirkt zusätzlich, daß die Mitstudenten diesem abgehobenen, distanzierten Menschen aus dem Weg gegangen sind. Das Studium macht Kentenich zu einem fixierten Skeptiker, der schließlich meint, Wahrheit sei nicht erkennbar. Der vereinsamte Student lebt in einer Welt der „reinen" Ideen. Die „Erdferne" bewirkt, daß er ins Religiöse, Supranaturalistische flieht. Er ist ein Opfer seiner Zeit und zugleich seiner Herkunftsfamilie. In der Kirche ging es damals in übertriebener Weise um die sogenannte Abtötung (des Bösen im Menschen) und um eine negative Welt- und Menschensicht. Diese Vereinseitigungen und überzogenen Akzentsetzungen werden das psychosomatische Krankheitsbild des Studenten Kentenich verschärft haben.

So vereinsamt der intellektualistische Student, es bleibt nicht nur bei psychosomatischen Krankheitsbildern, sondern der Pallottinerstudent gerät in die Nähe der geistigen Umnachtung. In den Jahren 1906–1907 muß sein Gesamtzustand besonders schlecht gewesen sein, er kann erst mit Verspätung die zweite Profeß ablegen. Zwei Dinge bewirken später die Heilung des jungen Paters: erstens die gemüthafte Bindung an die Gottesmutter Maria sowie zweitens die Erfahrung des Seelsorgers, dem von den Internatsschülern kindliche Gefühle entgegengebracht werden.[8] Einmal sorgt seine tiefe und warme Marienliebe dafür, daß seine Seele so einigermaßen wieder ins Lot kommt. Ebenfalls spürt der junge Priester, wieviel Zärtlichkeit und Wärme in ihm steckt, wenn er intensivere Seelsorgskontakte hat. Maria ist ganz existentiell für den jungen Pater die „Waage der Welt", wo Göttliches und Menschliches gleichgewichtig sind. Durch die religiöse Bindung an Maria und die Bindungen zu den Internatsschülern gerät seine Beziehungswelt wieder ins Lot. Auf den Waagschalen des Lebens mit den Gewichtungen des Religiösen und Naturhaften, des Emotionalen und Intellektuellen liegen die Gewichte nun nicht mehr ganz so einseitig verteilt. Maria, als Schnittpunkt zwischen Gott und Mensch erlebt, kann bei Kentenich bewirken, daß sich seine supranaturalistischen und intellektualistischen Einseitigkeiten lösen können. So wird der Vaterlose sehr viel später das Charisma der Väterlichkeit ausstrahlen.

Bedenkt man Kentenichs Vaterproblem und Vatercharisma, so ist es kein Wunder, daß er in den beiden von ihm gegründeten Säkularinstituten für Frauen – den Schönstätter Marienschwestern und den Frauen von Schönstatt – das „Vaterprinzip" einführt, das dem Generaldirektor (er selbst) ungewöhnlich viel Kompetenz und Autorität zugesteht. Gerade in den Aufbau der Schönstätter Marienschwestern hat er sehr viel Zeit und Liebe investiert. Dabei hatte er die Hoffnung, einen Modellfall neuen kirchlichen Gemeinschaftslebens schaffen zu können. Ohne natürliches Vatererlebnis scheint nach Kentenich vieles nicht zur vollen Ausreifung zu gelangen. Jeder Mensch kann besser zur zweiten, reifen Kindlichkeit gelangen, wenn er einen Vater erlebt und Kind sein darf. Das gelebte „Vaterprinzip" in der Schwesterngemeinschaft, worunter eine innerseelisch starke Beziehung zum priesterlichen Vater gemeint ist, führte unter anderen Gründen zum Exil, zur vierzehnjährigen Verbannung Kentenichs in die USA. Zwischen dem priesterlichen Leiter und den Marienschwestern entwickelte sich eine seelische Nähe, die bei der päpstlichen Visitation nach dem Zweiten Weltkrieg zu größerem Argwohn führte. So viel seelische Nähe zwischen Gründer und Schwestern hielt der päpstliche Visitator, der niederländische Jesuitenpater Tromp für unangebracht. Für Pater Kentenich hatte das naturhafte und geistliche Vatererlebnis der Schwestern ihm gegenüber therapeutische Implikationen, die der Visitator mißbilligte. In der Nachgründerzeit (nach 1968) entstand die Frage, ob jene Machtkompetenz, die einmal Pater Kentenich hatte, einer anderen priesterlichen „Vatergestalt" zu übertragen sei. Bei den Schönstätter Marienschwestern und bei den Frauen von Schönstatt wurde und wird die Nachfolgefrage des Generaldirektors anders gesehen. Die Frauen von Schönstatt hatten kaum ein Problem damit, jene Vaterstellung Kentenichs auf einen anderen Priester zu übertragen. Bei der Schwesterngemeinschaft dagegen war das Amt des Generaldirektors nach dem Tod des Gründers lange vakant. Nur für einen kurzen Zeitraum (etwa zehn Jahre nach dem Tod des Gründers) hatte ein anderer Priester diese Funktion des Generaldirektors inne gehabt. Doch die Leitung der Marienschwestern relativierte das Vaterprinzip in der Mitte der 80er Jahre und gab dem Generaldirektor nur noch die Rolle eines geistlichen Assistenten. Diese Entscheidung führte zu einer gewissen Unruhe nicht nur in der Schwesterngemeinschaft und zu Austritten einiger bekannter Schwestern.

Wie Kentenich sollten viele Seelsorger den Mut haben, Gefühle des Kindseins ihnen gegenüber anzunehmen. Leidbewältigung heißt manchmal einfach, sich in die Arme des Vaters bzw. der Mutter werfen zu dürfen, schluchzen und weinen zu dürfen. Wer nie einen Vater oder eine Mutter erleben durfte, muß ein solches Kindererlebnis nachholen, ganz gleich, wie alt er schon geworden ist. Der Vater ist für viele Menschen ein Lebensproblem. Wie oft habe ich in der eigenen Seelsorge die Klage gehört: „Könnte doch nur mein Vater seine Gefühle zeigen!" Manche Tränen waren mit dieser Klage verbunden. Töchter und Ehefrauen ertragen den Vater oder den Ehemann (der ja eine unterbewußte Vaterübertragung sein kann) bis zur Selbstaufgabe, um ihn nicht zu verlieren. Verlustängste wirken da sehr stark. Wie gerne möchten viele Menschen vom Vater geliebt und angenommen sein. Sich in die Arme des Vaters fallen lassen, ist oft Ausdruck dafür, sich in den Armen des Vatergottes zu bergen.

Beim Seelsorger Kentenich findet sich durchgängig der Rat, der zölibatäre Ratgeber solle auf körperliche Berührungen verzichten, lediglich mit der einen Ausnahme der gegenseitigen Handberührung. In katholischen Kreisen ist bisweilen zu hören, der „Todfeind" des Zölibats sei das Mitleid mit dem „Seelsorgskind", jenes Mitleid, das sich in körperlichen Berührungen ausdrücken möchte. Nun ist Pater Kentenich aber bewußt, daß seelische Nähe sich in körperlichen Ausdrücken zeigen kann. Die Freiheit der Kinder Gottes bewirkt zudem, daß jede Regel durch den Höchstwert der Liebe heilige Ausnahmen kennt. Viele haben die Sehnsucht in sich, ein solches Erleben des Vaters oder der Mutter nachzuholen, um wirklich Kind sein zu können. Wer nicht Kind sein durfte, kann nur mit Krampf und neurotischen Phänomenen Erwachsener sein. Kind sein dürfen, das will auch mit dem Leib erfahren sein, indem sich der „Vaterlose" oder durch den Vater Verletzte in den Armen eines „Ersatzvaters" geborgen fühlen darf.

Wer nicht wirklich Kind sein durfte, kann schwer erwachsen werden. Doch Kindsein kann „nachgeholt werden in Mutter- und Vater-Beziehungen"; der Mensch sollte nur keine Angst haben vor der

Bedürftigkeit seiner Liebessehnsucht. In unserer oft „vaterlosen" Zeit sind die Verwundungen durchs Vatererlebnis häufiger als die Verletzungen durch ein schwieriges Muttererlebnis. Pater Kentenich ist ein Seelsorger, der die Bedeutung des Vatererlebnisses mit dem Gott-Vater-Glauben verknüpft. Sagte Nietzsche: „Gott ist tot", und sagte Freud: „Der Vater ist tot", so kontrastiert Kentenich beide mit dem Wort „Der Vatergott lebt". Das will meinen, Gott lebt und der Vater lebt.

Persönliche Fragen:

• Die Grundgestalten von Mutter und Vater prägen jedes Leben. Inwieweit bin ich ausgesöhnt mit Mutter und Vater?

• Wie stark habe ich die Liebe meiner Eltern verdienen müssen durch irgendeine Form der überzogenen Anpassung: durch Bravsein, Schönsein, Schulleistungen? Oder haben mich meine Eltern einfach so, bedingungslos geliebt? Mußte ich die Rolle des schönen oder klugen „Vorzeigekindes" spielen?

• Hatte ich Angst vor dem Liebesverlust meiner Eltern, wenn ich keine Leistung brachte? Erwische ich mich dabei, daß mich diese kindlich gelernten Verhaltensmuster bis heute prägen? Reagiere ich deshalb auf jede Autorität aggressiv, blockierend? Oder bin ich zu sensibel, zu lieb, zu wenig selbstbewußt?

• Bin ich bereit, mich mit den Grundgestalten von Mutter und Vater wirklich auseinanderzusetzen? Habe ich Mutter und Vater völlig idealisiert? Tut es mir zu weh, die Verletzungen der Kindheit anzuschauen?

• Gott verschenkt manchmal fast voraussetzungslos Begabungen und Charismen. Mit welchen Dingen hat mich der liebe Gott überrascht? Mit welchem Talent hätte ich nicht rechnen können?

• Wie arm oder reich ging es in meiner Herkunftsfamilie zu? Hatte ich Kontakte zu anderen sozialen Schichten? Was ist mein „Familienkreuz"? Welche Stärken, Charaktereigenschaften, Begabungen, Krankheiten gehen auf das Konto meiner Eltern?

• Welche Kraft habe ich von meinen Eltern erhalten? Konnte ich meinen Eltern vertrauen?

• Wann darf ich heute in der Begegnung mit anderen „Kind" sein?

• Für wen bin ich Vater oder Mutter? Wann bin ich Freund und Partner?

- Wie sehen die Herkunftsfamilien meiner Eltern aus? Wurde „neurotisches" Verhalten (Perfektionismus, Zwanghaftes, Ängstliches) von einem Elternteil als „Opfer" übernommen und wieder an mich weitergegeben? Wie kann ich diesen Teufelskreis durchbrechen?
- Wie war die Persönlichkeit meiner Mutter und meines Vaters? Auf welche Weise wurde ich von meinen Eltern bestraft?
- Was habe ich von Mutter oder Vater gebraucht und nicht bekommen? Wie war die religiöse Erziehung zu Hause?
- Welche Botschaft vermittelten mir meine Eltern bei wichtigen Lebensthemen: Sexualität, Gefühle, Leistung . . .?

Ergänze folgende Sätze:

Seit meiner Kindheit . . .

Ich bin ein Mensch, der . . .

Was mir Mutter/Vater nicht gegeben haben, ist die Tatsache, daß . . .

Ich fühlte mich schuldig, weil . . .

Mutter/Vater war immer . . .

- Wie war die Atmosphäre in meiner Herkunftsfamilie?
- War ich auf ein Geschwisterkind neidisch? Warum und in welcher Situation?
- Wer war mir wie Mutter und Vater außerhalb der Herkunftsfamilie? Wo konnte ich meine Kindheit ein Stück weit nachholen?
- Was hat mich in der Kindheit und Jugend Josephs Kentenichs besonders angesprochen? Wo habe ich ähnliche Geschehnisse erlebt?

2.2 Die lange Passion

> *„Denn nie wird dem Priester*
> *die Weisung ausgehen, dem Weisen*
> *der Rat und dem Propheten*
> *das Wort."*   (Jr 18,18)

Eckdaten im Leben Pater Joseph Kentenichs:

18. 11. 1885: (Peter) Joseph Kentenich wird in Gymnich geboren, als Sohn von Katharina Kentenich und Matthias Koep.

12. 4. 1894: Mutter Katharina vertraut beim Abschied von ihrem Sohn Joseph im Waisenhaus in Oberhausen (Ruhrgebiet) diesen der Gottesmutter an.

1899–1904: Besuch des Gymnasiums in Koblenz-Ehrenbreitstein.

24. 9. 1904: Novize bei den Pallottinern in Ehrenbreitstein, Beginn einer etwa zehnjährigen Krisenzeit (Skepsis, Kontaktnot).

1906–1907: längere Krankheit, deshalb spätere Zulassung zur zweiten Profeß.

29. 7. 1909: Verweigerung der Zulassung zur ewigen Profeß bei den Pallottinern; damit verbunden Verlust des Priesterberufes. Später wird diese Entscheidung mit knapper Mehrheit widerrufen.

8. 7. 1910: Priesterweihe in Limburg.

8. 9. 1912: Übersiedlung nach Vallendar-Schönstatt; dort zuerst Lehrer für Latein und Deutsch.

1912–1919: Spiritual (= geistlicher Begleiter) im Internat in Schönstatt.

18. 10. 1914: In einem Vortrag äußert Pater Kentenich den Wunsch, die Gottesmutter möge das „Michaelskapellchen" (Heiligtum) in Schönstatt zu einem Wallfahrtsort umgestalten. Zuhörer waren einige Internatsschüler.

20. 8. 1919: Ein erster Schritt zur Gründung der „Apostolischen Bewegung von Schönstatt" (Bundesgemeinschaften). Danach erfolgte der Aufbau der Bewegung.

20. 8. 1920: Gründung der schönstättischen Liga-Gemeinschaften.

1. 10. 1926: Gründung der Schönstätter Marienschwestern.

20. 9. 1941: Beginn einer vierwöchigen Dunkelhaft (Einzelzelle) im Gefängnis in Koblenz-Stadtmitte, danach normaler Gefangener.

20. 1. 1942: Der Häftling Kentenich verzichtet auf die Möglichkeit einer ärztlichen Untersuchung, welche die Möglichkeit der „Lagerunfähigkeit" eröffnet hätte.

13. 3. 1942: Ankunft im KZ Dachau als Häftling.

6. 4. 1945: Befreiung des KZ Dachau durch die Amerikaner.

20. 5. 1945: Heimkehr nach Schönstatt-Vallendar (bei Koblenz am Rhein gelegen).

1945–1949: Drei große Weltreisen zum Ausbau der Schönstatt-Bewegung.

14. 3. 1947: Privataudienz bei Papst Pius XII. über die Bedeutung von Säkularinstituten.

19. 2. 1949: Beginn der Visitation Schönstatts durch Weihbischof Stein von Trier.

31. 5. 1949: Pater Kentenich schickt einen sehr langen Brief als Antwort auf den Visitationsbericht von Weihbischof Stein. Konsequenz: päpstliche Visitation durch P. Sebastian Tromp, SJ.

1951–1965: Exilszeit in Milwaukee, USA, Bundesstaat Wisconsin.

31. 7. 1951: Amtsenthebung Pater Kentenichs als Geistlicher Direktor der Schönstätter Marienschwestern.

30. 9. 1951: Rom ordnet die Ausweisung Kentenichs aus Schönstatt an.

21. 6. 1952: Ankunft in Milwaukee. Zuerst ein Leben in völliger Abgeschiedenheit; später als Seelsorger der deutsch-sprachigen Pfarrgemeinde tätig.

13. 9. 1965: Ein Telegramm enthält telefonisch die Nachricht, Pater Kentenich solle schnell nach Rom zurückkommen.

22. 10. 1965: Papst Paul VI. beendet die Verbannung Pater Kentenichs.

16. 11. 1965: Joseph Kentenich wird Diözesanpriester der Diözese Münster; unter Bischof Joseph Höffner.

22. 12. 1965: Privataudienz von Pater Kentenich bei Papst Paul VI.

24. 12. 1965: Zum Weihnachtsfest wieder in Schönstatt.

1965–1968: Geistliche Begleitung der Schönstatt-Bewegung in Deutschland nach langer Abwesenheit.

15. 9. 1968: Pater Kentenich stirbt direkt nach der Zelebration der Frühmesse in der Sakristei der Dreifaltigkeitskirche auf Berg Schönstatt, Vallendar am Rhein.

10. 2. 1975: Beginn des Seligsprechungsprozesses in Trier (zuständige Diözese).

Bei der Internationalen Festwoche 1985 in Vallendar-Schönstatt anläßlich des 100. Geburtstages Kentenichs stellte Pfarrer Kurt Faulhaber das „Geburtstagskind" als einen Menschen der Solidarität vor: „Er war solidarisch mit den Armen und Bedrängten aller Art: mit den Unerwünschten: seinem Vater war er ein unerwünschtes Kind; seinen Professoren ein unerwünscht kritischer Student; seiner Gesellschaft ein unerwünschter Priesteramtskandidat; vielen seiner Zeit ein unerwünscht störender Zeitgenosse; den Nazis eine unerwünschte Stimme; seiner Priestergemeinschaft ein unerwünschter Unruheherd; seiner Kirche ein unerwünschter Prophet. Er war solidarisch mit den Einsamen, Unverstandenen und Mißverstandenen – das war sein Schicksal schon als Kind. Er war solidarisch mit den mit der Wahrheit und mit dem Wahnsinn Ringenden – vor allem als Student. Er war solidarisch mit den Gefangenen, Entrechteten, Entwürdigten, Gefolterten, Verbannten –, denn das alles war er selber. Er war solidarisch mit den Armen, Hungernden, Nackten, Frierenden, Blutenden –, denn das alles ertrug er im Gefängnis und KZ am eigenen Leib. Er war solidarisch mit den Verleumdeten, Totgeschwiegenen, mundtot Gemachten –, denn das war sein Schicksal vierzehn Jahre lang. Er war grundlos solidarisch mit den Ketzern und Ungehorsamen –, denn als solch einer galt er."[9]

Solidarisch und unerwünscht sind die Propheten. Im Hebräischen heißt Prophet „nabi", wörtlich übersetzt berufener Rufer. Gemeint ist einer, der von Gott berufen ist; und zugleich einer, der ruft, der anderen eine oft unangenehme Botschaft zu sagen hat, der eine Art bittere Medizin zu reichen hat. Der Prophet eckt an, er paßt nicht in die gängigen Denkkategorien, er ist modern und unzeitgemäß zugleich. Er möchte Gottes Willen im Hier und Heute künden. Es gibt wahre und falsche Propheten im alten Israel und im neuen Israel, der Kirche. Diese Tatsache mag ein Anlaß dafür sein, daß das Prophetentum als Amt schon in der Zeit der Urkirche bald verschwindet.

Der Prophet Amos, ein Schafhirte aus Tekoa im Südreich Juda, wird im achten vorchristlichen Jahrhundert Prophet im Nordreich Israel und leistet starke Sozialkritik. Franziskus, der Kaufmannssohn aus Assisi, wählt ein armes Leben und zeigt der machtvollen Kirche die wahre Macht des Evangeliums. Mahatma Gandhi, der indische Staatsmann, zeigt die Gewalt des gewaltlosen Widerstandes auf, der die Unabhängigkeit von Großbritannien bewirkt. Alle drei Genannten, aus verschiedenen Zeiten und Religionen stammend, zeigen an, daß Gott seinem Volk Propheten als besondere Gabe schenkt.

Kentenich war ein „Querdenker". Seine Gedanken können nicht alle aus seiner Gefolgschaft verstehen, da seine Zuhörer aus noch bestehenden katholischen Milieulandschaften stammen und mit alten Ohren neue Botschaften hören. Als Latein- und Deutschlehrer gibt er alternativen Schulunterricht. Als Spiritual merkt er, daß Internatserziehung ohne Freiheitsraum nicht funktionieren kann. Als Gründer entwickelt er neue Gemeinschaftsformen, die damals wie heute (ein Säkularinstitut für Ehepaare) nicht ins Kirchenrecht passen. Selbst in Kentenichs engsten Gemeinschaften, den Säkularinstituten, soll ein Kündigungsrecht (nach drei Monaten) selbst nach dem „Ewig-Vertrag" für jedes Mitglied möglich sein. Freie Bindung ist für Kentenich ganz wichtig. Freiheit soll so viel wie möglich gewährt werden, während Bindung nur so viel wie nötig vorhanden sein muß. Im Konflikt mit dem Naziregime nimmt er kein Blatt vor den Mund; schon ganz früh erkennt er die völlige Unvereinbarkeit der NS-Ideologie mit dem Christentum. So sagt er dem Bischof von Münster, dem späteren Kardinal Graf Clemens von Galen, er kenne im Nationalsozialismus keine Stelle, worauf das Taufwasser auftreffen könnte. Im Konflikt mit der Kirche zeichnet Pater Kentenich sich dadurch aus, daß seine Kritik „schonungslos" an den direkten Adressaten gerichtet ist. Aber er verzichtet auf die Hilfe öffentlicher Medien, um seine Sache voranzutreiben und Gerechtigkeit zu erlangen. Die Kirche hat sich im Laufe ihrer wechselvollen Geschichte mit den Propheten oft sehr schwer getan; zu sehr stört der Prophet das Ordnungsdenken der Mächtigen. So wird aus manchem Propheten ein Ketzer, eben jemand, der seiner Kirche den Rücken zukehrt. Kentenich hat dieser Versuchung widerstanden. Zugleich hat er sich nicht mundtot machen lassen.

Oft ist Pater Kentenich mißverstanden worden. Meist hört jeder das, was zu seinem Vorverständnis paßt. Ein Beispiel mag das belegen. Schwester Dr. M. Annette Nailis hatte bei Pater Kentenich den Exerzitienkurs über Werktagsheiligkeit gehört und sollte daraus ein Buch verfassen, was bald geschah. Zum Buch gehören drei große Teile: Gott-, Werk- und Menschen-Gebundenheit. Im Abschnitt Werkgebundenheit geht es u. a. um Leidgebundenheit. Schwester Nailis formuliert das Ganze in der Weise eines Katechismus jener Tage. Leid ist als Sühne, Läuterung, Bewährung anzusehen. Mit Bibelzitaten und Beispielen aus dem Leben der Heiligen wird die stark passive Leidannahme als Ideal des Werktagsheiligen dargestellt. Alles scheint klipp und klar zu sein. Doch wenig später kommentiert Kentenich diese Ausführungen: „Auch Gedanken, die sie in der Werktagsheiligkeit finden! Das ist eine Art des Leidens, die die menschliche Natur und die Kindlichkeit zerstört."[10] Nun ist für Kentenich menschlich und kindlich zu leiden der springende Punkt, auf den es ankommt.

Nach dem Zweiten Weltkrieg findet im Februar 1949 eine Visitation der von Pater Kentenich gegründeten Schwesterngemeinschaft durch den Trierer Weihbischof Bernhard Stein statt. Der insgesamt gute Visitationsbericht hat kleinere Kritikpunkte, die die Erziehungspraxis, das besondere Gebets- und Liedgut sowie die eigene Terminologie betrafen. Kentenich nimmt den Visitationsbericht zum Anlaß, einen sehr langen Antwortbrief aus Lateinamerika zu schreiben. In den Ausführungen des Weihbischofs finde sich ein „mechanistisches, separatistisches Denken", das weit verbreitet sei und sich katastrophal für die Kirche im Abendland auswirke. Es gehe nicht nur um seine Vaterstellung in der Schwesterngemeinschaft, sondern es gehe ganz grundsätzlich darum, Gottes Wirken mitten in der Welt wahrzunehmen, Natur und Gnade miteinander zu verbinden. Nach Pater Kentenich ist Gott nicht nur als der ganz Andere anzusehen. In seiner Aufgabe als Generaldirektor der Marienschwestern versteht er sich selbst als „Transparent" auf Gott hin. Der seelisch starke Mensch solle in einem natürlichen und übernatürlichen Bindungsorganismus leben. „Kindliche" Bindungen an Personen und Orte sollen die Bindungen Gott gegenüber unterstützen und zum Ausdruck bringen.

Kentenich schreibt einen Studientext über das mechanistische, separatistische Denken, das Gott und Welt in zwei ganz verschiedene, ja getrennte Welten aufteilt. Dies Denken sei beim Weihbischof und in kirchlichen Kreisen Deutschlands weit verbreitet, es verunmögliche eine gesunde Marienverehrung und bewirke den Untergang des Christlichen durch den Kollektivismus. Richtig dagegen sei die Denkform des organisch-ganzheitlichen Denkens – das Zusammenhänge wahrnimmt und Gottes Wirken mitten in der Welt sieht. Pater Kentenich hofft, die bereits eingerichtete Studienkommission in Sachen Schönstatt werde sich mit der Frage des „mechanistischen" Denkens beschäftigen.

Statt dessen wird aus der bischöflichen eine päpstliche Visitation, und aus Rom erscheint der Visitator Pater Sebastian Tromp SJ in

Schönstatt. Der Visitator ist bald der Meinung, die Schwestern hätten eine zu starke Zentrierung auf ihren priesterlichen Leiter; er könne bei den Schwestern ein „Massenmenschentum auf höherer Ebene" und eine „unreife Kindlichkeit" dem Gründer gegenüber beobachten. Das für den Visitator so stark psychologisch orientierte Schönstatt läßt in ihm den Verdacht aufkommen, hier sei zu viel Psychotherapie, zu viel Sigmund Freud im Spiel. Eine Entfernung des Gründers von seiner Schwesterngemeinschaft werde helfen, krankhafte Abhängigkeiten abzubauen. Eine so starke seelische Nähe der Marienschwestern zum Gründer hält der päpstliche Visitator für unangebracht, da sie zur körperlichen Nähe führen könne. Die ganze Auseinandersetzung zwischen Visitator und Gründer scheint sich auf zwei Ebenen abzuspielen: Einmal gibt es eine geistige Auseinandersetzung über den Gegensatz zwischen mechanistisch-separatistischem Denken einerseits und organisch-ganzheitlichem Denken andererseits. Zum andern entsteht der indirekte Verdacht, Pater Kentenich habe mit den psychotherapeutischen Dingen unheilvoll übertrieben, sexuelle Übergriffe seien dabei möglich gewesen. Kentenichs Sendungsbewußtsein wirkt außerdem für den niederländischen Visitator Tromp im Nachkriegsdeutschland befremdlich und gefährlich „deutsch".

Als Kentenich bald darauf von Rom verworfen wird, hat sein polnischer Freund Pater Turowsky sein Leitungsamt in der internationalen Gesellschaft der Pallottiner abzugeben. Durch Intervention des „Heiligen Offiziums", der obersten Behörde zur Sicherung des Glaubens, soll ein anderer Generaloberer dabei helfen, die Schönstatt-Bewegung aufzubauen. Die Situation der Bewegung wird in der Exilzeit von 1951 an lebensbedrohlich. Eine mächtige Stimme in Rom sagt, nur im Sarg werde Pater Kentenich nach Schönstatt zurückkommen. Doch 1965, am Ende des II. Vatikanischen Konzils, kommt die Wende. Die Arbeit des „Heiligen Offiziums" wird von vielen Bischöfen auf dem II. Vatikanischen Konzil mit kritischen Augen gesehen. Ein „Nebenprodukt" des neuen dynamischeren Kirchenbildes ist die Tatsache, daß Pater Kentenich nach Rom und Schönstatt zurückkehren darf. Nicht sehr lange nach seinem Tod 1968 wird der vorher Gescholtene 1975 zur Seligsprechung zugelassen.

Der Pilger oder Besucher des Wallfahrtsortes Vallendar-Schönstatt erhält sein erstes Bild vom Gründer oft durch den Besuch im Pater-

Kentenich-Haus auf Berg Schönstatt. In den großen Ausstellungs-
räumen werden verschiedene Gesichtspunkte über das Leben des
Paters gekonnt und professionell dargestellt.[11] Doch über seine Kindheit und Studienkrise sowie über die Gründe für die Exilzeit kann
jeder auf diesen wenigen Seiten mehr erfahren als in der großen Ausstellung. An diese angeblich „heißen" Eisen wollten sich die Gestal-
ter der Ausstellung nicht heranwagen. Es ist legitim, verschiedene
Gesichter dieses Mannes darzustellen.

Doch das Gründerbild bestimmt das Bild einer Bewegung. Das gilt
für Franziskus, für Martin Luther, für Karl Marx, für Rudolf Steiner
und für Joseph Kentenich. Die Bewegungen, die ein Prophet auslöst,
entwickeln meist zwei Grundrichtungen mit vielen Varianten. Die
einen sind die „Konservativen" (die „hardliner"), die stark auf den
Gründer zurückschauen, die dogmatisierend den Erneuerungsim-
puls festhalten. Und die anderen sind die „Progressiven", die gegenwärtige Lebensfragen ernst nehmen und mit dem Geist des Gründers zu verbinden versuchen. Ein Prophet wird zu seinen Lebzeiten
und auch nach seinem Tod mißverstanden. Was ist heute typisch
lutherisch, wenn Martin Luthers Rechtfertigungslehre wegen mangelnden Sündenbewußtseins nur mehr wenige evangelische Christen interessiert? Was ist typisch marxistisch, wenn es den Prole-
tarier, den Marx vor Augen hatte, heute nicht mehr gibt? Die Gei-
stigkeit des prophetischen Gründers muß „weitergedacht" werden.
Denn die Botschaft eines Propheten, das gilt für wahre und falsche
Propheten gleichermaßen, ist für lange Zeit richtungweisend. Franziskus wird heute von vielen mit „grün"-ökologischer Brille gelesen.
Sein Sonnengesang und sein behutsam zärtlicher Umgang mit der
Schöpfung sind durch Zeitumstände aktueller denn je geworden.

Pater Kentenich hatte in den letzten drei Jahrzehnten seines
Lebens nur wenig Möglichkeiten, sich um seine Gründung zu küm-
mern. Ob diese Bewegung ihren Gründer ganz verstanden hat?
Viele interpretieren ihren Propheten mit eigenem Vorverständnis.
Die einen neigen mehr zur dogmatischen Festlegung, und die
anderen orientieren sich mehr am Leben. Hat der verewigte Pater
Kentenich in seiner gegenwärtigen Bewegung das Propheten-
schicksal, der wie Jesus in seiner Heimatstadt verkannt wird?

In der ersten Generation nach dem Tod des Gründers verschärft
sich oft der Streit darüber, was der Gründer eigentlich wollte. In der

Nachgründerzeit ist die Einheit der Kirche an der Frage des Essens von Schweinefleisch zwischen Judenchristen und Heidenchristen fast zerbrochen. Das Apostelkonzil um die Jahre 47/48 konnte eine erste Kirchenspaltung gerade noch verhindern (Apg 15,5 ff). In der Nachgründerzeit Schönstatts (ab 1968) entstanden viele neue Entwicklungen in einer sehr veränderten Kirche und Welt. Pater Kentenich hatte in den sechziger Jahren keine drei Jahre Zeit, um seine Bewegung geistlich zu inspirieren; er starb – menschlich gesprochen – zu früh. Von der eigenen Gründung nicht ganz verstanden, von der Kirche kaum entdeckt, von der Theologie nicht beachtet, in kein Schema von rechts und links passend, bleibt Pater Kentenich ein unbekannter, etwas kantiger, mit Sendungsbewußtsein ausgestatteter und übersehener Prophet.

Beim Thema Leiden weiß Pater Kentenich, wovon er spricht. Auf ihn gemünzt, sagte Kardinal Höffner 1985: „Wen der Herr auserwählt und zu seinem Werkzeug macht, den ruft er zur Kreuzesnachfolge, den prüft er in Leid und Schmerz, von dem verlangt er Geduld und Gottvertrauen, den läßt er warten – manchmal vierzehn Jahre lang."[12] Nicht irgendein Gefährte, sondern der Gefährte Pater Dr. Alexander Menningen, der im hohen Alter am 19. Mai 1994 auf Berg Sion in Schönstatt verstarb[13], hat in einer Predigt anläßlich des zehnten Todestages Kentenichs am 15. Okotber 1978 dessen Leben mit den Augen des Apostels Paulus betrachtet. Die paulinische Christusmystik kennt drei Elemente beim „in Christus sein". Da gibt es das christusförmige Todesleiden, die christusförmige Ich-Entäußerung und die christusförmige Neuwerdung.[14] Todesnähe und Todesbereitschaft finden wir besonders in seiner Haftzeit als Gestapo-Gefangener in Koblenz und im KZ Dachau. Seine Ich-Entäußerung zeigt sich in der Preisgabe seiner genialen Begabung in der Studienkrise sowie in seiner Bereitschaft zur Aufgabe seines Priesterberufes nach der Nichtzulassung zur Ewig-Profeß. Ich-Entäußerung geschieht tagtäglich in der vierzehnjährigen Exilszeit in Milwaukee (USA). Pater Kentenich hat in seinem Leben Leiden und Liebe gewandelt. Er hat keinerlei Verbitterung gegenüber dem bischöflichen oder päpstlichen Visitator oder sonst jemandem entwickelt.

Persönliche Fragen:

- Bemühe ich mich, ein kleiner Prophet zu sein? Kann ich anderen zur passenden Zeit „reinen Wein" einschenken? Versuche ich, den Geist Gottes beim Deuten der Zeitenstimmen zu entdecken?
- Bin ich schon ausgelacht worden wegen meiner Ansichten? Bin ich zu marianisch, zu päpstlich, zu kirchlich, zu idealistisch?
- Bleibe ich bei meiner Meinung, obwohl es mir Nachteile bringt?
- Wie gehe ich mit der Opposition in den eigenen Reihen um?
- Habe ich Rückgrat? Schwimme ich öfters gegen den Strom?
- Bemühe ich mich, ohne Klischee und Schablone den anderen zu sehen?
- Wie verhalte ich mich in innerkirchlichen Auseinandersetzungen? Auch in der eigenen Bewegung?
- Kenne ich etwas von den Leiden eines Propheten?
- Oder bin ich überangepaßt, diplomatisch und geschickt im Gespräch?
- Wo bin ich von Personen unserer Kirche ungerecht behandelt worden?
- Bin ich ein konfliktreicher Mensch? Nicht jeder Konflikt ist schon prophetisch.
- Welche Propheten hat Gott den heutigen Menschen geschenkt: Michael Gorbatschow, Mutter Teresa von Kalkutta, Papst Johannes Paul II.?
- Was imponiert mir und was schockiert mich am Propheten Joseph Kentenich?

3
Hintergründe des Leidens

3.1 Wagnis des Glaubens

> *„Da antwortete Gott dem Mose:*
> *Ich bin der ‚Ich bin da'."* (Ex 3,14)

Es geht um den Gott des Lebens, der die Geschichte des Glaubenden begleitet, der uns in ungewisser Zukunft zeigen wird, daß er da ist. Es geht um Gottes Vorsehung; darum, daß Gott weiter sieht, voraus sieht und vor-sieht. Er sieht vor, ohne daß deshalb die Freiheit des Menschen beeinträchtigt würde. Der Mensch möchte Gottes Vorsehung konkret und praktisch erkennen, doch das ist schwer. Vorsehungsglaube ist nicht etwas Rosarotes oder Himmelblaues, so etwas wie ein kitschiger Schutzengel über meinem Bett. Auch für Pater Kentenich ist Vorsehungsglaube nicht etwas Fatalistisches oder eine rein passive Ergebung in den Willen Gottes. Wenn der Leser sich die dramatische Lebensgeschichte Kentenichs vor Augen hält, wird er erahnen, was es heißt, daß der Glaube einen Wagnischarakter haben kann.

– Um ein Haar wäre das „ungeplante" Kind Joseph nicht geboren worden.
– Um ein Haar wäre der Student Kentenich in der „Klapsmühle", in der Psychiatrie, gelandet.
– Um ein Haar wäre er kein Priester geworden.
– Um ein Haar wäre er als Opfer der Nazis im KZ Dachau umgekommen.
– Um ein Haar wäre er als Verbannter in den USA gestorben.

Sein Leben hing oft am seidenen Faden.

Vorsehungsglaube wird schwierig wegen der Fülle des Leids. Martin Buber schreibt: „Gäbe es nicht das Problem der Theodizee, so gäbe es nicht das Wagnis des Glaubens."[1] Der Glaubensakt des

Menschen, sein Festhalten an Gott in hellen und dunklen Tagen, beinhaltet immer ein großes Stück Wagnis. Der Glaube an Gottes Vorsehung ist deshalb nicht ein netter oder interessanter Gedanke, sondern die christliche Weise der Lebensbewältigung. Der Glaubende soll nicht nur überleben, sondern leben, im Idealfall sogar in Fülle leben. In meiner so verzwickten Lebensgeschichte entdecke ich einen roten Faden, einen „Plan", eine sinnmachende Lebenslinie. Bisweilen öffnet mir Gott eine Tür und dann vermute ich: So geht mein Weg weiter. Nach einer Zeit des Ungewissen läßt Gott mich schauen, ob die Entscheidung an der Weggabelung richtig oder falsch war. Kentenich beschreibt den Glaubensvorgang folgendermaßen: „Das Wandeln im Glauben heißt immer, in Spannung sein zwischen göttlichem Licht und menschlicher Dunkelheit, zwischen göttlicher Zuversicht und menschlicher Unsicherheit, zwischen göttlicher Kraft und menschlicher Schwäche."[2]

Für viele Menschen ist es schwer, mit Spannungen und Schwebezuständen zu leben. Der Münsteraner Philosoph Peter Wust (1884–1940) nannte sein Hauptwerk „Ungewißheit und Wagnis", womit die Grundbefindlichkeit des Menschen beschrieben ist. Die religiösen Fundamentalisten dagegen gaukeln dem Menschen Klarheit und Sicherheit vor. Sie kennen den göttlichen Willen allzu genau. In der Beratung geben sie dem Ratsuchenden klare Richtlinien, als wären die Lebenswege ganz eindeutig. Doch meines Erachtens ist der ein guter Berater, der die richtigen Fragen stellt und der nicht entmündigt. Der ist ein schlechter geistlicher Begleiter im Vorsehungsglauben, der ständig fertige Ratschläge parat hat. Der Ratsuchende kann Hilfen an die Hand bekommen, um zu entdecken, was Gott durch die Stimmen der Zeit und seiner Seele sagen möchte. Der Ratsuchende soll seine Vorsehungswege eigenverantwortlich und selbständig gehen. In der Verunsicherung unserer Tage möchte manch Ratsuchender die Entscheidung dem Berater überlassen. Eltern sollen für kleine Kinder entscheiden, wenn sie Alternativen nicht durchschauen können. Doch der reife Mensch soll selber seine Entscheidungen treffen. Nicht Entmündigung, sondern Eigenverantwortung lautet das Ideal.

In Leidsituationen verstärkt sich die Unbegreiflichkeit Gottes. Pater Kentenich beschreibt das in verschiedenen Bildworten: „Der liebe Gott versteckt sich."[3] „Gottes warme Vaterhand versteckt sich vielfach in eisenen Handschuhen."[4] „Derjenige, der die Welt erschaffen hat, kommt mir vor wie ein Kegelspieler. Sehr häufig kann ich erkennen, daß er nach Regeln spielt. Dann und wann kommt er mir vor wie ein Knabe, der keine Lust mehr hat, nach der Regel zu spielen . . . Solange wir am grünen Tisch etwas von der Vorsehung lesen, ist das schön. Wenn wir aber selber die Kegel sind, mit denen der liebe Gott willkürlich zu spielen scheint, fällt uns das schwer."[5] Von der heiligen Hildegard von Bingen übernimmt Pater Kentenich das Bild, der Mensch sei wie eine Feder im Atem Gottes. Vorsehungsglaube bedeutet für Kentenich Verzicht auf Sicherheit. In einem Vortrag in Oberkirch sagt er: „Wir meinen halt immer, wir hätten für alle Schwierigkeiten ein Rezept, seit Jahrhunderten dasselbe. Das geht wohl nicht mehr so. Alles ist ein Wagnis, Christsein ist ein Wagnis."[6] Glauben ist ein Wagnis, das ein Minimum an Erkenntnis mit einem Maximum an Liebe zu verknüpfen hat.

Weil uns Menschen diese Art des Glaubens nicht immer gelingt, dürfen wir uns mit den Aposteln (wie beim Sturm auf dem See) getrost in die Reihe der „Kleingläubigen" einreihen. Für den Vorsehungsglauben benutzt Jesus schöne Bildworte von den Lilien des Feldes, den Vögeln des Himmels (Lk 12,22–32) oder von den Spatzen und den Haaren auf dem Haupt (Lk 12,6–7). Der Vorsehungsgläubige wird oft wie der Vater des epileptischen Jungen sagen: „Ich glaube, hilf meinem Unglauben!" (Mk 9,24)

Glauben als grenzenloses Vertrauen kommt zumal in unserem Atomzeitalter einem „Todessprung für Verstand, Wille und Herz" gleich. „Todessprünge für den Verstand, weil die Rechnung nie aufgeht. Ich kann immer ein Für und Wider nennen. Todessprünge für den Willen, dieweilen der Verstand keine reflexive, irdische, menschliche Sicherheit hat."[7] Der Todessprung für das Herz dürfte noch schwieriger sein, da der Mensch sein Gemüt, in dem eine abgrundtiefe Abneigung etwa gegen jedes Leid steckt, nur schwer verändern kann. Die Glaubensgestalten der Bibel wie Abraham oder Maria veranschaulichen die Todessprünge des Menschen auf Gott hin. Nicht selten wird dem Glaubenden der Boden unter den Füßen weggezogen. Dann bleibt nur die Gewißheit, daß der Gläubige nicht tiefer fallen kann als in die Hände des Vater-Gottes.

Der Glaubende muß mit vielen offenen Fragen und Nöten leben. Manchmal wird er denken, Albert Camus habe doch recht, wenn er meint, alles sei absurd und sinnlos. Und die Antworten der scheinbar Frommen, Leid sei Erziehung, Sühne oder Läuterung von seiten Gottes, sind dann unzureichend oder gar falsch. Der Absurditätsverdacht von Camus läßt sich schon im Alten Testament, im Buch Kohelet, finden, wo der Lebenssinn vom Menschen nur scheinbar erkannt wird. Zwischen diesem starken Absurditätsverdacht und den Antworten der scheinbar Frommen, die es schon im Buch Ijob als Theologenfreunde gibt, muß irgendwo eine Antwort liegen, die bereit ist, den Todessprung des Glaubens zu wagen.

Ob ich gläubig vertrauen kann, ist für die Lebens- und Leidbewältigung nicht unwichtig. Vieles kann im Leben so „schief"laufen und ist so widersinnig. Doch der Glaube schenkt manchmal Sinn, wo eigentlich nur Unsinn vorhanden wäre. Denn für den Getauften sind die Kräfte des Lichts mächtiger als die Kräfte der Finsternis. Der Glaubende weiß, daß sein Erlöser lebt (vgl. Ijob 19,25), wie das in Händels Messias so lieblich besungen wird. Dieser Glaube mag oft angefochten sein und stellt in extremen Lebenssituationen ein „tödliches" Wagnis dar.

Persönliche Fragen:

• Wo ist mir der unbegreifliche Gott begegnet? Der rote Faden in meinem Leben, die richtige Grundentscheidungen bei Berufs- oder Partnerwahl?

• Wo ist mir der unbegreifliche Gott begegnet? Schicksalsschläge, Grausamkeiten, die „lauten" Stimmen des Bösen? Falsche Wahl bei der Eheschließung, deshalb Scheidung? Der zu frühe Tod von Mitmenschen? Ein Bruch in meiner Lebensgeschichte? Was oder wen habe ich „abgehakt" in meinem Leben, weil es für mich besser wäre oder ist, diesen Personen aus dem Weg zu gehen?

• Habe ich Ohren für die leisen Töne Gottes? Höre ich trotz allem die Grundmelodie der Liebe? Das Böse und Tragische macht Schlagzeilen, nicht das Gute!

• Glaube ich, daß der „Vatergott" mich führt, daß er mich liebt, daß er mit mir einen besonderen „Plan" durchführen möchte?

• Wo vermute ich, daß etwas Fügung und geglückter „Zufall" war?

• Wo hat mir Gott einen Menschen als einen Engel oder Retter gesandt? Ohne meinen „Engel" wäre ich schon längst verzweifelt! Danke ich Gott dafür?

- Gibt mir mein Glaube Sicherheit in der Unsicherheit und Geborgenheit in der Ungeborgenheit? Wer sind meine wichtigen Glaubenszeugen?
- Wo hing mein Leben an einem „seidenen" Faden? Wenn damals das „passiert" wäre, was wäre dann gewesen?
- Suche ich aus Angst nach übertriebener Glaubenssicherheit? Kann ich mit offenen Fragen und berechtigten Glaubenszweifeln leben?
- Sehe ich Glaubenszweifel allzu schnell als Sünden an? Kann ich Wahrheiten bei anderen Konfessionen oder Religionen sehen? Oder habe ich die typischen Vorurteile? Sehe ich als Katholik das evangelische Christsein mit seinem Charisma?
- Neige ich zum Unglauben? Denke ich, Gott hat mich vergessen? Wenn es mir mal gutgeht, warum straft er mich gleich wieder mit dem nächsten Schicksalsschlag? Gott hat soviel Böses in meinem Leben nicht verhindert, es gibt gar keine Vorsehung.
- Gibt es bei mir eine Weiterbildung im Glauben: Bibelgespräche, religiöse Literatur, Teilnahme bei Katholiken- oder Kirchentagen, Wallfahrten, Besuch von Vorträgen oder Diskussionen?
- Neige ich zum religiösen Fundamentalismus, weil ich Ungewißheiten und Ängste nicht zulassen möchte? Kann ich mit Ungewißheiten leben? Muß alles für mich klipp und klar sein? Teile ich mir die Welt zu einfach ein in gut und böse, in rechtgläubig und häretisch?

3.2 Unbezwingbare Stärke des Kindes

> *„Wie ein kleines Kind bei der Mutter*
> *ist meine Seele still in mir."*
>
> (Ps 131,2)

Leiden kann in der Haltung des Kindes leichter gelingen. In der Häftlingszeit im KZ Dachau hatte Pater Kentenich sich in folgendes Bild verliebt: „Es war das Bild von einer Mutter, die weiß, daß sie ein Kind bekommt, und die Macht hat, ihm gute Windeln zu besorgen. Sie wird ihm immer die besten Windeln auslesen. Das ist das Bild, das mir vor Augen stand, auch wenn es weiß Gott wie hart herging und man jeden Augenblick fürchten mußte, man würde totgeschlagen."[8] Je härter das Leben, um so zärtlicher spricht der Häftling mit Gott. „Je komplizierter die Welt um uns herum, desto schlichtere Kinder müssen wir werden."[9] So weist Kentenich den Weg in die Kindlichkeit.

Die Aussagen Kentenichs über das Kindsein wirken oberflächlich betrachtet so selbstverständlich und eher harmlos. Doch viele Menschen durften nie Kinder sein. Und auch das „Kindsein vor Gott" ist bei vielen Christen eher ein schöngeistiger Gedanke, als Lebens- und Glaubenswirklichkeit. Der heutige Mensch muß den Weg des Kindseins ganz bewußt gehen. Viele haben in unserer Konsum- und Medienwelt, in einer kommerzialisierten Freizeitwelt und in einer strengen Schulwelt ihre Kindlichkeit nicht entwickeln dürfen. So können eigentlich selbstverständliche Dinge, wie etwa das Spielen, verlernt werden. Das Gesagte zeigt an, wie „unnatürlich" für viele Kinder deren Lebensräume geworden sind. Oft kommt als weitere Bedrohung des Kindes der Zerfall der Herkunftsfamilie hinzu. Manchmal stiehlt sich der Vater aus seiner Verantwortung, und die alleinerziehende Mutter fühlt sich überfordert. Manche Kinder fühlen sich hin und her geschoben zwischen den getrennt lebenden Eltern. Andere Kinder erleben bei den Großeltern mehr Heimat als bei der alleinerziehenden Mutter mit ihrem neuen Freund. Die Bedingungen sind sehr verschieden, unter denen heutige Kinder aufwachsen. Dann wird klar, daß Kindlichkeit eine pädagogische Herausforderung besonderer Art ist. Natürliches Kindsein setzt Kindsein vor Gott voraus, gemäß der Aussage des Thomas von Aquin, die Gnade setze die Natur voraus und vollende sie.

Pater Kentenich zitiert die Autoren *Pestalozzi* und *Tagore*, die sein Grundanliegen ausdrücken. „Gottvergessenheit, Verkenntnis der Kinderverhältnisse der Menschheit gegen die Gottheit ist die Quelle, die alle Segenskraft der Sitten, der Erleuchtung und der Weisheit in aller Menschheit auflöst. Daher ist dieser verlorene Kindersinn der Menschheit gegen Gott das größte Unglück der Welt, indem es alle Vatererziehung Gottes unmöglich macht; die Wiederherstellung dieses verlorenen Kindersinns ist Erlösung der verlorenen Gotteskinder auf Erden"[10] (Pestalozzi). „Das größte Unglück für die heutige Menschheit ist der verlorene Kindersinn, weil Gottes Vatertätigkeit, Gottes väterliche Erziehertätigkeit dadurch unmöglich gemacht wird"[11] (Zitierung nach Joseph Kentenich). „Gott wartet, daß der Mensch seine Kindheit wieder finde in Weisheit"[12] (Tagore). „Gott will, daß wir in heiliger Weisheit unsere Kinderart zurück-erobern."[13] So lautet die Zitierung bei Kentenich.

Der Verlust an Kindlichkeit oder eine „verpaßte" Kindheit sind eine schwierige Hypothek, und der weise Mensch wird sich um die Tugenden des Kindes bemühen. Es geht hierbei um ein zweites Kindsein, nicht um einen regressiven Schritt zurück ins angeblich frühere Kinderglück. Das *zweite Kindsein* gelingt dem reifen Erwachsenen, der die positiven Tugenden des Kindes auf höherer Ebene wieder entdeckt. Im „kleinen Weg" der *Theresia von Lisieux* findet Kentenich seine Lebenshaltung bestätigt. Danach soll der Mensch bei seinem Bemühen um Vollkommenheit nicht Verdienste ansammeln; er soll nicht meinen, er müsse heldenhaft sein wie ein Märtyrer. Im „kleinen Weg" schenkt der Mensch dem lieben Gott vor allen Dingen seine Schwächen, Grenzen und Sünden. Derjenige, der vor Gott Kind ist, muß nicht ständig Fortschritte machen. Erst im Rückschritt des Menschen bekommt Gottes Barmherzigkeit Raum. Der Mensch versucht gar nicht, sich den Himmel zu verdienen. Das geliebte Kind schenkt seinen Eltern und schenkt Gott ganz ungeniert seine Fehler, seine Unzulänglichkeiten und sein „Kleinsein". Kindsein vor Gott gelingt leichter, wenn ich bei meinen Eltern nicht ein braves, sondern zuerst einmal ein echtes Kind sein durfte.

Die Gefühle, die ich für Mutter und Vater empfinde, werden im unterbewußten Seelenleben auf Gott hin übertragen. Ich denke, es ist nicht zufällig, daß der Reformator *Martin Luther* einen gnädigen Vatergott sucht, weil er selbst ein schreckliches Vatererlebnis hatte. Luther meint, er hätte dieses Problem durch seine Rechtfertigungslehre, die er im Römerbrief findet, gelöst. Doch tiefenpsychologisch scheint mir die Aussöhnung mit dem angstmachenden Vater das eigentliche Problem Luthers zu sein. Vermutlich ist das Finden des gnädigen Gottes Luthers Lösungsversuch eines psychischen Vaterproblems auf theologischer Ebene.

Dem Seelsorger begegnet recht häufig das Problem des Perfektionismus. Ein besonders hartnäckiger Perfektionist ist der Skrupulant, der sich immer wieder selbst schuldig spricht. Gerade dann, wenn Christentum auf Ethik reduziert wird, gibt es ein übertriebenes Vollkommenheitsstreben bei scheinbar guten Christen. Doch der „weiße Kragen" ist ein unerreichbares Ziel. Schuld will integriert werden. Der Pharisäer ist ein unglücklicher Mensch, ein neurotischer Perfektionist. Die Annahme des Schattens, des Dunklen, bleibt Lebensaufgabe, sonst stehen wir mit der Wirklichkeit auf Kriegsfuß. In der Haltung des Kindseins vor Gott können Schuld- und Leidgefühle besser verarbeitet werden. An Theresia von Lisieux und Martin Luther können wir ablesen, wie verschiedenartig mit Sündhaftigkeit und Unvollkommenheit umgegangen werden kann.

Kindlichkeit zeigt sich in Lebensäußerungen aller Art. Das religiöse „Kind" zündet eine Kerze vor einem Gnadenbild Mariens an, wenn es in Not ist. Das Kind ist spontan, unbefangen, direkt, natürlich. Menschen, die sich für intellektuell halten, haben es schwer, kindlich zu sein. Das positiv Kindliche bezeichnen sie schnell als kindisch und infantil. Es gibt sicherlich auch das Kindische als etwas Unreifes oder Regressives. Doch in unserer rationalen Zeit ist mangelnde Kindlichkeit meist das größere Problem. In der „zweiten" Kindlichkeit des Erwachsenen zeigen sich Reife und Weisheit. Das Kind im Erwachsenen möchte wissen, wem es gehört, welche Bindung und Geborgenheit tragend ist. Zur zweiten Kindwerdung gehört die Zurückgewinnung des Urvertrauens.

Eine psychologische Richtung, die sich *„Transaktionsanalyse"* nennt, sieht im Menschen drei Seelenanteile: das „Kindheits-Ich", das „Erwachsenen-Ich" und das „Eltern-Ich". Zum Kindheits-Ich gehört das ursprünglich natürliche Verhalten, das Unkontrollierte. Das Erwachsenen-Ich leistet die Auseinandersetzung mit der gegenwärtigen Realität des Lebens und ermöglicht emotionslose, an Vernunft orientierte Entscheidungen. Im Eltern-Ich spiegeln sich die Einstellungen, Normen und Verhaltensweisen der Eltern wider. In der Kommunikation untereinander ist es hilfreich zu wissen, welcher Ich-Anteil vom Du angesprochen wird und mit welchem Ich-Anteil ich selbst antworte. Wenn die Menschen darauf achten würden, ob der andere jetzt mein Kindheits-, Eltern- oder Erwachsenen-Ich anspricht, wäre manches leichter in der Begegnung. Für unser Thema der Leidbewältigung heißt das, das Kindheits-Ich solle in keinem Fall zu kurz kommen. Wie oft ist der Mensch „verbogen", gedrillt oder übererzogen von Eltern, die alles gut gemeint und vieles falsch gemacht haben.

Für Pater Kentenich gehörte zum reifen Menschen das Kindsein mit hinzu, denn Gott liebt nicht brave, sondern echte Kinder. In „verkopften" Zeiten entwickeln viele Menschen ihre affektiven Fähigkeiten zu wenig. Mit einer Geschichte möchte ich Kentenichs Empfinden verdeutlichen. Im März 1952 wurden zwei Novizen der Pallottiner in Chile eingekleidet. Pater Kentenich hielt ihnen und allen Anwesenden eine Ansprache. Im Gegensatz zum heutigen Rationalismus, so führte er aus, zur Intellektualisierung des heutigen Studiums und auch der Theologie, müssen wir kindliche Menschen werden; ja, richtige Kinds-Köpfe! „Und der größte Kindskopf in Schönstatt", so schloß der Gedanke, „das bin ich!"[14] Leiden kann in kindlicher Haltung leichter geschehen. Nicht wie ein Gelehrter sollen wir über das erfahrene Leid nachsinnen, denn dabei besteht die Gefahr, daß sich unser Intellekt im Kreis dreht. Auf die rein gedanklich gestellte Frage: Warum mußte das so kommen, was habe ich falsch gemacht?, gibt es vielleicht keine Antwort. Das erfahrene Leid muß nicht ausgedacht, sondern ausgeweint werden.

Das Kind begegnet dem Leid unbefangen, schutzlos und emotional. Dadurch wird Leid unbegreiflicher, und Gott wird unverständlicher. Aber das Kind ist viel eher bereit, mit unbeantworteten Fragen zu leben. Mangelnde Kindlichkeit führt zur Verbitterung. Sie ist ein weitverbreitetes Phänomen gerade auch in kirchlichen Kreisen, die eigentlich ständig das Ideal des Kindseins vor Gott leben wollten.

Nicht in Drewermanns kritischem Klerikerbuch[15], sondern bei Pater Kentenich findet sich folgende Aussage: „Und wenn sie später einmal durch die Welt reisen dürfen und da und dort in religiösen Gemeinschaften Umschau halten, ja selbst wenn sie in Pfarrhäuser hineingehen und einen offenen Blick haben, dann werden sie finden: ja, religiöses Menschentum, religiöse Gemeinschaften, ob es Priester sind oder Laien, ja, die leiden oft ungemein stark bis zum Ende des Lebens an Verbitterung. Und wenn diese Verbitterung nicht innerlich durchgearbeitet ist, dann werden sie sehen, dann sind unter den religiösesten Menschen oft die allerverbittertsten und deshalb auch die allerunglücklichsten."[16] Nur der kindlich Leidende kann der Gefahr der Verbitterung und damit des Unglücklichseins entgehen. Deshalb ist der Geist des Kindseins gerade auch in religiösen Kreisen zu wecken. Es gibt Pfarrer, die hervorragend über das Kindsein vor Gott predigen können, aber selbst alles andere als kindlich erscheinen. Kindlichkeit hat zwei untrennbare Dimensionen: einmal die ganz naturhafte, urwüchsige Kindlichkeit; und zum anderen die religiöse staunende Kindeshaltung dem großen Gott gegenüber. Je „erwachsener" sich Christen geben, um so schwieriger steht es um ihre Freiheit der Kinder Gottes.

Im Seelsorgsgespräch wird es oft erst einmal darum gehen, die Seele „aufzulockern" und spontane Gemütsäußerungen aufzunehmen. Später stellt der kindlich Glaubende dem Berater vielleicht die Frage: Wozu könnte diese seelische Verletzung gut sein in meinem weiteren Leben? Doch jede Sinnfrage weist schon in den Raum des Transzendenten, Religiösen. Ob wir uns wirklich vor Gott als Kinder fühlen, können wir am eigenen Umgang mit dem Leid ablesen. Je weniger gemüthaft wir Leid verarbeiten, um so weniger kindlich sind wir.

Das Kind hat eine „unbezwingbare" Stärke, um die sich jeder Mensch bemühen sollte. Jesus Christus hat diese Stärke des Kindes im Beten, im Sprechen des „Abba" (geliebter Vater) ausgedrückt. Abba kommt aus dem Aramäischen und stammt aus der Kindersprache; es meint wörtlich übersetzt Papa. Wer Gott so zärtlich anspricht, hat Macht über das Herz Gottes und verliert manche Lebensangst. Der Mensch, der sich wie Jesus klein macht, der alles von Gott erwartet, weiß um die Hilfe Gottes. Kinder erreichen bei ihren Eltern manche Ziele, weil sie hilfsbedürftig und nicht weil sie stark sind. Gottes Kinder erreichen bei Gott manches, weil es nicht um ihr Ansehen, sondern um Gottes Beistand geht. Kindliche Gebete finden Gehör und geben dem Beter Vertrauen, Zuversicht und Stärke.

Persönliche Fragen:

● Kann ich als Erwachsener „Streiche" begehen und Karneval oder Fasching richtig feiern?

● Schwärme ich nur verklärt und nostalgisch über meine Kindheit, oder habe ich auch schmerzliche Kindheitserinnerungen?

● Bin ich spontan, unbefangen, offen, natürlich, verletzlich?

● Wo kann ich mein „Kindheits-Ich" erspüren und erleben?

● Kann ich leicht vor Kindern über meinen Glauben sprechen? Hätte ich Angst, wenn Kinder Fragen an meinen Glauben stellen?

- Was ist für mich kindisch-infantil (negativ)? Und was ist kindlich-naiv (positiv)?
- Bei wem darf ich ganz Kind sein: bei einer mütterlichen, väterlichen Person, bei meinem besten Freund, im Freundeskreis? Wo benötige ich keine Masken und Rollen mehr?
- Wann und wem kann ich frei meine Meinung sagen? Wem kann ich meine Gefühle (Ärger, Angst) zeigen? Spreche ich mit meinem Ehepartner auch gelegentlich kindlich? Welche Kosenamen habe ich für ihn/sie?
- Entwickeln Kinder zu mir spontan Zuneigung? Lehre ich die Kinder etwas, oder lerne ich von den Kindern? Wie sensibel bin ich? Entdecke ich, warum ein Kind so intensiv auf mich zugeht?
- Kenne ich einfache Gebetsformen: Stoßgebete, Rosenkranz, das immerwährende Jesusgebet, Beten mit dem Körper? Hat mich die Theologie im Glaubensvollzug dürr werden lassen? Kann ich kindlich und kritisch zugleich die Bibel lesen?
- Wieviel Anteil an Kopf, Bauch und Herz beobachten andere bei mir?
- Habe ich Eigenschaften des Kindes bei mir entwickelt: Spontaneität, Ehrlichkeit, Verletzlichkeit, Kleinheit, Offenheit, Natürlichkeit, Staunenkönnen, Kreativität, Direktheit, Unkompliziertheit?
- Wirke ich „altklug", gelehrt, belehrend? Denken die anderen: Hier spricht der Lehrer, der den einen Fehler hat, alles besser zu wissen?
- Ist mein Glaube letztendlich einfach? Bete ich gerne und spontan?
- Halten mich die Mitmenschen für einen schlichten, einfachen, transparenten Menschen?

3.3 Die spannungsreiche Religionspsychologie

„Willst du gesund werden?"

(Joh 5,6)

In der Leidbewältigung klingen psychologische und theologische Gegebenheiten zusammen. Deshalb ist im folgenden ein kleiner Exkurs grundsätzlicher Art nötig. Seelsorge und Psychotherapie möchten den Menschen heilen und gesunden lassen. In unserm Jahrhundert haben die Humanwissenschaften neue Erkenntnisse über den Menschen gewonnen. Die Pastoraltheologie kann sich durch die Beobachtungen der Humanwissenschaften, besonders der Psychologie und der Psychotherapie, bereichern und gegebenenfalls korrigieren lassen.

Das Prinzip des Boethius (480–524): „Verknüpfe soviel, wie du kannst", ist beizubehalten. Nach Pater Kentenich hat in der Geistesgeschichte des Christentums Augustinus eine „theologische" Synthese und Thomas von Aquin eine „philosophische" Synthese entwickelt. Heute bestehe die Aufgabe darin, eine „psychologische" Synthese zu erstellen. Was ist darunter zu verstehen? Durch den nordafrikanischen Kirchenlehrer Augustinus (354–430) erfolgte vereinfacht ausgedrückt die „Taufe des Platonismus".[17] Das Denken des heiligen Augustinus über die Welt als Bild Gottes, seine Illuminationstheorie als Erkenntnislehre, seine Auffassungen über Gnade und Seele sowie die Annahme ewiger Ideen (lex aeterna) entspringen dem Gedankengut des Platon(ismus) und werden zu einem System zusammengefügt. Im Hochmittelalter hat der Dominikaner Thomas von Aquin (1225–1274) die realistische Philosophie in das theologische Denken zu integrieren versucht. Mit Blick auf den Philosophen Aristoteles wertet er das Eigensein und das Eigenwirken der Schöpfungswirklichkeiten. Dem Geschaffenen kommt eine Eigengesetzlichkeit, eine relative Autonomie zu. Thomas will Gott und Mensch, Gnade und Natur, Glaube und Denken miteinander verbinden zur „philosophischen Synthese".

In unserem Jahrhundert geht es um eine Ausweitung dieser Synthese. Der Glaube soll die eigengesetzlich wirkenden Gesetze, die von den neuen Humanwissenschaften entdeckt wurden, in ein Gesamtkonzept integrieren. Die Katholische Soziallehre (der Päpste) hat mit etwas Verspätung Karl Marx gegenüber versucht, die neuen sozialen Fragen aus der Grundinspiration des Evangeliums in den Blick zu nehmen. Bei dieser schwierigen Aufgabe mußten soziologische, ethische, ökonomische und theologische Gedankengänge miteinander verkoppelt werden. Im Bereich der Integration der Psychologie dürfte das ähnlich schwierig sein. Dem Begründer der Psychoanalyse Sigmund Freud wurde in kirchlichen Kreisen zuerst einmal Ablehnung entgegengebracht. Freud durfte nicht

recht haben, weil er der Sexualität, der Libido eine zu große Bedeutung zumißt. Die Psychologie relativiere die Moral, argwöhnten
manche Kirchenvertreter. So entstand ein Mißtrauen zwischen
freier Psychologie und kirchlich „normativer" Theologie.

Pater Kentenich hatte keine Berührungsscheu mit der Psychologie. Seine schwierige Lebensgeschichte dürfte ein Eigeninteresse für
Fragen der Selbsterkenntnis und Psychologie bewirkt haben. Er
arbeitete ein Leben lang an der schwierigen Synthese von Theologie
und Humanwissenschaft, von Religion und Tiefenpsychologie. Seit
1912 läßt sich bei Kentenich in den Vorträgen für die Internatsschüler
ein Interesse für tiefenpsychologische Phänomene nachweisen.[18]
Wer sprach damals im katholischen Raum über Traumdeutung oder
Verdrängung? In Kentenichs Seelenführerkursen der zwanziger
Jahre lassen sich erste Systematisierungen entdecken.[19] Später hat er
beispielsweise die Lehre vom „Persönlichen Ideal" über einen längeren Zeitraum hin entwickelt. Das „Persönliche Ideal" ist ein ori-
gineller Sinnentwurf des Menschen, ein Schlüsselwort zur eigenen
Identität, die Grundmelodie der Seele, „der gottgewollte Grundzug
und die gottgewollte Grundstimmung der begnadeten Seele".[20] Der
Mensch sucht ein Sinnwort für sein Leben, eine Grundmelodie seiner Seele. In den Biographien verschiedener Schönstätter lassen sich
solche Ideale in Kurz- und Langform finden. „Christus, meine Leidenschaft", schreibt der jugendliche Karl Leisner als erste Vorstellung seines Persönlichen Ideals in sein Tagebuch. Karl Leisner ist
übrigens der erste Schönstätter, der vom Papst (1996 in Berlin) selig-
gesprochen wurde. „Das Geheimnis der Gekreuzigten Liebe" nennt
Pater Franz Reinisch seine letzten Aufzeichnungen im Gefängnis vor
seiner Hinrichtung. In beiden Fällen geht es nicht um eine passende Überschrift, sondern um die innere Mitte des jeweiligen Menschen in seiner aktuellen Situation und in seiner subjektiven Welt.

Das Ineinanderklingen von Religion und Psychologie ist alles
andere als etwas Selbstverständliches. Meist gibt es Theologie pur
oder Psychologie pur, fein säuberlich getrennt. Beim Lesen pasto-
raltheologischer Handbücher habe ich den Eindruck, die Autoren
fragen sich: Wieviel Psychologie braucht der Seelsorger? Doch ich
finde selten theologische Gedanken, die psychische Phänomene, seelische Erscheinungsbilder durchdringen. Psychotherapie kann nicht
nur rein innerweltlich gesehen werden, sondern in der Therapie

geschieht Gnade, Erfahrung von Zuwendung und Liebe. Nach Kentenich sollte sich der religiöse Therapeut als Transparent Gottes sehen. Das Wort der Schrift: „Wo zwei oder drei in meinem Namen versammelt sind, da bin ich mitten unter ihnen" (Mt 18,20), dürfte auch beim therapeutischen Gespräch Geltung haben. Erfahrungen von Trost und Annahme sind transzendente Erfahrungen, sind Auswirkungen von Gnade. Wenn der Psychologe von voraussetzungsloser Annahme spricht, so wird der Theologe sagen wollen, daß in dieser Annahme eines Menschen Gnade, liebende Zuwendung Gottes, zumindest ansatzweise vermittelt wird.

Therapie und Seelsorge wollen den Menschen von Zwängen befreien, heilen und gesunden lassen. Dabei meinen manche Therapeuten, die christliche Religion habe durch überzogene Moralvorstellungen den Menschen in ein Gefängnis, bestehend aus lauter Normen, gebracht. Und manche Theologen meinen, eine horizontalistische Psychotherapie ohne religiöse Dimension bewirke mehr Unheil als Heil. Nach Kentenich sollte es keine religionslose Psychologie und keine psychologisch abstinente Theologie geben.[21]

Sich auf Leid anderer ohne Blockaden einzulassen, ist für viele Kirchenleute ähnlich schwierig wie für die vorher beschriebenen leidfreien Menschen. Wenn mangelnde Leidempfindlichkeit durch Sündenempfindlichkeit ersetzt wird, wird aus der Befreiungsbotschaft Jesu Christi ein steriles Gesetzbuch. Das Christentum verkommt zur bürgerlichen Moral, wenn es sich nicht auf die wirkliche Lebenssituation der Menschen einläßt. Bei aller objektiven Moral ist zugleich zu fragen, in welcher psychischen Verfaßtheit der jeweilige Mensch lebt. Der Selbstmord ist objektiv gesehen schwere Sünde, subjektiv gesehen aber Ausdruck einer Verzweiflungstat eines Unglücklichen. Suchtabhängigkeiten (vom Alkohol bis zum Heroin) sind objektiv gesehen schwerste Verstöße gegen die Gesundheit, doch zugleich sind solche Abhängigkeiten Ausdruck einer Krankheit, dahinter könnte sich eine Beziehungsproblematik verbergen.

Im katholischen Bereich gibt es vereinzelte Strömungen, wo Aszese übertrieben wird. Wenn ich etwa eine Grundschrift des Opus Dei mit dem Titel „Der Weg"[22] lese, so ist das dort Gesagte objektiv richtig, doch es ist kaum pädagogisch vermittelt. Viele Sätze sind kritisch zu hinterfragen. Der Spruch 188 lautet: „Gib acht, das Herz ist ein Verräter. – Sichere es mit sieben Siegeln." Ich denke, das Herz verrät auch Wahrheiten, die eine verkopfte und überzogen willentliche Aszese nicht wahrhaben will. In fundamentalistischen Kreisen gibt es schon ein Angstgefühl der Psychologie gegenüber; die „Reise" in die Welt der Tiefenseele wird eher als etwas Gefährliches eingestuft. Und es ist ja tatsächlich so, eine wirkliche Lebensbeobachtung relativiert ein allzu starres Moralgerüst.

Wer vergißt, daß geordnete Selbstliebe die Voraussetzung für jede christliche Aszese ist, denkt nicht in den Kategorien unseres Jahrhunderts. Er vergißt, wie modern das Gebot aus dem Alten Testament (Lv 19,18b) ist: „Liebe deinen Nächsten wie dich selbst!" Dabei sollten die letzten drei Worte nicht übersehen werden. Ohne geordnete Selbstliebe gibt es keine gesunde Gottes- und Nächstenliebe. Kreuzesliebe und Feindesliebe sind Höchstformen menschlichen Liebens, die ohne gesättigte Selbstliebe krankhafte Züge annehmen können. Das Trennen von Religion und Psychologie führt uns nicht weiter. Das letzte Konzil hat im 36. Kapitel von „Gaudium et Spes" erstmalig von einer Öffnung zu den Humanwissenschaften gesprochen.

Pater Kentenich resümiert: „Die katholische Aszese hat bisher verzweifelt wenig Rücksicht auf das unterbewußte Seelenleben genommen; und doch bleibt es wahr, daß wir bedeutend mehr das tun, was die Natur unterbewußt erstrebt, als das, was wir wollen. Nehmen Sie hinzu, daß der heutige Mensch irrational eingestellt ist bis in die Fingerspitzen hinein, dann werden Sie verstehen, von welcher Bedeutung für die Zukunft der katholischen Aszese das Studium des unterbewußten Seelenlebens ist."[23] Inzwischen sind Jahrzehnte vergangen. Mir scheint, die klassische Aszetik gibt es gar nicht mehr, weil die Integration der Tiefenpsychologie nicht stattfand. So suchen die Menschen psychologische Kurse mit Kommunikationstraining und Selbsterfahrung auf, während die katholische Aszese nur noch in Bibliotheken existiert. Wieviel Kraft wird im katholischen Raum aufgewandt, um Kopf und Willen mit Gott zu verknüpfen. Dabei liegt die eigentliche Herausforderung darin, das Herz bis ins unterbewußte Seelenleben hinein für Gott und Göttliches aufzuschließen.

Kentenich unternimmt zahlreiche Grenzüberschreitungen zwischen Psychologie und Religion: Irdisches und Überirdisches gehören zusammen und bilden eine Ganzheit; Religion und Psychologie sind miteinander verwoben. Religion ohne Psychologie kann den Menschen krank machen oder überfordern, weil jede Wertvermittlung den konkreten Menschen mit seinen seelischen Vorgegebenheiten wahrnehmen sollte. Psychologie ohne Religion übersieht, daß zumindest für den Glaubenden Heilung nur dann geschieht, wenn Sinnerfahrung und Gnade mitspielen. Es kann eine „gnadenlose" Therapie geben, eine Therapie ohne Liebe: Der Therapeut verfügt etwa über eine gekonnte Gesprächstechnik, aber das Schicksal des Klienten läßt ihn kalt. Doch es sollte keine „gnadenlose" Therapie geben, weil die Transzendenz, das Übersteigen des Erfahrbaren in einen Sinnzusammenhang zum Menschsein hinzugehört.

Auch Kentenich benennt irrationale Voraussetzungen des Glaubens wie das Gefühl von Kleinsein oder das Erleben von Staunen und Ehrfurcht: Im Erleben der Mutter soll das Kind Geborgenheit und Gottes Zuwendung erfahren. Das zweite Gottessymbol ist der Vater. Die Gefühle, die der Mensch seinen Eltern gegenüber erlebt, werden auf Gott übertragen. So entstehen gute oder schwierige Gottesbilder auf dem Grund der Seele. Erst viel später wird die Katechese Aussagen über Gott machen, die sehr viel weniger prägend sind. Karl Frielingsdorf hat in seinem Buch „Dämonische Gottesbilder"[24] Untersuchungen über negativ besetzte Gottesbilder in der Tiefenseele angestellt. Das Gottesbild entsteht danach in der Kindheit: Gefühle, die den Eltern entgegengebracht werden, werden auf Gott übertragen. So kann ein angstmachendes und strafendes Gottesbild entstehen. Solch dämonische Gottesbilder sind in einem längeren Auffindungsprozeß zu entlarven und müssen tiefenpsychologisch, nicht nur auf gedanklicher Ebene überwunden werden. Ohne therapeutische Sensibilität kommt niemand an ein solches Gottesbild heran. Das eigene Gottesbild entsteht tiefenpsychologisch gesehen nicht im Religionsunterricht oder in der Hinführung zur Erstkommunion, sondern im Erleben von Mutter und Vater. Man gebe Kindern die Aufgabe, ihre Herkunftsfamilie, religiöse Personen und Gott als „Tiere" zu malen und betrachte das Malergebnis. Ein Kind malte den Vater als Wachhund, die Mutter als Kuh, den Pfarrer als Adler und Gott als Gorilla. Wieviel Angst steckt in diesem Bild! Und was bedeutet es, wenn Gott als Katze, der Vater als Schnecke, die Mutter als Vogel und die Geschwisterkinder als Maus und Schlange dargestellt werden? Solche Bilder sagen etwas aus über unsere Erfahrung. Kluge Theologen mögen ihre Nase rümpfen über eine solche „Psychologisierung" des Glaubens. Sie werden aber erkennen müssen, daß ihre rationale Glaubensvermittlung kaum geerdet ist und in der Gefahr steht, sich immer weiter von der Herzmitte des Menschen zu entfernen.

Die biblische Frage zu Anfang unseres Kapitels: „Willst du gesund werden?", ist ganz ernst zu nehmen. Heilen tut weh, schmerzt. Das gilt für körperliche und seelische Schmerzen. Oft hat sich der Mensch eingerichtet, um mit dem Schmerz zu leben. Viele verbleiben im Selbstmitleid und weigern sich zu kämpfen. Der Leidensdruck müßte erst noch wachsen, damit der Mensch zur Veränderung bereit ist. Viele Neurotiker haben kaum Krankheitseinsicht und wollen nicht gesund werden. Andere bezweifeln die Kunst der „Seelenklempner", und sie selber haben so einen nötig. Depressive Menschen bleiben leicht in der kindlichen Mitleidsrolle, denn ihr Ehepartner zeigt ja so viel Verständnis, damit ja nichts passiert. Gesunden kostet Kraft. Viele Alkoholabhängige machen keine Entziehungskur und lassen sich von ihren Nächsten nicht unter Druck setzen. Ihr Lebenswagen läuft weiter, und die Angehörigen spielen mit beim Versteckspiel. Andere spielen immer neu eine „Opferrolle" und finden einen „bösen" Täter. Alles bleibt beim alten, nur dieses ist alles andere als gut.

Seelische Gesundheit ist ein Idealzustand. Nach Kentenich ist der seelisch gesund, der sich jeder ihm begegnenden Wirklichkeit unbefangen stellen kann. Dabei ist es wichtig, eine Situation auf Veränderung zum Guten hin beurteilen zu können. Oft benötigen solche Veränderungen mehrere Schritte. Entscheidungskraft und Durchsetzungskraft sind nötig. Es geht oft um die Veränderung, die erst übermorgen erreicht werden kann. Derjenige, der Leidvolles wandeln will, benötigt einen langen Atem. Der seelisch starke Mensch hat die Erfahrung eines dichten Netzes von verläßlichen Bindungen erleben dürfen. Dabei können diese Bindungen einen personalen, ideellen oder lokalen Charakter haben. Der bindungsstarke Mensch ist auch ein entscheidungsstarker Mensch.

Kentenich hat grundsätzlich die Tendenz, Religion und Tiefenpsychologie sowie Glaube und Heilung miteinander zu verknüpfen. 1966 sagte er in einem Vortrag vor Priestern: „Im allgemeinen wird immer dafür votiert, die Psychotherapie den Therapeuten zu überlassen, und die Priester sollen sich darauf beschränken, zu absolvieren (= die Beichte abnehmen). Es besteht beim Episkopat und beim Papst die Sorge, daß im Falle einer Psychotherapie durch Priester körperliche und seelische Nähe und Ferne nicht mehr im rechten Spannungsverhältnis bleiben, denn tatsächlich schließt so etwas eine starke seelische Nähe ein . . . Aber es besteht halt (in der Kirche) immer die Sorge, der Priester könnte in Gefahr geraten. Ob das Volk zugrunde geht, weil es krank ist, scheint nicht die Rolle zu spielen. Aber man muß auch einmal den Mut haben, sich in Gefahr zu begeben, wenn es zum Wohle der Seelsorge ist. So schlimm ist das auch wiederum nicht. Es ist nicht so schwer, seelische Nähe und seelische Ferne miteinander zu verbinden."[25] Der Priester als Seelsorger soll sich also auch therapeutisch auf den Menschen einlassen und möglicherweise die Arbeit eines Therapeuten ergänzen. Die Gefahren und Belastungen jeder Seelsorge oder Therapie müssen in den Blick genommen werden. Nicht jede(r) kann die Belastung eines seelsorglichen Berufes tragen.

Über die seelsorgliche Arbeit Pater Kentenichs, die auch therapeutische Implikationen hatte, haben wir kaum schriftliche Quellen. Durch das Beichtgeheimnis ist uns der Zugang verwehrt. Auch über die seelsorgliche Praxis Kentenichs gibt es nur begrenztes Anschauungsmaterial. Eine große Ausnahme bildet die „Chronik Notizen" aus den Jahren 1955/56, wo in verschiedenen Kapiteln über Schwester Emilie Engel (eine Generaloberin der Schönstätter Marienschwestern) geschrieben wird. Aus Ehrfurcht vor der Familie Engel und vor der Schwesterngemeinschaft Schönstatts sind diese Texte nicht allgemein zugänglich. Wenn der zeitliche Abstand sich vergrößert hat, wird man vielleicht anders darüber denken können. Die Chroniknotizen haben einen Umfang von über 600 Seiten und sind von Kentenich direkt nach dem Tod von Schwester Emilie Engel veröffentlicht worden. Im Kapitel 5 dieser Studie zeichnet Kentenich das Seelenbild dieser Frau, stellt eine Diagnose ihrer Angstzustände und ihres zwanghaften Verhaltens (vor ihrer Heilung) auf. Lebensgeschichtliche Gesichtspunkte aus der Kindheit werden angeführt und erklären, warum diese Frau solche Zwänge, Skrupel und Ängste erleiden mußte und wie sie zu einem verzeichneten Gottes- und Menschenbild gelangte. Sünden- und Höllenangst, Beichtzwang und Selbstvernichtungswille sind nicht von heute auf morgen zu heilen. Immer wird der Seelsorger mit Rückfällen rechnen müssen, denn kindliche Fehlprägungen rücken sich immer wieder in den Vordergrund der gequälten Seele. Zwischen den Zeilen entdeckt der einfühlsame Leser die Heilungserfolge Pater Kentenichs. Durch das Nachleben echter Kindlichkeit dem „Vater" (Kentenich) gegenüber, durch vorsehungsgläubiges Deuten ihres konkreten Lebens und durch die Inscriptio-Haltung wird in einem jahrzehntelangen, langsamen Prozeß ihre zwanghafte Angst abgebaut und schließlich überwunden. Diese Texte haben auch apologetischen Verteidigungscharakter, denn der Visitator hatte Kentenich „bedenkliche Anleihen bei der Psychoanalyse" vorgeworfen. Pater Kentenich hat in seiner Gefolgschaft gesunde und kranke Seelen zu einem größeren Lebensglück geführt.

Kentenich ist kein Fachpsychologe. Doch es gibt den „Psychologen, Pädagogen, Philosophen, . . . in mir", wie er selbst sagt. Er wollte die Tiefen der Seele erfassen, reinigen und Gott näher bringen. Das Christentum als Erlösungsreligion und deshalb als eine psychologische Religion möchte den ganzen Menschen heilen. Pater Kentenich entwickelte gute Intuitionen, wie die Seelentiefe mit Gott zu verbinden sei. Er hofft bis heute auf schöpferische Menschen, die seine Ansatzpunkte für die Psychotherapie weiterentwickeln.

Die philosophische Synthese bewirkt, daß katholische Theologiestudenten auch in Philosophie ein Examen abzulegen haben. Was müßte die psychologische Synthese bewirken? Soll jede(r) Theologe/in Psychologie studieren, an Selbsterfahrungskursen teilnehmen oder sich einer Supervision unterziehen? Gehört zur ganzheitlicheren Theologie das Studium der Philosophie und der Psychologie hinzu? Sollten die klassischen theologischen Disziplinen bei einer Neuorientierung des Theologiestudiums zurückstehen, damit für Psychologie mehr Raum bleibt? Gehört zur Theologen-, Diakonen- und Priesterausbildung nicht auch Supervision und Arbeit in einer Selbsterfahrungsgruppe? Wird Theologie dann nicht am Ende zu einem frommen „Studium generale", wo die innere theologische Mitte immer dünner und durch Nebenfächer ersetzt wird? Wie kann die gegenwärtig „verkopfte" Theologie ganzheitlicher werden durch das Studium von christlicher Kunst- und Musikgeschichte? Kentenichs psychologische Synthese, zu Ende gedacht, hätte viele Auswirkungen für Kirche und Theologie.

In der Seminarerziehung und in der christlichen Erziehung in der Familie müßte psychologisch gültig erzogen werden. Verantwortungsträger in der Kirche müßten vor allen Dingen ihre Kindheit, ihre Herkunftsfamilie anschauen lernen, damit sie einordnen können, wann, warum und wie sie Entscheidungen fällen. Ein Pfarrer, der bei seinen Eltern sehr wenig Beachtung fand und zugleich seine Herkunftsfamilie völlig idealisierte, reagiert bei Konflikten mit dem Pfarrgemeinderat oder bei Wünschen der Gläubigen völlig überzogen, weil jede Kritik an seiner Person (in unterbewußter Übertragung) die nicht eingestandene und verdrängte Ablehnung der Eltern beinhaltet. Es braucht sehr viel Demut, bis der Amtsträger, der sich als „Hirt" berufen fühlt, sich selbst in seiner Begrenzung und kindlichen Verletztheit selbst wahrnimmt. Es ist gar nicht so leicht, in den eigenen Spiegel zu schauen. Ich befürchte, die Mehrheit der Menschen kann das nur begrenzt und lebt ohne wahre Selbsterkenntnis.

Was heißt spannungsreiche Religionspsychologie? Religiöse Aussagen sollen psychologisch gültig sein. Das Wort von der Kreuzesnachfolge oder von der Feindesliebe soll für die Seele des Adressaten akzeptabel sein. Durch die Thora des Alten Bundes oder durch das Evangelium sollen der gläubige Jude und der Christ wohl gefordert, aber nicht überfordert werden. Wahre Religion macht seelisch gesund und stark. Und es gilt das Umgekehrte: Psychologische Aussagen sollen gültig, theologisch verantwortbar sein. Empirische Beobachtungen oder Beschreibungen, wie Menschen sich heute in bestimmten Situationen verhalten, machen weder einen Sinn, noch entwickelt der statistische Durchschnitt eine Norm. Eine gegenseitige Korrektur ist vonnöten, damit Religion psychologisch gültig und Psychologie theologisch und menschlich verantwortbar ist.

Persönliche Fragen:

• Ist meine Seele religiös? Oder ist nur mein Intellekt religiös, und ist mein Unterbewußtes heidnisch geblieben?
• Habe ich ein angsteinflößendes Gottesbild vermittelt bekommen? Denke ich, wir sind alle kleine Hiobs, und da oben sitzt der unberechenbare Rächer-Gott? Gibt es Wechselbeziehungen von Elternerlebnis und Gottesbild?

- Habe ich Neigungen zu apokalyptischen Vorstellungen? Entsteht bei mir leicht eine Weltuntergangsstimmung? Was könnte ich tun, um meine negativen Gottesbilder zu korrigieren?

- Kann ich Gefühle zulassen im zwischenmenschlichen und im religiösen Bereich? Werte ich warme Marienverehrung schnell als sentimental ab? Bin ich ein „Ordnungstyp" in liturgischen Dingen? Sind mir Überraschungen im Gottesdienst verhaßt?

- Habe ich die affektive Ebene genügend in mir entwickelt? Wieviel Herz habe ich? Hat eine Belastungszeit das Ausreifen meines Gefühlslebens verhindert oder eingeengt?

- Was wäre christliche Therapie? Hatte ich schon einmal negative Begegnungen mit einem ungläubigen Therapeuten? War ich enttäuscht von einem Beichtvater, der leider wenig Seelsorger war?

- Wo gibt es Mangelerlebnisse in meiner Kindheit, die ich nachzuholen hätte? Wie geht das ganz praktisch? Wie sieht mein in der Kindheit grundgelegtes Bild von Mutter, Vater, Gott aus?

- Wo hat mir ein geistlicher Begleiter geholfen, Geschehnisse in meinem Leben vorsehungsgläubig zu deuten? Hatte mein Seelsorger Kompetenz in Fragen der Psychologie und des geistlichen Lebens?

- Wer kann mir helfen, die unverarbeiteten Verwundungen in meiner Seele zu sehen? Bin ich selbst in höherem Alter bereit, die Verwundungen in meiner Kindheit anzuschauen?

- Wer hat mir geholfen, meine Gemütstiefen zu ergründen? Vermittle ich den Eindruck: „Rühr mich nicht an"? Wem gegenüber bin ich ganz offen? Habe ich die „Karten meines Lebens" einmal offengelegt?

- Wer hat mir geholfen, meine Kommunikationsstörungen zu entdecken? Wo liegen die Gründe für Streitigkeiten und Konflikte?

4
Erfahrungen des Leidens

4.1 Der natürliche Widerstand

> *„Auch heute ist meine Klage*
> *Widerspruch.“*   (Ijob 23,2a)

Der Widerstand gegen jedes Leid ist etwas Natürliches. Beim Kind ist dieser Widerstand spontan da. Doch bei vielen religiösen Menschen gibt es durch überzogene Kreuzesnachfolge oder durch zu passiven Vorsehungsglauben mangelnde Widerstandsformen dem Leid gegenüber. Doch Christen sollten nicht vergessen, daß Jesus das Leid vermindern wollte, indem er Kranke heilte, Dämonen austrieb und Tote zum Leben erweckte. Deshalb sollte der Christ aktiven Widerstand leisten, wenn irgendeine Form des Leids versucht, sein Leben zu lähmen. Pater Kentenich vergleicht den Leidenden mit einer Stadt, die von einer Übermacht (z. B. Schicksalsschlag) belagert wird.[1] Alle Mittel sind zu mobilisieren, damit die Stadt nicht von der fremden Macht eingenommen wird. „Das Ideal besteht nicht darin, mich dem Übel zu beugen. Ich muß vielmehr den Widerstand so mobilisieren, daß neue Kräfte in mir wach werden.“[2] Nach Kentenich darf der Mensch den Widerstand nur dann aufgeben, wenn sich die Beseitigung des Leidenszustandes als physisch unmöglich oder als „Sünde“ erweisen sollte. Ohne Widerstandskraft wäre der Mensch ein „Pappenheimer“.

Die Auffassung mancher Heiliger, ein gewisser Umfang an Leid sei gottgewollt, findet bei Kentenich wenig Sympathie. Die frühe Leidenssehnsucht der hl. Theresia von Lisieux hält Kentenich für nicht erstrebenswert. In einem Vortrag sagt er: „Wir wollen nicht absolut Leid!“[3] Würde das Christentum das Leid nur akzeptieren, so wäre der Vorwurf von Karl Marx nicht unberechtigt, Religion sei Opium des Volkes und für das Volk. Doch in unserer oft säkularisierten, gottfernen Zeit haben andere Dinge die Narkotisierung der Menschen übernommen. Nicht das Gebet, sondern die ständige Berieselung mit Musik verschiedener Art sorgt wie Opium dafür, Leidvolles zu akzeptieren, anstatt Widerstandskräfte zu wecken. Nietzsche entlarvt überzogene Kreuzesliebe, wenn er spöttisch und bissig schreibt, die Frommen seien „Dunkler und Munkler und Ofenhocker", die „zum Kreuze kriechen".[4]

Der früh verstorbene Aachener Bischof Klaus Hemmerle beschrieb den mangelnden Widerstand gegen das Leid folgendermaßen: „Oft erweckt Kreuzesliebe den Eindruck des Schiefen, Matten, Unvitalen. Dieser Eindruck hat Recht, wenn Kreuzesliebe die Selbstverschleierung der Resignation bedeutet, wenn sie nur fromm verbrämt, daß wir nicht den Mut haben, klärend und ändernd auf die Verhältnisse zuzugehen. Das sofortige und ganze Ja zum gekreuzigten Herrn macht dagegen frei und setzt Kräfte frei, die wir brauchen, um das zu verändern, was zu verändern ist, und das zu verwandeln, was nicht zu verändern ist."[5]

Durch die Widerstandshaltung wird sogar das nicht Veränderbare gewandelt. In den Briefen und Aufzeichnungen des evangelischen Theologen Dietrich Bonhoeffer, der zum Opfer der Naziherrschaft wurde, mit dem vielsagenden Titel „Widerstand und Ergebung"[6], kommt Ähnliches zum Ausdruck. Das Ergeben und Sichfügen hat nach dem Widerstehen und Wehren eine andere Qualität. Auch der, der durch widrige Lebensverhältnisse so etwas wie „Geschmack an Kreuz und Leid" bekommen hat, soll nach Kentenich „trotzdem ein inneres Wehren dagegen"[7] beibehalten. Der spontane Affekt dem Leid gegenüber, ganz gleich, wie hochherzig die „Kreuzesliebe" oder Feindesliebe gewachsen ist, ist und bleibt der Widerstand.

Mangelnde Widerstandsformen gegen das Leid haben ihren Grund nicht nur in religiösen Motiven. Manche Menschen vergessen, „ich" zu sagen und sich selbst durchzusetzen. Sie sind zu lieb, zu brav, zu sensibel und scheinbar nicht zum Kämpfen geboren. Für den fachkundigen Leser möchte ich zwei Psychologen nennen, die solch mangelndes Sich-Wehren brandmarken.

Robin Norwood hat ein Buch geschrieben mit dem Titel: „Wenn Frauen zu sehr lieben". Der Untertitel lautet: Die heimliche Sucht, gebraucht zu werden. Im Vorwort heißt es: „Wenn Gespräche mit unseren engsten Freundinnen sich meistens nur um unseren Partner drehen, um seine Probleme, seine Gedanken, seine Gefühle wenn fast alle unsere Sätze mit ‚Er' anfangen, dann lieben wir zu sehr."[8] Zu sehr lieben heißt für die Autorin unter anderem, „sich für einen Menschen bis zur Selbstaufgabe zu verzehren" und „diese Besessenheit mit Liebe gleichzusetzen". Gerade manche harmoniebedürftige Menschen scheinen in der Liebe sich zu verlieren. Nicht wenige Frauen werden ihre mangelnde Kraft des Nein-Sagens in Norwoods Buch wiederentdecken. Mädchen werden in ihrer Sozialisation oft zum Akzeptieren, zum Bravsein erzogen. Doch auch Männer können dieses Problem des zu sehr Liebens entwickeln.

Dann können wir andere beobachten, die zum Jähzorn neigen, deren Widerstand sich explosionsartig entlädt und manchmal verheerende Folgen haben kann. Sie lassen sich nichts gefallen, sind bei jedem Konflikt der wilde Streiter. Ihre Kinder schreien sie an, sie reagieren zornig. Doch es gibt natürlich auch die Menschen mit zwei Herzen in ihrer Brust: Einmal sind sie in der Rolle des „Kampfhahns" und dann wieder in der Rolle des Konfliktvermeiders und überzogenen Sagers. Weil sie gemerkt haben, wie nachteilig ihre ungebremste Aggression für sie selbst ist, bekommen sie Angst vor ihren potentiellen Zornausbrüchen und leisten zu wenig Widerstand. Die eigene Aggression kreativ und sinnvoll einzusetzen, das ist für nicht wenige Menschen ein langer Lernprozeß.

Der Psychologe Fritz Riemann kennt die vier „Grundformen der Angst"[9], die bei den Menschen auftreten. Ihnen ordnet er eine Persönlichkeitsstruktur zu, die in Klammern angeführt wird: Da gibt es die Angst vor Nähe (schizoide Persönlichkeit), vor Distanz (depressive Persönlichkeit), vor Veränderung (zwanghafte Persönlichkeit) oder vor Stetigkeit (hysterische Persönlichkeit). Die Menschen mit Angst vor Distanz vernachlässigen die eigene Selbstwerdung, weil sie zu sehr für andere leben. Gerade sie entwickeln besondere Fähigkeiten, dem andern jeden Wunsch von den Augen abzulesen. Doch wenn sie ihre „einfühlende Identifikation" mit dem Du überziehen, werden sie jeden Konflikt aufgrund ihrer Harmoniebedürftigkeit als quälend empfinden und vermeiden. Lieben und Geliebtwerden ist ihnen so wichtig, daß sie eine starke „Ich-Vergessenheit" entwickeln. Dabei kann der mangelnde Widerstand Depressionen hervorrufen. Wer dem Du zu wenig Widerstand entgegensetzt, sagt oft zu allen Unannehmlichkeiten des Lebens Ja und Amen. Nach Harmonie bedürftige und zur Depression neigende Menschen tun sich besonders schwer damit, Widerstände gegen Unangenehmes zu mobilisieren.

Diese überzogen passive Haltung, die seelische Gründe hat, kann durch religiöse Motive wie etwa die Rolle des „Opferlammes" verstärkt und theologisch überhöht werden. Das Zusammenspiel von seelischen Gründen (mangelnde Selbstbehauptung) mit religiösen Motiven (übertriebene Kreuzesliebe, die Nachahmung Jesu als das geopferte Lamm) lähmt die Widerstandskraft des Leidenden völlig. Heiligkeit und Krankheit können sehr ähnliche Erscheinungsbilder annehmen. Nicht alles, was heilig aussieht, ist schon heilig. Und nicht alles, was krank aussieht, ist schon krank. Gerade in solchen Fällen ist die Unterscheidung der Geister eine besondere Begabung, um die richtige Diagnose stellen zu können. Der gläubige Mensch sollte besser nicht in die Hand eines ungläubigen Therapeuten fallen, weil religiöse Kompetenz ebenso nötig ist, um Personen und Sachverhalte richtig einordnen zu können. Er sollte aber auch nicht in die Hand eines geistlichen Begleiters fallen, der mit überzogenem, falschem Heiligkeitsideal die scheinbar „heiligmäßige" Motivation des Ratsuchenden nicht kritisch hinterfragen kann.

In vielen Beziehungen gibt es das Spiel von drei Personen: Opfer, Täter und Retter. Eine(r) nimmt die Opferrolle ein, indem er/sie sich über den bösen Täter beklagt und auf den Retter hofft. „Hole mich aus dieser schwierigen Lage heraus!", so bittet das Opfer den Retter. Gut ist es, wenn solche Spiele durchschaut werden. Der Täter konnte nur zum Täter werden, weil das Opfer das Geschehen zugelassen hat. Der herbeigerufene Retter soll in solchen Fällen nicht retten, sondern dem Opfer aufzeigen, welche Kräfte in ihm selber stecken. Das durchschaute Opfer wird dann ganz ärgerlich, wenn der andere kein Mitleid mit dem Opfer hat. Für das Opfer ist es ganz schön, im Selbstmitleid zu schwimmen und weiterhin untätig zu bleiben. Menschen in solchen neurotischen Opferrollen sind oft unbelehrbar, trotz bester Psychotherapie. Sie lernen nie den natürlichen Widerstand gegen das Leid. Sie suchen neurotisch ihren Täter, von dem sie sich abhängig machen, und wechseln zeitweilig den Retter. Ihre eigenen Kräfte übersehen sie gerne, denn sonst müßten sie ihr Leben einschneidend ändern.

Manche Menschen stehen in der Gefahr, sich in ihrem Leid ohne Widerstand einzurichten. Doch Depressive oder Suchtkranke rutschen leicht in die Rolle des Kleinkindes und lassen sich etwa von Ehepartnern oder von anderen guten Menschen über Wasser halten. Nach einem Krankenhausaufenthalt oder nach einer längeren Zeit der Arbeitslosigkeit wieder neu anzufangen, braucht viel seelische Kraft. Der verhaltenspsychologisch Konservative entwickelt zu wenig Widerstandskraft gegen das leidvoll Erlebte. Seelisch stark und gesund ist einer, der an der Grenze leidet und versucht, seine durchs Leid erfahrene Begrenzung ein Stück weit zu verschieben. Das Leid ist nicht etwas, was mich determiniert und festlegt. Die *Einstellung zum Leiden* ist ganz entscheidend. Gerade die Logotherapie hat die Bedeutung von Einstellungswerten erkannt. Im 6. Kapitel wird davon des Näheren die Rede sein. Ich kann mich immer so oder so zum Leid einstellen. Davon hängt es ab, wie ich mit einer Behinderung nach einem Sportunfall umgehe, mit welchem „Lebensmut" ich das Belastende bewältige; wie Eltern mit einem behinderten Kind leben.

Im günstigen Fall ist der Widerstand gegen das Leid, beispielsweise gegenüber einer Krankheit, erfolgreich. Der Kranke wird gesund und lebt glücklicher weiter. Doch die Unterscheidung, wann ein Leid abänderbar ist und wann nicht, ist im so komplexen Leben nicht immer leicht. Ich muß beispielsweise mit einem Menschen zusammenleben, der für mich eine „Nervensäge" ist. Wann widerspreche ich dem Partner? Und wann sage ich zu mir geduldig einen Spruch Kentenichs: „O Mittel meiner Heiligkeit, sei hochgelobt in Ewigkeit"? Der Widerstand kann ja nicht ewig sein, sondern muß dosiert geschehen, zumindest dann, wenn die „Nervensäge" sich ständig in meiner Nähe (am Arbeitsplatz) aufhält. Wann Widerstand und wann Ergebung angesagt ist, dürfte eine ganz persönliche Gewissensentscheidung sein.

In der Lebensgeschichte Kentenichs findet sich eine „a-logische" Entscheidung am 20. Januar 1942. Kentenich war Gestapo-Gefangener im Koblenzer Gefängnis, und seine Überweisung ins Konzentrationslager war zu erwarten. Seine geistliche Familie hatte alles „eingefädelt" und Kontakte mit dem zuständigen Gefängnisarzt hergestellt. Der Gefangene Kentenich hatte nur noch schriftlich eine ärztliche Untersuchung mit Röntgenaufnahme beim Gefängnisarzt zu beantragen. Eine solche Untersuchung hätte ergeben, daß beim Untersuchten ein Lungenflügel nicht funktioniert; folglich sei er lagerunfähig. Die Chance, zu diesem Zeitpunkt am KZ vorbeizukommen, wäre groß gewesen. Bis zum 20. Januar 1942 um 17 Uhr mußte Kentenich diesen Antrag unterschrieben haben. Doch er tut das nicht! Dabei hat er die bange Sorge, ob seine Gefolgschaft sein Handeln verstehen wird. Er geht „freiwillig" ins KZ Dachau und hofft, durch die Gebete und Opfer seiner geistlichen Familie frei zu werden. Mit dieser Entscheidung widerspricht Kentenich seinen eigenen Handlungskriterien, die den harten Widerstand und den aktiven Vorsehungsglauben verlangen. Offensichtlich gibt es unableitbare Gewissensentscheidungen und Glaubenssprünge, die nicht logisch aufschlüsselbar sind und gleichzeitig nicht einfach als irrational bezeichnet werden können. Der Betroffene handelt ganz bewußt gegen seine eigenen Handlungskriterien, weil die Liebe zu Gott und zu den Menschen das unableitbar fordert.

Trotz allem gilt, daß grundsätzlich der natürliche Widerstand gegen jede Form des Leids die einzig richtige Haltung ist. Es braucht sehr viel Geduld und Überzeugungskraft, dem Menschen mit mangelnder Widerstandskraft klar zu machen, daß schwierige psychische oder religiöse Motive seine Haltung verursachen. Der Seelsorger wird fragen, ob nicht jene Motive in eine Sackgasse führen. Der Ratsuchende wird seine eigene mangelnde Widerstandskraft nicht akzeptieren wollen und behaupten, das Schicksal oder der Ehepartner habe die Lebenskraft gebrochen. Der Mensch mit schwachem Widerstand ist oft ein „Häretiker" seines eigenen Erlebens, er betrügt sich selbst, wenn er seine Motive kennenlernen will. Der mangelhafte Widerstand bekommt ja ein heiliges Mäntelchen umgelegt: Wegen meines hohen Heiligkeitsstrebens oder wegen meiner großen Friedfertigkeit verzichte ich auf den Widerstand, so glaubt der Neurotiker. Wer sieht schon gerne ein, daß er nicht ein friedfertiger heiliger Franziskus ist, sondern ein seelisch kranker Mensch. Es braucht Geduld, um einem Menschen seine Motivlage aufzuzeigen. Mit Holzhammermethoden ist niemandem geholfen.

Es gibt auch ganz feine Formen des Widerstands: Jemand lebt in einer unerträglichen Situation, die er kaum ertragen und aushalten kann. Gedanklich flieht er von diesem Erleben und träumt von einer großen Liebe oder von einem schönen Geschehnis, das genauso zu seinem Seelenbild gehört. Viktor Frankl nennt solche Vorstellungen die „Flucht nach innen". Der Widerstand hat in einem solchen Fall ganz zärtliche Züge. Doch bei dieser „Flucht nach innen" ist der Teufel (wie Kentenich sagt) ebenfalls der „Affe Gottes", d. h. der Imitator. Die Flucht kann durch Ekstasy-Tabletten oder durch Alkohol geschehen.

Zwei extreme Formen des Leidens sind das *Sterben und das Trauern*. Die Sterbeforscherin Elisabeth Kübler-Ross beschreibt fünf verschiedene Phasen im Sterbeprozeß:[10]

1. Nicht wahrhaben wollen und Isolierung
2. Zorn und aggressives Verhalten
3. Verhandeln mit Gott: Wenn ich gesund werde, verspreche ich . . .
4. Depression
5. Zustimmung.

Die ersten drei Phasen beinhalten stark das Element des Widerstandes in verschiedenen Facetten: Realitätsverlust, Isolierung, Aggression und Verhandlungsgeschick. Die 4. und 5. Phase signalisieren Ergebung erst in passiver und dann in aktiver Form.

Der Mensch kann in jedem Leidensvorgang das Sterben einüben und erlernen, obwohl der Ernstfall noch nicht direkt zu bestehen ist. Auch unsere Sprache verrät, daß es mitten im Leben ein Sterben gibt. „Der ist für mich gestorben", sage ich, wenn ich mit jemandem nichts mehr zu tun haben will. Man kann sich totlachen oder totärgern. Ein Mensch kann mundtot gemacht werden. „Sterben" geschieht am Ende des Lebens, partiell auch mitten im Leben, in jedem schwierigen Leidensprozeß.

Der Verlust eines lieben Menschen durch den Tod bewirkt eine andere Form des Leidens, das Trauern. Yorik Spiegel hat den Prozeß des Trauerns in vier Phasen eingeteilt:[11]

1. Schockerfahrung
2. kontrollierte Phase
3. regressive Phase
4. adaptive Phase

Der unerwartete Tod eines mir nahestehenden Menschen wirkt wie ein Schock, wie eine Lähmung. Doch bald sind viele organisatorische Dinge wegen der Beerdigung zu regeln. Der Hinterbliebene erhält in der ersten Trauerzeit oft viel Aufmerksamkeit. So wird Trauer kontrollierbar. Danach wird es schwieriger: Viele Alleingelassene tun so, als wäre der Verstorbene noch am Leben. Sie sprechen mit dem Toten oder besuchen gemeinsame Orte. Da geschieht Regression, ein gedankliches und bisweilen praktisches Zurückschreiten in die Zeit vor dem Tod des Verstorbenen. Die 4. Phase ist erreicht, wenn der Betroffene sich an das „neue" Leben als verwitwete, verwaiste, alleingelassene Person angepaßt hat. Im so beschriebenen Trauerprozeß wiederholt sich das Spiel von Widerstand und Ergebung zweimal: Schock (= 1. Widerstand) und kontrollierte Phase (= 1. Ergebung), sowie Regression (= 2. Widerstand) und adaptive Phase (= 2. reifere Ergebung).

Der Sterbende oder Trauernde muß nicht alle Phasen durchlaufen; der Betroffene kann auch in einer Phase „hängenbleiben". Der Freund oder Begleiter sollte diese Phasen im Hinterkopf und Hinterherz haben, damit er weiß, wann der Leidende den nächsten Schritt im Leidensprozeß setzen kann. Phasen können normalerweise nicht übersprungen werden, jede Phase braucht ihre Zeit und hat ihre Bedeutung. Wenn eine Freundschaft auseinandergeht oder eine Ehe zerbricht, „stirbt" oder „trauert" der Betroffene. Der vor der Scheidung Stehende möchte zuerst nicht wahrhaben, daß der Ehepartner schon seit langem eine intime Außenbeziehung pflegte. Der/Die Geschiedene erlebt Schock und Resignation und träumt vielleicht von guten alten Zeiten. Doch danach muß einmal Zustimmung und Anpassung an das neue Leben geschehen. Die Sterbephasen am Ende des Lebens üben wir mitten im Leben beim Leiden ein:

1. Nicht wahrhaben wollen und Isolation
2. Aggression und Ärger
3. Verhandeln
4. Trauerarbeit, die gesunden läßt; oder Depression, die seelisch eher krank macht
5. Annahme, Versöhnung

Wer im Widerstand verharrt, obwohl er aufzugeben ist, kann ein rebellischer oder verbitterter Mensch werden. Derjenige, der in der zweiten Aggressionsphase stecken bleibt, stirbt im Zorn. Derjenige, der „ewig" böse ist, weil Gott sein tolles Verhandlungsangebot nicht angenommen hat, geht mit Gott hadernd in den Tod. Vom Widerstand zur Ergebung zu gelangen, ist Geschenk und Gnade, ein Geschehen zwischen Himmel und Erde.

Widerstand gegen das Leid beinhaltet eine ständige Suche der Lebensfreude. Der Leidende soll sich nicht in sein Leid vergraben. In traurigen Situationen sollte der Betroffene nicht nur Betrachtungen über das Buch Ijob oder über das Kreuzesgeschehen anstellen. Die Seele des Menschen sollte sich nie fixieren, sollte sich nicht an einer einzigen Negativ-Erfahrung immer wieder festmachen. Je mehr Leid ein Mensch zu tragen hat, um so mehr Freude müßte der Leidende in seinem Leben entdecken. Insofern hat jeder Mensch die Aufgabe, das Heitere und Frohe zu suchen. Jeder tut gut daran, sich einen Vorrat an Geborgenheit und Freude als vom Geist gewirkte Geschenke anzulegen, um Passionszeiten besser durchstehen zu können. Der Lebensfrohe sollte auch richtig genießen können. Für den einen ist ein gutes Glas Wein zu zweit etwas sehr Beglückendes. Der andere erfährt erfüllende Freude in seinem Hobby. Wir leiden leichter, wenn wir uns aufrichtig freuen können an den Gaben der guten Schöpfung Gottes. Freud und Leid gehören zusammen wie zwei Seiten einer Medaille.

Der aktive, harte, ursprünglich natürliche Widerstand dem Leid gegenüber soll geschehen in der Haltung eines aktiven Vorsehungsglaubens. Nicht passives Verhalten, etwa nach dem Motto „Gottes Wille, drum sei stille". Aktiv soll der Gläubige versuchen, das Leid zu vermindern. Und der „natürliche" Widerstand soll geschehen in der Haltung des verletzlichen Kindes, mit ganzem Herzen und mit dem Einsatz der Vernunft. Und der Leidende sollte die seelischen Abwehrreaktionen bejahen und nicht mit einer überzogenen Ideologie der Kreuzesnachfolge diese seelische Abwehr verdrängen.

Persönliche Fragen:

• Wie gehe ich mit dem Leid um: Bin ich wie ein trauriges Kind? Oder wie ein Indianer aus dem Film, der keinen Schmerz zu kennen meint?

• Kann ich mich gut wehren? Bin ich zu brav, zu wenig kämpferisch?

• Bin ich zu geduldig, zu einfühlsam, zu sehr „Opferlamm"?

- Liebe ich zu sehr, indem ich mich vergesse? Als Frau oder als Mann?
- Liebe ich andere nur, um eine Beziehung zu halten?
- Kann ich mein Herz vor Verletzungen schützen?
- Wann habe ich Widerstand gegen Leidvolles erfolgreich geleistet? Konkrete Beispiele benennen.
- Wann habe ich unabänderliches Leid akzeptieren können?
- Ist mein Vorsehungsglaube eher aktiv oder eher passiv? Sage ich zu schnell: „Sei stille, Gottes Wille"? Habe ich eine überzogene Feindesliebe?
- Wo habe ich Trauerprozesse beobachtet oder begleitet?
- Ertrage ich Ungerechtigkeiten und kämpfe ich zu wenig für Gerechtigkeit?
- Bin ich durch das Leiden ein verbitterter Mensch geworden?
- Gehe ich Konflikten aus dem Weg?
- Wie gehe ich mit Aggressionen um? Schlucke ich zu viel herunter? Oder ist meine Aggression zerstörerisch und übertrieben stark?
- Bemühe ich mich um Lebensfreude? Kann ich gut genießen? Was genieße ich?
- Wo habe ich die „Flucht nach innen" angetreten, um eine unerträgliche Situation meistern zu können?
- Wo muß ich noch Zorn, Trauer und Tränen aus mir herauslassen?

4.2 Der menschliche Aufschrei

> *„Mein Vater, wenn es möglich ist,*
> *gehe dieser Kelch an mir vorüber."*
> (Mt 26,39b)

Ist die Vermeidung des Leidens unmöglich, dann muß sich der Betroffene seiner widrigen Lebenssituation stellen. Natürlich schreit der Leidende jetzt auf. Doch dieser Aufschrei gelingt demjenigen schwer, der zu sehr vom Willen oder vom Intellekt her lebt. Leidbewältigung aber ist Sache des Herzens, nicht allein des Kopfes oder des Willens. Gerade intellektuelle Menschen grübeln und analysieren das Erlittene, anstatt einfach zu schreien und zu klagen. Gefühle werden selten zugelassen, weil der Betroffene gelernt hat, mit einem starken Willen das Leben zu meistern. Das nächste, was nach erfolgloser Leidensabwehr zu tun ist, ist der kindliche oder menschliche Aufschrei. Diesen Aufschrei hat Jesus selbst in den schwierigen Stunden am Vorabend des Karfreitags getan. Er besucht seinen Lieblingsplatz, den Garten Gethsemane am Fuße des Ölbergs in Jerusalem. Dort ringt er im Gebet mit seinem himmlischen Vater. Die Bitte: „Der Kelch gehe an mir vorüber", ist wie ein Schrei zum Himmel. Als Christen sollten wir von Jesus leiden lernen.

Bei einer Tagung über Gotteskindschaft (1922) sagt Pater Kentenich: „Die Ölbergstunde drängt das Herz zu einem Aufschrei; bei uns vielfach nicht mehr, weil wir das Herz verbildet haben . . . Diesen Aufschrei müssen wir lernen: Vater, nimm diesen Kelch von mir! . . . Aus unseren aszetischen Büchern erhält man oft den Eindruck, als sollten wir Kreuz und Leid tragen wie Märtyrer . . . Danken wir dem Heiland, daß er so menschlich gelitten hat . . . Wir sollten die Trostsuchenden, die zu uns kommen, nicht zu rasch zu dem Wort führen: Vater, dein Wille geschehe. Wir sollten sie dazu führen, länger den am Boden liegenden Heiland anzuschauen. Lassen wir sie ausweinen, das ist oft das einzige Mittel."[12]

Das Herz „verbildet" haben Menschen, die nur vom Kopf her leben, oder solche, die zu sehr vom Willen bestimmt sind. Der vorher beschriebene leidfreie Mensch hat oft ein verkümmertes Herz. Viele Gebildete haben ihre Reflexionstätigkeit so internalisiert, daß sie ständig über das Erlittene nachdenken, anstatt den Tränen freien Lauf zu lassen. Gerade bei intellektuellen Menschen steht das Denken oft im Weg und verhindert eine Gesundung des Gemütes. Wir haben oft eine überzogen voluntaristische Erziehung gehabt. Mit Parolen wie „Zähne zusammenbeißen" oder mit „stoischer Ruhe" kann der Aufschrei des Herzens verhindert werden, und so mißlingt die nötige Trauerarbeit.

Kentenich warnt bei einem Exerzitienkurs 1937 in der Schweiz davor, wie ein „Rekrut", wie ein „Unteroffizier" oder wie ein „Indianer" zu leiden. Diese Personen vertreten das Image dessen, der keinen Schmerz kennt und männlich hart reagiert. Doch Kinder Gottes sollten „kindlich leiden". „Das Kind darf im Leiden auch einmal schreien".[13] Gott hat Freude am „Knuttern". „Wenn wir militärisch strammstehen beim Leiden – ich meine, das verwüstet in der Natur ein Stücklein Kindlichkeit, das macht roh." In der Ölbergszene wird uns Jesus in seiner Schwäche zum Vorbild. Auch die „menschlichen Kreuzträger sollen nicht zu schnell beruhigt werden". Die Seelsorger(innen) sollten auf eine „Unsumme von Trostgründen" verzichten, rät Kentenich bei diesem Exerzitienkurs.

Bevor die drei Theologenfreunde den Ijob beraten, machen sie etwas sehr Richtiges: „Sie saßen bei ihm auf der Erde sieben Tage und sieben Nächte; keiner sprach ein Wort zu ihm. Denn sie sahen, daß sein Schmerz sehr groß war" (Ijob 2,13). Das Sich-Einfühlen in fremdes Leid und das Beim-Leidenden-sein sind ganz wichtig. Der Leidende sollte „schreien" und „weinen" können. Weinen kann verlernt werden. Aber es kann neu gelernt werden, wenn der Leidende sich jemandem anvertrauen kann. Wenn mein Leid von einem anderen Menschen verursacht wurde, soll ich die Ungerechtigkeit und die Verletztheit herausschreien; meine Wut und Trauer, meine Aggression und mein Groll sollen herauskommen können. Leid und Aggression sollen auch Gott gegenüber ausgedrückt werden können.

Schauen wir uns nochmals die Ölbergszene an und betrachten wir die Worte Jesu: „Meine Seele ist zu Tode betrübt" (Mk 14,34). „Mein Vater, wenn es möglich ist, gehe dieser Kelch an mir vorüber" (Mt 26,39). „Vater, wenn dieser Kelch an mir nicht vorübergehen kann, ohne daß ich ihn trinke, geschehe dein Wille" (Mt 26,42). Lukas mildert diese Szene ab, indem ein Engel Jesus stärkt (Lk 22,43). Kentenich deutet die Ölbergszene für die Leidenspastoral: „Wenn wir uns länger dem Leiden hingegeben haben, dann muß auch das majestätische Wort fallen: Vater, nicht mein, sondern dein Wille geschehe . . . Das Widerstreben des Willens hat dann ein Ende, nicht das des Gefühls."[14] Das Wort „dein Wille geschehe" bezeichnet Kentenich als „ein majestätisches Wort", das erfolgt, nachdem der menschliche Aufschrei („Laß den Kelch an mir vorübergehen!") getan wurde. Dieses Wort will den Leidenden aus der Traurigkeit herausreißen. Zuerst wird dieses Wort vom Willen wahrgenommen, während das Gemüt dieses „ja, Vater" noch längst nicht mitvollziehen kann.

Kentenich macht in der genannten Tagung (1922) einen Vergleich mit Ijob (= Wille) und seiner Frau (= Gemüt), welche die Ergebenheit des Mannes in den Willen Gottes nicht ertragen kann (Ijob 2,9–10). „Die Stimmung (die Frau) hört nicht auf, gegen Gott zu hetzen"[15], während der Wille (Ijob) schon längst „ja, Vater" gesagt hat. Verständlicherweise wirkt sich der „furchtbare Schmerz, der Schrei der Natur" viel stärker aus als das majestätische Jawort. Gemüthafte Menschen übersehen oft den Tatbestand, daß dieses „majestätische Wort ungemein stark klingt in der Seele, obwohl die Natur aufschreit".[16] Willensmenschen stehen dagegen in der Gefahr, den Aufschrei des Herzens zu unterdrücken. Auch überzogene Männlichkeit verhindert diesen Aufschrei. Oder der Leidende übernimmt die Rolle des Clowns, der den Aufschrei „überspielt". Der Leidende kann zu intellektuell sein. Sein ganzes Leben hat darunter gelitten, daß er meist nur auf der Sachebene mit Menschen kommunizierte. Wie soll ein solcher in Krise geratener Mensch sein Gemüt erspüren und sein Leid herausschreien? Scheinbar seelisch starke Menschen lächeln nach außen hin tapfer und verbieten sich das Zeigen von Schwäche. In Belastungssituationen sagen sie zu sich selbst: „Die richtige Härte gegen mich habe ich noch nicht erreicht!" So verbreiten sie das Image von größter Belastbarkeit. Daß in der anerkannten Schwäche Stärke liegen kann, müssen diese Menschen lernen, wenn sie einigermaßen ehrlich durchs Leben kommen wollen. Denn nur in zugelassenen Ölbergsituationen kann Angst überwunden werden. Doch wehe, wenn der Mensch in größter Trauer lächelt, wenn er das majestätische Wort Ja sagt, ohne geweint zu haben.

Manchmal kann eine Gruppe helfen, damit der menschliche oder kindliche Aufschrei ermöglicht wird. Im *Bibliodrama* wird eine biblische Geschichte – mit eigenen Lebenserfahrungen aufgefüllt – schauspielerisch dargestellt. Eine Frauengruppe könnte an einem Wochenende die Geschichte spielen, wo Jesus eine Frau mit verkrümmtem Rücken heilt (Lk 13,10–17). Nach der „Schauspielzeit" könnte ein intensives und ehrfürchtig vorsichtiges Gespräch darüber erfolgen: Wer hat dich so gebrochen? Du warst einmal so stark, jetzt bist du nur noch ein Häufchen Elend . . . Bei diesem Gespräch käme heraus, wer und was diese Frau so gebrochen hat. Ganzheitlich gelangt die Betroffene zu Erkenntnissen, zum Anschauen ihrer Verletzungen. Denkbare Antworten wären: Verbogen wurde ich in der Kindheit durch . . .; unter den Geschwistern war meine jüngere Schwester das Lieblingskind des Vaters; mein Ehepartner nahm mir die Würde als Frau, weil er mindestens vier feste intime Beziehungen zu anderen Frauen hatte . . . Das Gebrochensein kann mit dem

Körper ausgedrückt werden, oder es wird etwas aus der Lebensgeschichte nachgespielt. Die Betreffende soll sich endlich wehren und mit ihrem Körper spüren, wie Sich-Aufrichten geschehen könnte, wo eigene Lebenskräfte stecken. In dieser biblischen Geschichte bricht ein Dämon der Frau das Rückgrat. Dahinter steckt die Aussage: Ich bin mit dämonischer Kraft gebrochen worden; es braucht göttliche Kraft, damit ich mich wieder aufrichten kann. Danach ist der aufrechte Gang wieder möglich.

Kein Mensch ist ständig stark, wie ein Fels in der Brandung. Ölbergsituationen bleiben niemandem erspart. Christen sollen sich nicht an Helden, sondern an der Schwäche Jesu orientieren. Wenn andere meine Leidverarbeitung als märtyrerhaft bezeichnen, sollte ich das nicht als Lob ansehen, sondern als Auftrag, endlich kindlich und menschlich Tränen zuzulassen. Eltern wollen ihren Kindern das Gefühl von Sicherheit vermitteln, und das ist gut so. Vor den Kindern zusammenzubrechen ist deshalb nicht günstig. Doch müßte der „Zusammenbruch" an anderer Stelle geschehen: im Gespräch mit dem Ehepartner oder einem Vertrauten, im Gespräch an einer Beratungsstelle, im Sündenbekenntnis der Beichte.

Das Versteckspiel des scheinbar starken Helden wird meist mit guten Begründungen gerechtfertigt: Das sei viel zu intim, darüber spreche ich nicht, heißt es dann. Oder mein Ziel sei die geschlossene Persönlichkeit, die in sich ruhe und sich nicht zu öffnen brauche. Der „hilflose Helfer" sucht noch „kränkere" Menschen, um das Erleben der eigenen Ölbergstunde zu verhindern.

Daß ein Priester oder Therapeut depressiv wird, ist nun mal nicht vorgesehen, aber es passiert eben doch. Denn wer berufsmäßig andere aus der Depression herausholen soll, ist stärker gefährdet, selbst depressiv zu werden. Kirchliche Insider beklagen, daß die Seelsorge an den Seelsorgern zu schwach ausgebildet sei. Die Kirchen sind in unserer so psychologischen Zeit oft hilflos, wenn ein Seelsorger in einer Belastungssituation der therapeutischen Hilfe bedarf. Da sind strukturell, personell und finanziell Angebote notwendig. Auch in dieser Frage hinken die Kirchen der Entwicklung hinterher, so scheint es mir.

Die Ölbergstunden mit kindlichem Aufschrei haben tausend Gesichter, wovon einige noch genannt werden sollen. Für die Alleinerziehende(n) ist es in der Doppelbelastung von Familie und Beruf schwer, Sicherheit und Geborgenheit für die Kinder auszustrahlen. Oder es macht müde, wenn ich mit meinem behinderten Kind so wenig Unterstützung durch die Nachbarn erlebe und ich eher den Eindruck habe, die Eltern von nebenan wünschen nicht, daß ihre Kinder mit meinem behinderten Kind spielen. Vor Gott aber darf und soll ich immer ein kleines und schwaches Kind sein, das nicht mit dem Betteln um Hilfe aufhört.

Für Pater Kentenich war ganz wichtig, daß der menschliche Aufschrei sich an den Vatergott richtet. Der Mensch könnte sich in der Ölbergszene und am Karfreitag derart mit Jesus Christus identifizieren, daß der Vatergott als eher befremdlich oder gar als grausam empfunden wird. Wie kann der liebe Gott seinen einzigen Sohn Jesus so leiden lassen?, lautet dann der Hauptaffekt in der Seele des Menschen. Aus dem „menschlichen Aufschrei" wird oft die Rebellion gegen Gott, wie das klassisch im Werk des russischen Schriftstellers Dostojewski geschieht. Das Problem[17] kommt in der Seelsorge häufig vor. Im Roman „Die Brüder Karamasow" wird im 8. Kapitel, überschrieben mit Rebellion, die Grausamkeit des Lebens anhand von bestialischen Kindesmißhandlungen dargestellt. Deshalb sollen wir „Gott die Eintrittskarte zurückgeben".[18]

Kentenich stellt beim Nachsinnen über Dostojewski eigene pastorale Überlegungen an: „Selbst die höchste Harmonie ist dem Hiob ein Nichts, solange auch nur ein einziges gemartertes Kind noch Tränen weint. Offenbar hat Iwan recht, Gott ist in dem Kinde, das ein Tränlein vergießt – und nicht bei den zungenfertigen Apologeten, die wie Hiobs fromme Freunde Gott mit Unrecht verteidigen ... Dostojewski hat in seinem persönlichen Leben den Weg vom gekreuzigten Heiland zum Vatergott nicht gefunden. Buber glaubt sogar feststellen zu dürfen, Dostojewski habe sich so stark an den Sohn geklammert, daß er den Vater abgelehnt habe ... Im praktischen Leben begegnen dem suchenden Seelenführer nicht wenige außergewöhnlich stark religiöse Menschen, die ähnlich denken und fühlen[19] ... Ich weiß von jemand, der hat nie ein Verhältnis zum Vatergott finden können, nur zum Heiland ... Diese Person hat nie verstehen können, daß der Vatergott seinen eingeborenen Sohn so mißhandelt. Ist deshalb gleichsam hineingekrochen in den leidenden Heiland, hat sich fast totgeweint mit ihm und sich überall geduckt vor dem grausamen Vatergott. Darum ist das so wesentlich;

ohne ausgeprochenes Vaterreich, ohne Vaterströmung werden wir mit den Grausamkeiten des Lebens nicht fertig."[20] „So können die Menschen auf die Fragen nach dem Sinn des Lebens, des Weltgeschehens, nur dann eine Antwort finden, wenn sie über dem Kreuze das Vaterauge oder die Vaterhand entdecken".[21] „Die Welt braucht den Vatergott. Weil sie ihn nicht kennt, weiß sie den Sinn des Lebens nicht zu deuten. Mit Christus allein, getrennt vom Vater, kommt sie nicht zum Ziel."[22]

Dostojewski und viele mit ihm identifizieren sich mit dem Gekreuzigten und lehnen gleichzeitig den zulassenden Vatergott ab. Im Leben des russischen Dichters gibt es eine Situation, die seine religiöse Situation veranschaulicht. Als er auf einer Reise in Basel ein Gemälde des Gekreuzigten von Hans Holbein betrachtet, erleidet er einen epileptischen Anfall.[23] Im Identifizieren mit Jesus kommt seine eigene Krankheit zum Ausbruch. Doch nach Kentenich wird der gläubige Mensch beim „menschlichen Aufschrei" in der Form der „Rebellion gegen Gott" verharren, wenn er sich nicht mit dem bisweilen unverständlichen Vatergott aussöhnt.

Persönliche Fragen:

- Kann ich schreien, klagen, weinen, mit Gott „knuttern"?
- Täte mir eine Schrei- und Schimpfübung gut?
- Versuche ich, mit viel Kopf und Willen „Herr" über mein Leid zu werden?
- Leide ich wie ein Märtyrer, Held oder Indianer?
- Spiele ich den Starken, anstatt „Ölbergsituationen" anzunehmen?
- Erlaube ich im Gespräch, daß der andere weint und seine Verzweiflung ausdrückt? Oder vermittle ich den Eindruck, daß mir so ein Gemütsausdruck eher peinlich ist?
- Bin ich manchmal ein kleiner Dostojewski, der sich in den leidenden Jesus verkriecht? Kann ich kaum an den „Vatergott" glauben, weil er zuviel Schlimmes zuläßt?
- Wie schwer fällt mir der Glaube an die Vorsehung Gottes? Denke ich, Gott greift eigentlich kaum ein ins Zeitgeschehen?
- Fühle oder denke ich, Gott habe mich vergessen?
- Wann waren meine Ölbergstunden? Welche „Apostel" schliefen da?

- An wen kann ich mich wenden, wenn es mir sehr schlecht geht?
- Wer wartet auf mich und hat Zeit, wenn ich weinen oder klagen möchte?
- Wem könnte ich mich anvertrauen? Mit wem würde ich gerne über meine Ölbergstunden sprechen?
- Habe ich eine „Gott-Vater"-Frömmigkeit? Bete ich wie Jesus „Abba", lieber Vater? Schimpfe ich mit Gott?
- Kann ich Aggressionen gegen Menschen entwickeln, die mir Böses zufügen?
- Lächle ich Gott zu, bevor ich geschrien habe?

4.3 Das göttliche Lächeln

> *„Selig, die ihr jetzt weint,*
> *denn ihr werdet lachen."* (Lk 6,21b)

Wer Lourdes, einen der größten Wallfahrtsorte der Welt, in den Sommermonaten aufsucht, begegnet sehr vielen Rollstuhlfahrern und Schwerstkranken. Eigentlich müßte in diesem französischen Städtchen in den Pyrenäen eine gedrückte oder gar depressive Atmosphäre vorherrschen. Doch das ist nicht der Fall. Die Kranken in ihren Rollstühlen oder rollenden Krankenbetten sind nämlich in der Mitte des Geschehens; alles dreht sich um sie. Tausende von ehrenamtlichen Helfern haben mit ihren „Krankenwagen" eingebaute Vorfahrt im „heiligen Bezirk" oder in den engen Hotelgassen. Und so sieht der stille und ehrfürchtige Beobachter nicht nur viel Leid in den Gesichtern der Behinderten; oft ist auch ein Lächeln, eine Freude auf den Gesichtern der Leidenden abzulesen. Dies Lächeln hat einen Grund, den jeder ergründen möchte. Die Nächstenliebe der Helfer, die Solidarität der Schwerstkranken, das Vorbild der leidenden Seherin Bernadette Soubirous, die schwache Hoffnung auf Genesung oder Schmerzenslinderung, das Singen und kindliche Beten an der Grotte, der liebende Blick auf den Schmerzensmann Jesus Christus und auf die Schmerzensmutter Maria, der eucharistische Segen des Priesters mit der Monstranz . . . sind denkbarerweise solche Gründe.

In diesem Kapitel geht es um das Lächeln im Leid, um das „göttliche Lächeln". Diese Anfangsgeschichte mit dem Hinweis auf Lourdes möchte sagen, daß ich nicht über interessante theologische Gedanken spreche, sondern über Haltungen, die mit Gottes Gnade wirklich tausendmal geschehen.

Der Leidende in Lourdes und anderswo hat den „menschlichen Aufschrei" („Nimm diesen Kelch von mir!") und das „majestätische Wort" („Dein Wille geschehe!") oft zu sprechen. Im Laufe des Lebens gibt es viele Ölbergsituationen mit den Reaktionen von Widerstand und Ergebung, von kindlichem Aufschrei und majestätischer Einwilligung in den göttlichen Vaterwillen. Daraus ergibt sich nach einer gewissen Zeit die spannungsreiche Grundstimmung des „menschlichen Weinens" und des „göttlichen Lächelns". Der Schreiende weint und der „ja, Vater" sagt, lächelt. Wie schon gesagt, darf auf das Weinen nicht verzichtet werden. Doch wenn das Leid als „Liebkosung, Umarmung, Heimsuchung des Vatergottes" aufgefaßt werden kann, erst dann kann der Leidende lächeln, aus göttlicher Kraft. Denn der Christ weiß sich in der Nachfolge des Herrn und sein Leben ist „Teilnahme am leidenden und verklärten Heilandsleben."

Zum Leidensweg Jesu nach Jerusalem gehört das Geschehen auf dem hohen Taborberg (Mk 9,2–10); die drei Apostel sehen Jesus in himmlischer Herrlichkeit. Das ist Glaubenshilfe, denn diese vorweggenommene österliche Erfahrung soll ihnen helfen, in der Finsternis des Karfreitags zu glauben: Dieser Mann aus Nazareth ist Sohn Gottes, obwohl er den Verbrechertod am Kreuzesbalken stirbt. Der Christ in der Nachfolge befindet sich bisweilen auf Tabors Höhen und dann wieder in den Tiefen des Karfreitags. Die im Glauben erfahrbaren Taborerlebnisse ermöglichen das „göttliche Lächeln". Der Christ in der Nachfolge lebt nicht nur aus Karfreitagserlebnissen; zum christlichen Leben gehört das Ostergeschehen genauso hinzu. Wir sollen versuchen, die „Verklärungszüge göttlichen Lächelns aus unserem Bild nicht auszustreichen".[24] Wir kennen tief gläubige, alte und gebrechliche Menschen, aus deren „Augen das ewige Licht, etwas Verklärtes, etwas Beglückendes, etwas Erfreuliches und etwas Erfreuendes"[25] leuchtet.

Theresia von Lisieux beschreibt die Aufgabe des göttlichen Lächelns: „Leide ich viel . . ., so begrüße ich es mit einem Lächeln, statt eine traurige Miene zu machen."[26] „Ihm, den ich liebe, soll mein Lächeln strahlen, auch wenn er, mich zu prüfen, sich verhüllt. Seiner harr ich, lächelnd auch in Nacht und Qual. Das ist der Himmel, der mein Herz erfüllt."[27] Ähnliche Gedanken finden sich auch bei Hildegard von Bingen: „Vater, dein Kind schreit zu dir, denn du meinst es ja gut mit ihm und es erkennt dich als Gott. Vom Tau deines Segens trinke ich und lächle dir zu, aus zerknirschtem Herzen. Noch unter Tränen freue ich mich deiner und rufe zu dir: Gott, komm mir zu Hilfe!"[28]

Göttliches Lächeln ist etwas ganz Eigenes. Die Stewardeß muß von Berufs wegen lächeln, damit die Fluggäste sich wohl und sicher fühlen. Sie hat das Lächeln gelernt, ganz gleich, wie ihre Lebenssituation ist. Wir kennen als Europäer das ständige Lächeln mancher Ostasiaten, was uns eher verunsichert. Es gibt das Lächeln des Clowns, der als Tolpatsch die anderen zum Lachen bringt.

Göttliches Lächeln beinhaltet eine religiöse Dimension, christlich gesprochen den Osterglauben. Hoffnung trotz allem ist möglich, weil die Liebe Gottes stärker ist als Leid, Tod und Sünde. Die Freude göttlichen Lächelns ist nach Kentenich nicht „schlechthin Freude" oder „jubelnde Freude", sondern eine „befangene Freude".[29] Selbst zur österlichen Sieghaftigkeit gehört eine „gewisse Wehmut, eine gewisse Tragik". Denn Leid bleibt immer Leid, ein Übel. Der Christ liebt nicht das Leid als solches. Doch der Christ kann den lieben, der das Leid zuläßt oder schickt; der Christ kann den schwer verständlichen Gott lieben. Der Christ liebt nicht das Kreuz, sondern denjenigen, der am Kreuz für ihn hängt. Und im eigenen Leidensprozeß weiß sich der Christ vom Gekreuzigten unterstützt und gehalten. Ja noch mehr, im Leiden wird der Christ mit seinem Herrn eins; er lebt, liebt und leidet wie er.

In den sechziger Jahren findet sich bei Kentenich oft die Aussage von der „Leidensseligkeit", was richtig verstanden werden will. Leidensseligkeit ist ein seltsames, widersprüchliches Wort. Und doch, wir sagen ebenfalls mühselig oder armselig. In der Mühe, in der Armut, im Leid kann Seligkeit, Glück entdeckt werden. In der Apostelgeschichte wird von den Schwierigkeiten der Apostel in der ersten Missionstätigkeit der jungen Kirche berichtet. Doch die Mißerfolge und Niederlagen werden umgedeutet, denn die Apostel „haben Geschmack bekommen an Kreuz und Leid, an Verachtung und Ehrverletzung".[30] Petrus etwa rühmt sich der Gefängnisaufenthalte, die er zu ertragen hatte. Der Heilige Geist hat nach dem Pfingstereignis „alle Naturgesetze über Bord geworfen", so Kentenich. Diese Leidensseligkeit ist aber nicht aszetische, selbsterzieherische Meisterleistung, sondern außergewöhnliche Gabe des Heiligen Geistes.

„Wenn das mit Ach und Krach, mit aller Mühe, mit den gewöhnlichen Gnaden geschieht, hält man das nicht aus, da bricht man ja zusammen."[31] Leidensseligkeit ist etwas für Mystiker, wie wir das in späteren Kapiteln über „Inscriptio" und „tiefe Mystik" näher untersuchen werden. Der vom Vatergott geliebte und bejahte Mensch kann ungewöhnliche Formen der Leidverarbeitung entwickeln. einem Vortrag versucht Pater Kentenich eine knappe Zusammenfassung: „Also Leidensliebe als Folge einer überstarken Liebesbewegung! Liebesbewegung ohne Opferbewegung ist Spiel. Opferbewegung ohne Liebesbewegung macht krank."[32]

Leidensseligkeit ist nicht Folge einer großen aszetischen Anstrengung, sondern Folge einer tiefen Gotteserfahrung, des Wissens: Ich bin von Gott geliebt, gerade im jetzigen Leidenszustand. Wenn Leidensseligkeit nicht außergewöhnliche Gabe des Heiligen Geistes ist, so ist der „Leidensselige" ein zutiefst kranker Mensch, ein Masochist. Das Böse ist Pervertierung des Guten. Gerade wegen dieser Pervertierungsmöglichkeit tut der Mensch gut daran, nicht nach Leidensseligkeit zu streben, sondern in Gelassenheit sich von Gott abhängig zu wissen. Auf aszetische Anstrengung kommt es nach Kentenich nur begrenzt an, „weil Gott überaus souverän ist in der Formung des Menschen". Und er sagt: „Mein Glaube an die Wirksamkeit der Erziehung ist nicht sonderlich groß."[33] Das Thema Leidbewältigung eignet sich also nicht so sehr für Aszeten und Erzieher, sondern mehr für tiefe Mystiker, die lange zuwarten können und etwas von der Liebe Gottes verstehen. So wie vorher von Phasen des Sterbens und des Trauerns die Rede war, so soll von den Stadien im Leidensprozeß gesprochen werden:

Grundsituation: negative Einstellung gegen jedes Leiden

1. Stadium: der natürliche Widerstand; alle Widerstandskräfte werden mobilisiert; das Leid ist unabänderlich; der Widerstand „wandelt" das Leid.
2. Stadium: der menschliche oder kindliche Aufschrei: „Nimm diesen Kelch von mir!"; Weinen und Klagen; kein zu schneller Trost.

94

3. Stadium: das majestätische Wort „Dein Wille geschehe!". Dies Wort spricht zuerst der Wille, später vielleicht das Gemüt.
4. Stadium: die Grundmelodie von menschlichem Weinen und göttlichem Lächeln verdichtet sich; im Leid steckt auch etwas Beglückendes; der Leidende vermag zu lächeln.
5. Stadium: Geschenk der „Leidensseligkeit" als außergewöhnliche Gabe des Heiligen Geistes; der Leidende weiß sich als „Lieblingskind" Gottes.

Ich habe das Wort „Stadium" gewählt, weil Kentenich damit etwas Besonderes aussagen möchte. Meist spricht man heute von Phasen, doch mir scheint dies Wort zu technisch zu sein. Sören Kierkegaard spricht ebenfalls von den Stadien auf dem Lebensweg: „Der Mensch gelangt von der tieferen auf die höhere Existenzebene nicht durch einfaches Voranleben"[34], sondern durch Sprung und Entscheidung. Hat der Mensch eine Daseinsebene erreicht, so kommt er an einen „Rand". Nach Kierkegaard hat der Mensch sich nun selbst zu wagen, er muß die gegenwärtige Ebene loslassen und über eine Kluft, über ein Dunkel auf eine höhere Ebene springen. Bei Kentenich lassen sich ähnliche Gedanken wie bei Kierkegaard finden. Normalerweise ist bei fast allen Lebensvorgängen ein langsames Wachstum zu beobachten. Doch dann gibt es einen Sprung und danach ist der Mensch im günstigen Fall auf einer anderen, höheren Ebene des Lebens. Dieser Sprung in ein höheres Stadium ist etwas Gnadenhaftes, ein „Einbruch, Aufbruch und Durchbruch des Göttlichen". Kentenich nimmt an, daß „Gott in das menschliche Werden und Sich-Entfalten durch einen plötzlichen Wechsel der Erfahrungs- und Erlebnisweise einwirkt."[35]

Das hier beschriebene „Stadiengesetz" besagt, daß durch die Gnade Gottes Wachstumsschübe in der Leidverarbeitung geschehen. Das höhere Stadium ist nicht so sehr durch Vorsätze zu erreichen, sondern es ist etwas, was mir Gottes Gnade zum rechten Zeitpunkt zukommen läßt. Wenn wir das Gesagte auf die angegebenen Stadien anwenden, so wird leicht feststellbar sein, daß das Tempo, wann ich ein höheres Stadium erreiche, bei verschiedenen Menschen sehr unterschiedlich sein kann. Und auch der gleiche Mensch erreicht etwa bei der ersten Leidverarbeitung (zeitweilige Arbeitslosigkeit) relativ schnell ein hohes Stadium an Leidakzeptanz, während er bei der zweiten Leidverarbeitung (z. B. der Tod der Mutter) im zweiten Stadium (Aufschrei gegen Gott) stecken bleibt.

Jeder kann diese Stadien mit eigenen Lebenserfahrungen füllen, um das Gesagte zu veranschaulichen. Bleibt der Mensch im ersten Stadium (Widerstand) stecken und das Übel verschwindet nicht, so wird diese Person entweder ein rebellischer, zorniger oder verbitterter Mensch werden, um die andere einen weiten Bogen machen; oder er wird jemand werden, der seine Gemütswelt abgetötet hat und wie ein „Eisschrank" auf andere wirkt. Man müßte einem solchen helfen, sein Leid gemüthaft zuzulassen. Vielleicht kann er dann doch noch das zweite Stadium erreichen. Man kann im zweiten Stadium verbleiben, weil der Betroffene wie Dostojewski und nicht wenige moderne Theologen ihre Schwierigkeiten haben mit dem „Vatergott". Aus theologischen Gründen wird ein Konzept von Vorsehung oder von „göttlichem Lächeln" abgelehnt. Das Gebet Jesu in Gethsemane „Dein Wille geschehe!" ist mit ganzer Konsequenz kaum nachvollziehbar. Je höher das Stadium der Leidverarbeitung ist, um so mehr Gnade kommt ins Spiel und um so weniger menschliche Anstrengung ist vonnöten.

In den späteren Kapiteln wird über Blankovollmacht und Inscriptio gesprochen werden. An dieser Stelle sei nur Folgendes gesagt: Kentenich versucht mit den pastoralen Wegweisungen von Blankovollmacht und Inscriptio die Disposition, die negative Grundeinstellung zum Leid, ein Stück weit zu neutralisieren. Die Grundhaltungen von Blankovollmacht und Inscriptio disponieren für eine höhere Ebene der Leidverarbeitung als die bereits erreichte Leidakzeptanz.

Persönliche Fragen:

• Welche Weisen des Lächelns beherrsche ich? Das Lächeln der Stewardeß oder des Clowns? Habe ich zeitweise das „göttliche Lächeln" erlebt?

• Hat Gottes Gnade mir geholfen, im Schmerz zu lächeln, ohne daß irgendeine Verdrängung, irgendein „Herunterschlucken" von Negativem geschehen ist?

• Ich benenne drei verschiedene Leidverarbeitungen der letzten Zeit: Ärger mit dem Arbeitschef, Rückenschmerzen, Erbschaftsstreit, eine enttäuschte Liebe, Sterbefall, Arbeitslosigkeit, nicht mehr die „liebe Tochter" zu Hause sein, keine Beförderung im Beruf . . .

• Welche Stadien der Leidverarbeitung habe ich bisher durch-laufen?

• In welchem Stadium bin ich stecken geblieben? Ich bespreche meine Situation mit meinem Ehepartner, Freund . . . und über-denke seine Meinung.

• Bei welchen Menschen kann ich das Beglückende, das Ver-klärte des göttlichen Lächelns auf deren Gesichtern entdecken? Habe ich dieses Glaubenszeugnis in seiner Bedeutung für mein eigenes Glaubensleben genügend gewertet?

• Kann ich beides gemeinsam: menschliches Weinen und gött-liches Lächeln?

• Wie verhalte ich mich im Leiden? Leiste ich starken oder schwa-chen Widerstand? Gelingt mir ein geringer Aufschrei gegenüber dem Vatergott? Kann ich ja sagen mit Verstand, Willen und mit Gemüt? Gelingen mir Weinen und Lächeln? – Habe ich im Leiden Seligkeit im Sinne der Bergpredigt (Mt 5,3–12) oder Gottes Nähe erfahren?

5
Annahme des Leidens

5.1 „Blankovollmacht" für Gott

> *„Obwohl er Sohn war, hat er durch Leiden*
> *den Gehorsam gelernt."* (Hebr 5,8a)

Das Wort Blankovollmacht stammt aus dem Bankgeschäft. Der Ehemann unterschreibt einen Scheck, gibt den unterschriebenen Scheck seiner Ehefrau, die nach Belieben eine Geldsumme etwa zum Kauf teuren Schmucks eintragen darf. Verständlicherweise werde ich nicht leichtfertig eine solche Blankovollmacht ausstellen, denn ich könnte bei mißbrauchtem Vertrauen durch eine einzige Unterschrift in den finanziellen Ruin gelangen. Kentenich wendet diesen seltenen Vorgang im Bankgeschäft auf Gott hin an. Als die Bedrohung der Schönstattbewegung durch die Nazis immer größer wird, benutzt Kentenich seit 1939 diese Wortprägung „Blankovollmacht", um damit Gottvertrauen auszudrücken und die Schönstattfamilie auf eine schwierige Zukunft einzustellen. Gerade dieses Wort wurde und ist für viele ein „Stein des Anstoßes". Wird hier nicht mit ökonomischen, ja kapitalistischen Worten eine Liebesbeziehung zu Gott beschrieben? Beim genaueren Lesen des Neuen Testamentes ist festzustellen, daß Jesus ähnliches tat, wenn er in einem Gleichnis von den Talenten Silbergeld spricht (Mt 25,14 ff). Damals wie heute bestimmt das Geld unser Lebensgefühl, ob wir das gut finden oder nicht. Wenn jemand an einem interessanten Haus vorbeikommt oder ein schnelles Auto vorbeifahren sieht, wird zuerst das Haus oder das Auto taxiert werden, ob es wohl so oder so teuer sei. Andere Qualifikationen wie „ungewöhnlicher Architekt" oder „typisch italienischer Sportwagen" erfolgen später.

Gerade beim Umgang mit Geld und beim Schreiben des Testamentes zeigt sich, wen ich gern habe, wem ich am meisten schenken möchte. Wenn ich meinem Ehepartner nie eine Blankovollmacht ausstellen würde, so zeigt das meine Einschätzung des Ehepartners an. Leider kann er nicht gewissenhaft mit Geld umgehen. Was meint Kentenich mit Blankovollmacht? „Ich gebe Gott einen Blankoscheck; ich setze meinen Namen darunter. Auf das weiße Blatt darf er schreiben, was er will. Für alle Fälle und in aller Zukunft kann er mit mir machen, kann er über mich verfügen, wie es ihm gefällt."[1] Kentenich beschreibt damit das, was in der christlichen Tradition mit den Worten Gleichförmigkeit in den Willen Gottes, „Ganzhingabe" an Gott oder „Ergebung" in den Willen Gottes ausgedrückt wird. Für diese Haltungen möchte ich drei bedeutende Gebetstexte aus der Geschichte christlicher Spiritualität anführen:

„O Herr, nimm von mir, was mich wendet von Dir.
O Herr, gib auch mir, was mich kehrt zu Dir.
O Herr, nimm mich mir und mach mich zu eigen Dir" (Nikolaus von der Flüe).[2]

„Nichts soll dich verstören, nichts dich erschrecken, alles vergeht. Gott ändert sich nicht. Geduld erlangt alles; wer Gott hat, dem fehlt nichts: Gott nur genügt" (Theresia von Avila).[3]

„Nimm hin, Herr, und empfange meine ganze Freiheit, mein Gedächtnis, meinen Verstand und meinen ganzen Willen, meine ganze Habe und meinen Besitz; Du hast es mir gegeben, Dir, Herr, gebe ich es zurück; alles ist Dein, verfüge nach Deinem ganzen Willen; gib mir Deine Liebe und Gnade, das ist mir genug" (Ignatius von Loyola).[4]

Interessanterweise sagt Ignatius, der Gründer des Jesuitenordens, daß Gott mir eines nicht wegnehmen darf, die Erfahrung seiner Liebe und Gnade. Und diese Erfahrung des Geliebtseins von Gott ist ausreichend für die eigene Lebensbewältigung. Kentenich würde dies Wort gerne umkehren: Wer sich nicht von Gott geliebt weiß, darf nicht Gebete der Ganzhingabe (Blankovollmacht) sprechen. Wer die Liebe Gottes aufgesogen hat, wie ein Schwamm Wasser aufsaugt, kann sich ganz Gott ausliefern. Wer nicht gelernt hat, gut mit sich selbst umzugehen, sollte sich zu Lebensvorgängen wie „Ganzhingabe" nicht hinreißen lassen. Der angeblich so eifrige Christ in der Kreuzesnachfolge sollte sich von einem lebenserfahrenen, psychologisch geschulten Begleiter fragen lassen, ob er über eine geordnete Selbstliebe verfügt. Ohne geordnete Selbstliebe sind Wege zur Blankovollmacht (und zur Inscriptio) unheilvolle Irrwege, die vom Heil und von der Heilung des Menschen wegführen.

Das Gebet der Blankovollmacht sollte mit einem geistlichen Begleiter und in einer Gruppe oder religiösen Gemeinschaft besprochen werden. In der Nazizeit wurde dieses Gebet in der Schönstattfamilie vor Pater Kentenich gesprochen, vor jemandem, der als Transparent für Gott angesehen wurde. Ein solches Gebet soll besser nicht in einem „luftleeren" Raum vor einem unsichtbaren Gott abgelegt werden. Warum benutzt Kentenich ein neues Wort für die Glaubenshaltung der Ganzhingabe an Gott?

Worin besteht nun das Eigenartige, Originelle in dem Ausdruck „Blankovollmacht" gegenüber „Gleichförmigkeit" mit dem Willen Gottes? Sachlich besagen beide Ausdrücke zwar dasselbe. „Gleichförmigkeit" mit dem Willen Gottes betont aber mehr das Statische. „Blankovollmacht" betont stärker das Dynamische; setzt also viel Unsicherheit voraus, ein Dunkel im Raum der Zeit.[5] In diesem Wort findet Pater Kentenich den Wagnischarakter des Glaubens und die Unwägbarkeit der Zukunft besser ausgedrückt. Es ist offen und bleibt ungewiß, was Gott in seiner Liebe auf den von mir vorgelegten leeren Zettel schreiben wird.

Die Aszese in der katholischen Kirche hat auf die Formung des Verstandes und des Willens großen Wert gelegt. In der Tradition ist der Wille als Träger der Liebe anzusehen und folglich spielt das Gefühl als Begleiterscheinung nur eine untergeordnete Rolle. Der Baske und Soldat Ignatius von Loyola, der die Kraft des Willens hoch einschätzte, hat die Aszese weitgehend bestimmt; und nicht Franz von Sales, der versuchte, Willens- und Affektliebe miteinander zu verbinden. So hat die katholische Tradition das Affektive in der Aszese zu wenig berücksichtigt. Im 20. Jahrhundert wurde das unterbewußte Seelenleben entdeckt, und dadurch wurde die Kraft von Wille und Intellekt nochmals relativiert und in Beziehung zum Gefühl gesetzt. In Absetzung zur voluntaristischen Tradition hat Kentenich die Bedeutung des Affektiven betont: „Das Herz gibt doch zumeist praktisch den Ausschlag. Was wir unterbewußt wollen, das ist es zutiefst, was das Herz will."[6] Der Mensch, der im Sinne des Ignatius „gleichförmig mit dem Willen Gottes" leben will, hat nach der traditionellen Aszese seinen Willen und seinen Kopf anzustrengen. Das ist nach Kentenich jedoch nicht der springende Punkt. Das Gemütsleben tut sich schwer damit, ja zu sagen, unabänderliches Leid gewandelt anzunehmen. Für den Leidenden ist das „majestätische" Wort Jesu („Nicht mein, sondern dein Wille geschehe") leichter mit Willen und Verstand zu sprechen als mit Herz und Gemüt.

Derjenige, der sich um Gleichförmigkeit mit dem göttlichen Willen bemüht, braucht eine heilige „Indifferenz"; das heißt, er sollte frei sein von Neigungen oder Vorlieben, die ihn in irgendeine Richtung disponieren. Irgendwie klingt die traditionelle Aszese nicht zeitgemäß. Doch sicherlich kann nur der innerlich und äußerlich freie Mensch ein williges Werkzeug Gottes sein. Indifferenz ist nach Kentenich nicht „Wurstigkeitsgefühl, Temperamentlosigkeit, sondern weise ehrfürchtige Zurückhaltung".[7] Der indifferent Eingestellte, der scheinbar gleichgültig Wählende, der negative Vorurteile überwunden hat, wird den Willen Gottes besser erkennen und ergreifen können. Wille, Verstand und Gemüt müßten indifferent ausgerichtet sein, damit der Mensch den Willen Gottes unvoreingenommen erkennen kann. Hierbei fällt Pater Kentenich auf, daß das Gemüt des Menschen eine absolut negative Einstellung dem Leid gegenüber hat. Bei den Stadien höherer Leidannahme müßte diese negative Einstellung durch eine „heilige Indifferenz" bis ins unterbewußte Seelenleben hinein ausgeglichen und neutralisiert worden sein.

„Blankovollmacht" ist nicht so sehr als aszetisch selbsterzieherische Höchstleistung anzusehen. Sie gelingt dem Mystiker, der göttliche Dinge liebend schaut und verkostet. In der Priestertagung vom 20. bis 22. Januar 1941 weist Pater Kentenich darauf hin, daß ohne das „Gebet der Einfachheit", ohne „erworbene Beschauung", ohne das „Innewerden Gottes", ohne Gotteserfahrung, ohne mystische Kreuzesweisheit der Mensch nicht in der Haltung der Blankovollmacht leben kann.[8] Wer sich im „Such- und Versteckspiel" Gottes zu wenig auskennt, sollte mangelnde Mystik nicht durch forcierte Aszetik ausgleichen. Ein Mensch, der in seiner Kindheit stark vernachlässigt wurde und diese Verletzung nicht aufgearbeitet hat, sollte sich bewußt sein, daß „Blankovollmacht" für ihn eine Überforderung darstellen kann. Durch sie könnte sich die Ablehnung aus der Kindheit, das Gefühl der Selbstverworfenheit religiös unheilvoll verstärken. H. Hug vergleicht in einem Vortrag[9] Kentenichs „Blankovollmacht" mit Lechlers Sprechen von der „Kapitulation", die in der Suchtbehandlung benutzt wird.

„Das macht die Überheblichkeit des Süchtigen aus. Er setzt sich selbst als Gott in seinem privaten Kosmos. Und es gibt für ihn keinen anderen Weg zurück zum Leben als den, daß er im Erleben des Zwanges und der dämonischen Besessenheit an seinem Symptom auch die dunkle Seite seines Lebens anzunehmen bereit wird ... Er erlebt sich in der Hinbewegung auf eine totale seelische und geistige Vernichtung, vor deren Kraft und Zwangsläufigkeit er nur noch zu kapitulieren vermag. Gelingt es dem Süchtigen, diese Erfahrung anzunehmen und zu überleben, dann hat er erlebt, was in einer spirituellen Sprache Ego-Tod und in der Sprache der Anonymen Alkoholiker Kapitulation genannt wird."[10]

Persönliche Fragen:

• Wie gut kann ich vertrauen? Einem Freund, einer Freundin? Einem Fremden? Gott?

• Welchem Menschen habe ich schon einen Blankoscheck gegeben, wo er jeden beliebigen Geldbetrag eintragen konnte? Wer kann eigentlich alles von mir haben?

• Habe ich zu Gott ein kindliches und freundschaftliches Verhältnis?

• Wann hatte ich den Eindruck: Mir wird der Boden unter den Füßen weggezogen?

• Nach welchen Vorlieben und Neigungen entscheide ich normalerweise?

• Habe ich Angst vor der „Kapitulation" Gott gegenüber? Wie male ich mir das aus? Ist es die Hingabe eines geliebten Kindes?

• Ist mein grundsätzliches Lebensgefühl das: Niemand liebt mich, ich werde ständig weggetreten? Dann sollte ich mit Ganzhingabe vorsichtig sein.

• Habe ich folgende Voraussetzungen, um Ganzhingabe zu leben? a) Die seelischen Verwundungen aus der Kindheit sind seelisch aufgearbeitet.
b) Ich kann gut mit mir umgehen, mich verwöhnen und genießen.
c) Ich bin ein kleiner Mystiker, der Gebet und Stille als Glück erfährt.

d) Mein Gottesbild entspricht dem Abba-Gebet Jesu.

e) Ich habe Gottes Vorsehung in meinem Leben gespürt.

f) Ich habe mein Gebet zur Ganzhingabe mit einem geistlichen Begleiter oder einer geistlichen Begleiterin besprochen.

g) Ich lebe in einer Belastungssituation mit ungewisser Zukunft, die eine solche Haltung erforderlich macht.

h) Ich bin in keiner religiösen Intensivzeit.

5.2 „Inscriptio" des Lebens

> „Wir wissen, daß Gott bei denen,
> die ihn lieben, alles zum Guten führt."
> (Röm 8,28)

Das lateinische Wort „Inscriptio" kann mit „Einschreibung" übersetzt werden. Die Langform lautet „inscriptio cordis in cor"; „die Einschreibung eines Herzens in ein anderes Herz". Inscriptio ist also eine feierliche, zärtlich romantische Beschreibung für Liebe, etwas versteckt ausgedrückt in der alten lateinischen Sprache: Ich möchte im Herzen des Du wohnen, ich möchte in deinem Herzen einen festen Platz haben. Ich möchte in dein Herz eingeschrieben sein, und du darfst ebenfalls in meinem Herzen wohnen. „Inscriptio" meint Herzenseinschreibung, Herzensverschmelzung, Liebesbündnis. Zwei Herzen verstehen sich so gut, daß sie in der Begegnung vibrieren, daß es nachher nur noch einen gemeinsamen Herzschlag, ein gemeinsames Empfinden, eine zauberhafte Harmonie gibt.

Seit 1941 verwendet Pater Kentenich diesen Begriff, und er will mit diesem Wort ähnliche Inhalte wie mit dem Wort „Blankovollmacht" vermitteln. Inscriptio möchte eine die Blankovollmacht psychologisch überhöhende Hingabe an Gott ausdrücken. Beide Worte sind auf dem Höhepunkt der bedrohlichen Naziherrschaft nicht am Schreibtisch ausgedacht worden, sondern im pastoralen Dialog entstanden. Der Mensch, der Blankovollmacht zu leben versucht und Gott ein leeres Blatt ausstellt, wird bald merken, daß der liebe Gott doch nicht alles auf das leere Blatt schreiben darf. In der ungewissen Zukunft darf alles passieren, nur eines soll nicht passieren. Der Glaubende sagt zu sich: Alles darfst du, großer Gott, mir schicken und alles nehme ich aus deiner lieben Vaterhand an. Aber es gibt noch das: Nur das nicht!

Für Pater Kentenich selber war in der Nazizeit das „Nur das nicht" die bedrückende Tatsache, daß er sein Lebenswerk (die Schönstattfamilie) im Falle seines Todes unfertig und noch nicht lebensfähig zurücklassen müßte. Ihm war bewußt, seine Schönstattbewegung war damals noch nicht ausgereift, und sein möglicher Tod in Dachau würde für die Bewegung bedeuten, daß sie im Stadium eines „Krüppelkindes" mit begrenzter Lebensfähigkeit existieren wird. Damals war Schönstatt weder international verbreitet, noch gab es organisierte Familiengruppen. Auch war die Integration der neuen Gemeinschaften in die Gesamtkirche weder kirchenrechtlich noch lebensmäßig vollzogen. Diese Zukunftsperspektive war für den Gründer bedrückender als Dunkelhaft, Hungersommer und KZ-Aufenthalt, was er später selbst als Gefangener erleben sollte. Im Bild des Abraham, der sein einziges Kind Isaak Gott zurückschenken soll (Gn 22,1–18), betet Kentenich seine Inscriptio-Haltung in einem Text von „Himmelwärts" (Dachau-Gebete):

„Allmächtiger, willst Du dieses Kind mir nehmen,
macht es Dir Freude, seine Kraft zu lähmen,
soll es vor Deinem Blick ein Zerrbild sein,
das nur noch kennt des Lebens fahlen Schein.
Du hast aus Liebe mir das Kind gegeben,
gabst Kraft mir, ihm zu weihn mein ganzes Leben:
Willst es tot in meinen Armen sehn,
soll es als Krüppel durch das Leben gehn:
Dann bitt ich Dich, mach ernst mit Deinen Plänen,
auf Dich allein geht ja mein letztes Sehnen;
nur Dich such ich und was Du, Vater, willst,
bin froh, wenn Deine Wünsche Du erfüllst."[11]

Das „Nur das nicht" ist für jeden Menschen etwas anderes, und es ändert sich im Laufe des Lebens. Einmal ist die ökonomische Lage beunruhigend, später macht ein Kind den Eltern große Sorgen. In Zeiten der Atomenergie spricht man vom GAU oder Super-GAU, vom größten anzunehmenden Unfall in einem Atomkraftwerk. Ich möchte an dieser Stelle keine Diskussion im Sinne des Pro und Kontra der „friedlich" genutzten Atomkraft führen. Doch die Befürworter müssen sich redlicherweise fragen lassen, was passiert, wenn das „Nur das nicht" (GAU) eintrifft. Jeder einzelne kann sich fragen: Was ist mein „Nur das nicht", mein größter anzunehmender Unfall, mein GAU, der mir Angst bereiten könnte? Der GAU könnte im Extremfall sogar solch starke Erwartungsangst wecken, daß schon das Denken daran krank macht.

Die Antworten auf die Frage nach meinem größten anzunehmenden Unfall oder nach meinem „Nur das nicht!" werden vielfältig sein: eine noch längere Arbeitslosigkeit; mein Sohn bleibt ein Versager; ich werde „verrückt"; meine schöne Tochter bekommt ein Kind von diesem „flippigen" Typen; meine Firma geht „pleite"; ich habe Krebs; diese „Geschichte" kommt in die Presse; meine Ehefrau betrügt mich; ich erleide einen „Rufmord" in unserm „Quatschnest"; ich bin ganz allein im Alter; meine Mutter muß sterben, und ich bin noch ein Schulkind; ich falle schon wieder durch die Führerscheinprüfung . . .

Im Gebet der Inscriptio bietet der Mensch Gott an: Du darfst mir das „Nur das nicht" schicken, wenn das in Deinen Plänen so vorgesehen ist. Dabei weiß ich, Du wirst mir nur das schicken, was ich tragen kann. Und Du wirst mir die Liebeskraft geben, selbst das „Nur das nicht" zu akzeptieren. Gerade das, was eigentlich nicht eintreffen sollte, nehme ich aus Deiner Vaterhand an. In der Inscriptio, die eine Haltung ist und in einem Gebet originell ausgedrückt werden kann, geschieht ein Akt höchster Freiheit und Liebe. Dadurch gelangt der Gläubige zur „Freiheit der Kinder Gottes". Die Ganzhingabe an Gott löst zwanghaftes Verhalten. Zum Kind Gottes gehört eine Erlöstheit und Gelockertheit, die etwas Spielerisches an sich hat.

Die Heiterkeit trotz des Tragischen ist nicht Folge einer aszetischen Leistung, ist nicht Ausdruck einer Blindheit dem Leid gegenüber, sondern ein Geschenk Gottes an den gläubig kindlichen Menschen. Das Wichtigste, was der Mensch zum Gelingen der Inscriptio beiträgt, ist seine Offenheit und Verletzlichkeit, sein kindlicher Mut, das „Nur das nicht" zu wünschen. Schon Blankovollmacht meint „Gleichförmigkeit mit dem Willen Gottes". Theologisch kann das nicht überboten werden. Inscriptio meint ebenfalls Gleichförmigkeit mit dem Willen Gottes. Der Unterschied zwischen Blankovollmacht und Inscriptio liegt im Seelischen. Inscriptio ist eine Haltung, die befähigt, wahrhaftig Blankovollmacht leben zu können. Das bewußte Intendieren des „Nur das nicht" ist ein Weg, um Hindernisse zu entfernen und negative Einstellungen zu neutralisieren.

Pater Kentenich merkte bald, daß mit der Inscriptio psychotherapeutische Auswirkungen verbunden sind. Im Brasilien-Terziat (1952) für Pallottiner nennt er ein konkretes Beispiel: „Einer meiner besten Mitarbeiter ist als Novize im Irrenhaus gewesen; und man hat alles mögliche mit ihm gemacht; die Zwangsjacke angezogen und nichts hat geholfen. Aber in dem Augenblick, wo er innerlich Inscriptio gemacht hat – Es ist gut, wenn Du willst, daß ich verrückt sein soll, dann will ich verrückt sein –, in dem Moment ist er gesund geworden . . . Inscriptio ist das Heilmittel gegen alle Nervosität und auch gegen psychische Krankheiten, ja sogar das beste Schlafmittel . . . Ob krank oder gesund, ich kenne nur Inscriptio, mehr brauche ich nicht."[12] Für den Novizen (Anfänger in einer religiösen Lebensgemeinschaft) war das „Nur das nicht" der Verlust seiner Geisteskraft. Im Verschenken dieser möglichen Gefährdung löst sich seine Erwartungsangst: Ja nicht verrückt werden, sonst ist alles aus!

Inscriptio als Allheilmittel anzupreisen, klingt verwegen. Aber dahinter steckt die Aufforderung, es doch einfach mal mit dieser Lebenshaltung zu versuchen. Vermutlich wird Kentenich diese Methode für sich selbst und für viele Klienten angewandt haben. Über seine Seelsorgsarbeit verrät er Folgendes: „Man lebt dann im Seelenleben der Seinen, daß man fast kein eigenes Seelenleben kennt . . . Der liebe Gott hat dafür gesorgt, daß er mir eine Unmenge Seelen aller Art schenkte: krankhafte Seelen, urgesunde Seelen, Seelen, in denen mystische Gnaden wirksam waren."[13] Im November 1965 sagt er mit seinem rheinischen Humor in einem Vortrag in Rom: „Wenn ich nicht Priester wäre, würde ich Arzt, um alle Welt mit Inscriptio zu heilen."[14]

Inscriptio hat teilweise Ähnlichkeiten mit dem, was Viktor Frankls „paradoxe Intention" bewirken will. Doch bei Kentenich gibt es eine direkte religiöse Einbindung der Inscriptio. Nach Kentenich verbindet der Mensch „die Wurzeln seiner Seele schier unlösbar mit Gott". Der Glaubende, der Mystiker „schmeckt" den Heiligen Geist, der auf dem Grund jeder Seele wohnen möchte. Der Mensch schwimmt so im „Liebesmeer" Gottes, daß er alles Zukünftige als Erweis göttlicher Gnade ansehen kann. Trotz der Unheilsmacht des Leids gelangt der Mensch zur „existentiellen Sinnbejahung".[15] Auch

„nach" der Ganzhingabe bleibt die erste Reaktion dem Leid gegenüber der harte Widerstand. Die Seele stellt sich eigentlich „nur" auf einen möglichen „Katastrophenfall" ein.

Kentenich vertritt keine „absolut gesetzte Inscriptio"[16], was eine „gefährliche Sache" ist. Richtig ist eine „methodisch gesetzte Inscriptio". Sie ist „kein eigenmächtiges Drängen nach Leiderfahrungen".[17] Menschen mit schwierigem Gottesbild und großen Mangelerfahrungen an Liebe sollten nur in sorgfältiger Begleitung Inscriptio anstreben. Kentenich sagt: „Ich weiß nicht, ob auch wir einen Engel brauchen mit einem flammenden Schwert, der uns zurückhält vor dem Garten der Inscriptio, oder ob wir einen Engel brauchen, der uns treibt."[18] Das biblische Bild vom Engel mit dem Flammenschwert (Gen 3,24), der das Paradies bewacht, wird auf die Inscriptio angewandt; diese ist für manche unerreichbar wie das verlorengegangene Paradies. Deshalb sollen Inscriptio-Gebete im Dialog mit einem erfahrenen geistlichen Begleiter entstehen.

Andererseits sind manche Menschen durch ihr Leben in Inscriptio-Situationen hineingestellt worden, ohne eine solche Begleitung zu kennen. Christliche Jugendliche in der DDR lehnten die „Jugendweihe" als pseudoreligiös, als Verabsolutierung politischer Werte ab. Das geschah in einer Alterssituation (Ende der Schulzeit), wo sie eigentlich mit einer solchen folgenschweren Entscheidung überfordert waren. Ohne Jugendweihe hatte der junge DDR-Bürger das Stigma des Antikommunisten, der bei der Vergabe eines Studienplatzes meist übergangen wurde. Dem allmächtigen Staat, der zudem der einzige Arbeitgeber war, die Stirn zu bieten, brachte die Möglichkeit mit sich, als Ausgestoßener in der DDR-Gesellschaft zu leben. Das gelingt nur dem, der auf der Ebene der Ganzhingabe sein Leben führen kann.

Nun leben heutige Menschen global mit vielen Unwägbarkeiten. In Japan ist über kurz oder lang mit einem weiteren schweren Erdbeben zu rechnen, was nicht nur für die Millionenstadt Tokio eine Gefahr höchsten Grades darstellt. Eine so reiche Industrienation wird versuchen, sich auf solch einen Fall vorzubereiten und alles Mögliche tun, um eine solche Katastrophe zu überleben. Nicht mit „Kamikaze"-Mentalität, sondern mit der Inscriptio-Haltung wird solche Herausforderung anzunehmen sein. Auf die Menschheit insgesamt kommen Probleme zu, die wie Zeitbomben ticken. Weltkonferenzen werden darüber abgehalten, aber was ändert sich schon? In Kairo wurde über die Bevölkerungsexplosion, in Rio über die Umweltzerstörung, in Berlin über das Klima auf UNO-Welt-ebene diskutiert. Zu den weiteren bedrängenden Fragen gehören: der kommende Energiebedarf und die Energieverknappung; das Risiko der Entsorgung beim Atommüll; die Aufteilung der Erde in den reichen Norden und den armen Süden; die Möglichkeiten der Genmanipulation; die militärischen Waffenpotentiale mit den be-drohlichen Atomsprengköpfen; der internationale Drogenhandel, der religiöse Fundamentalismus (im Islam) und Fanatismus u. a.

All das macht den sensiblen Zeitgenossen unruhig. Um mit Zukunftsängsten fertig zu werden, braucht es den Geist der Inscriptio, der Freiheit der Kinder Gottes. Mit diesen Zukunftsängsten kann jeder die Seligpreisungen (Mt 5,3–12) ganz neu lesen. In ungewisser Zukunft stehend sind die Friedensstifter selig, und die sich um Gerechtigkeit Mühenden, die Trauernden und die mit dem reinen Herz. Glücklich sind diejenigen, die Ganzhingabe leben können.

Persönliche Fragen:

● Gibt es für mich Erfahrungen von „Herz in Herz", von Mensch zu Mensch, zwischen Gott und mir? Habe ich einmal gespürt, was Herzensverschmelzung sein könnte? Welchen Menschen liebe ich wirklich mit der Kraft meines ganzen Herzens? Wo habe ich gespürt: Der oder die liebt mich wirklich, denkt ständig an mich? Hat meine Gottesliebe gemüthafte Wärme?

● Was ist das „Nur das nicht" in meinem Leben? In meiner Familie, in meiner gesundheitlichen Situation, in meiner Berufswelt, in meinen Freundschaften und Beziehungen?

● Woran hänge ich am meisten?

● Welche sind die Abgründe meines Lebens?

● Welche Menschen sind mir besonders stark ans Herz gewachsen? Was wäre, wenn jemand stirbt, die Freundschaft kündigt, den Selbstmord wählt, mich völlig enttäuscht? Ich stelle mir Ganzhingabe vor, ohne Angst und im Wissen: Ich bin von Gott geliebt!

● Ich denke, Gott hilft schon. Er hilft meist erst um 12 Uhr, nicht um 5 vor 12.

● Mein „Nur das nicht" heute lautet? Und vor fünf Jahren?

● Kann ich mir Ganzhingabe an Gott vorstellen?

6
Logotherapie und Leid

6.1 Paradoxe Intention

> *„Keiner soll mich*
> *für einen Narren halten."*
>
> (2 Kor 11,16a)

In diesem 6. Kapitel wählen wir zum Hauptgesprächspartner *Viktor Frankl*, den Begründer der „Logotherapie", einer speziellen Schule in der Psychotherapie. Das griechische Wort Logos kann mit Rede, Begriff, Wort, Vernunft, hier vor allem mit Sinn übersetzt werden. Die Logotherapie möchte dem Klienten einen konkreten *Lebenssinn* aufzeigen. Die Therapie soll nach Frankl nicht nur Ursachenforschung für das neurotische Verhalten betreiben, sondern noch entscheidender ist die ganz konkrete Sinnsuche. Nach Frankl hat die bisherige Psychotherapie zu wenig die geistige (noetische) Ebene des Menschen berücksichtigt. Gerade in seiner Häftlingszeit im Konzentrationslager hat Frankl die „Trotzmacht des Geistes" entdeckt. „Das Geistige im Menschen (ist) . . . dasjenige, das allem Gesellschaftlichen, Leiblichen und auch noch Seelischen gegenüberzutreten vermag."[1] „Der Versuch, in den Konzentrationslagern von Auschwitz und Dachau den Menschen zu dehumanisieren, führt Frankl dazu, mit einer Logotherapie die Humanisierung der Psychotherapie in Angriff zu nehmen"[2], schreibt Gerald F. Kreyche.

Die großen Wiener Psychologen Freud, Adler und Frankl nehmen an, daß es eine Hauptantriebskraft im Menschen gibt. Bei Sigmund Freud ist die menschliche Grundkraft der Wille zur Lust; bei Alfred Adler ist es der Wille zur Macht; und bei Viktor Frankl ist es der Wille zum Sinn. Weder der Sexualtrieb (Freud) noch der Geltungstrieb (Adler), die ja der Reinigung und Kontrolle bedürften, sind nach Frankl ausschlaggebend für den Menschen. Statt dessen gibt es eine „Sinn- und Wertstrebigkeit des Menschen", eine „Selbst-Transzendenz", „ein über sich selbst hinaus und auf etwas Gerichtetsein".[3]

Trotz der „tragischen Trias" von Leid, Tod und Schuld kann ein ganz konkreter Sinn vom Klienten gefunden werden. Das kann an einem einfachen Beispiel veranschaulicht werden, das in einem Artikel von Ursula Naber: „Viktor Frankl. Eine Sinnlehre gegen die Sinnleere" in der Zeitschrift „Psychologie heute" beschrieben wird.[4] Ein Klient kommt zu Frankl und klagt, seine Frau sei vor einem Jahr gestorben. Der deprimierte Mann sieht keinen Sinn mehr in seinem Leben. Viktor Frankl fragt ihn: „Was wäre geschehen, wenn Sie vor Ihrer Frau gestorben wären?" – „Nicht auszudenken", antwortet der Witwer, „meine Frau wäre verzweifelt gewesen." – „Sehen Sie", antwortet Frankl, „dies ist Ihrer Frau erspart geblieben, freilich um den Preis, daß nunmehr Sie ihr nachtrauern müssen."

Ursula Naber beschreibt die von Frankl genannten „drei Hauptstraßen zum Sinn":

1. Erleben statt Konsumieren (die Einmaligkeit jedes menschlichen Lebens).
2. Ein Werk schaffen (zum Werk gehören Kreativität und Freude).
3. Hinnehmen, was nicht zu ändern ist (Leid mit Sinn füllen).

Lebenssinn ist nicht etwas abstrakt Philosophisches, sondern etwas ganz Konkretes. Das Malen eines Gemäldes, das in mir kreative Kräfte freisetzt und mir Freude bereitet, ist für den konkreten Maler, auch wenn er damit kein Geld verdient, etwas Sinnbringendes. Leid ist nicht etwas abstrakt Philosophisches, sondern etwas ganz Konkretes. Im vorher genannten Beispiel ist der Tod der Ehefrau für den Witwer etwas, was ihn depressiv macht. Die einfache Frage Frankls „Was wäre geschehen, wenn Sie vor Ihrer Frau gestorben wären?" birgt Sinnpotential in sich.

Doch in unserer modernen Gesellschaft läßt sich ein Interesse für Besitz und Geld, für Ansehen und Macht feststellen; doch die Hauptstraßen zum Sinn werden kaum befahren. Das Hasten nach Konsum, das Gieren nach den Angeboten einer billigen Freizeitindustrie, das oberflächliche, oft nihilistische Lebensgefühl und die Versuchung zum angeblich „leidfreien" Menschsein bringt wenig Sinn mit sich. Die leidfreien Wohlstandsmenschen entwickeln wenig „Sinnvolles". Bei vielen Menschen lasse sich heute ein „Sinnlosigkeitsgefühl", ein „existentielles Vakuum", ein „Gefühl der Leere" feststellen. Daraus ergibt sich oft eine „noogene Neurose", ein neurotisches Verhalten als Folge fehlenden Lebenssinnes. „Diese Neurose macht bereits 20 Prozent aller neurotischen Erkrankungen aus"[5], meint Karl Dienelt.

In der Behandlung psychogener Neurosen hat die Logotherapie mit der *„paradoxen Intention"* und der „Dereflexion" zwei besondere Methoden entwickelt. Die Technik der paradoxen Intention hat Frankl nach eigenen Angaben seit 1929 praktiziert. Im Jahre 1939 hat er seine therapeutische Methode in einer Arbeit „Zur medikamentösen Unterstützung der Psychotherapie bei Neurosen"[6] beschrieben. Bei der „paradoxen Intention" („widersinnige Absicht") wird „der Patient dazu angehalten, gerade all das, wovor er sich so fürchtet, sich gerade zu wünschen oder vorzunehmen, wenn auch nur für Bruchteile von Sekunden".[7] Dadurch soll dem Klienten die „Erwartungsangst" genommen werden. Erst die Erwartung, ein negatives Erlebnis könne oder müsse sich wiederholen, steigert das Erlebnis der Angst ins Krankhafte. Solche Erwartungsängste entwickeln etwa zwanghafte Menschen oder solche, die zu viel Lust von der intim sexuellen Begegnung erwarten, um ein ganz anderes Beispiel zu nennen. Zum Angstneurotiker gehört die „Angst vor der Angst", zum Zwangsneurotiker die „Angst vor dem Zwang". Der Sexualneurotiker hat „Angst vor der unerfüllten Lust"; vor lauter Lusterwartung vergeht ihm die sexuelle Lust; der neue Liebhaber soll immer besser im Bett sein als der vorherige. Aus Orgasmusträumen werden Alpträume; ein Phänomen, das passieren kann in unserer sexualisierten Zeit, wo in den Medien, besonders in der Pornographie von immer neuen „heißeren" Lusterfahrungen berichtet wird. Die Angst wird erst durch die Erwartungsangst ins Unermeßliche gesteigert und dadurch etwas, was krank macht. Auch bei Phobien können sich solche Erwartungsängste entwickeln.

Will man vielen Ärzten Glauben schenken, so steigt die Zahl der Patienten, deren Angst vor der Krankheit bereits ihr Kranksein bewirkt. Der Patient bildet sich seine Beschwerden so ein, daß er die Beschwerden wirklich erlebt, allerdings ohne den geringsten organischen Befund. Es gibt nicht wenige, die nach dem Anschauen eines Gesundheitsmagazins im Fernsehen die dort geschilderten Krankheitssymptome bei sich selbst entdecken und am nächsten Tag zum Arzt rennen. Ganz massiv können Erwartungsängste den Menschen unfrei machen und belügen. Die paradoxe Intention will der Erwartungsangst den Wind aus den Segeln nehmen.

Derjenige, der an Klaustrophobie (Angstzuständen in geschlossenen Räumen) leidet, nimmt sich gerade eine solche Situation vor: etwa die Fahrt mit einem Aufzug in einem Warenhaus. Er stellt sich dabei vor, wie er von vielen anderen als eine schwierige, herumschreiende Person erkannt und verlacht wird. Andere Ängste sind leicht ausmalbar. Der an Rednerangst Leidende nimmt sich vor, bei seinem Vortrag keine Silbe mehr herauszubekommen und mit hochrotem Kopf das Rednerpult verlassen zu müssen. Das Ganze ist kein Trick. Der Betreffende muß das Unglück oder die Blamage wirklich wollen und nicht meinen, dank der paradoxen Intention werde das Mißgeschick schon nicht auftreten. Ein solch paradoxes Intendieren soll unbedingt in Anleitung und Begleitung eines Therapeuten geschehen. Ein depressiver Klient, der selber die paradoxe Intention tätigt, wird vermutlich mit einem Selbstmord sein Leben beenden. Der Therapeut hat zu diagnostizieren, daß das zwanghafte Verhalten oder die Phobie des Klienten Folge einer übersteigerten Erwartungsangst ist. Denn nur bei pathogener Erwartungsangst ist die paradoxe Intention als Therapie angezeigt, sonst kann die paradoxe Intention Unheilvolles bewirken.

Eine andere Technik in der Logotherapie ist die „Dereflexion", die eine gewisse Nähe zur paradoxen Intention aufweist. Denn die Dereflexion (die Abwendung vom Nachdenken) ist auch etwas Paradoxes, Widersinniges. Nicht wenige Zeitgenossen reflektieren zu viel. Ständig denken sie über sich selbst, über pychologische Themen, über ihre Sexualität nach. Bei all den Reflexionen verlernen sie das Erleben. Die kognitive Ebene wird immer intensiver ausgebildet, und das gemüthafte Erleben verkümmert. Es kommt zu Hyper-Reflexionen und überstarken Intentionen. Reflexionen ohne hinreichenden Bezug zum Erleben bewirken eine ständig stärker werdende Selbstdistanzierung und „Verkopfung". Während die paradoxe Intention die Symptome ironisiert, ohne sie zu beseitigen, geschieht bei der Dereflexion eine Ignorierung der Symptome. Es gibt sicherlich viele therapeutische Situationen, wo eine Beseitigung der neurotischen Symptome durch Aufarbeitung der Kindheit nötig ist und wo die paradoxe Intention nicht anwendbar ist. Die paradoxe Intention ist also kein allgemeines Wundermittel, sie darf nicht selbst angewandt und verordnet werden, sondern der professionelle Therapeut hat festzustellen, ob eine Zwangs-, Sexual- oder Angstneurose als Folge übersteigerter Erwartungsangst vorliegt.

Die Logotherapie ist eine Richtung der Psychotherapie, die wie jede andere Richtung ihre Befürworter und Kritiker hat. Manche Psychologen scheinen nur ihrem Lehrer und „Guru" zu folgen. Mir scheint, in keiner therapeutischen Schule scheint sich allein die Wahrheit zu finden. Gibt es eine einzige Hauptantriebskraft des Menschen, oder gehören nicht verschiedene Grundantriebe zum Menschen? Mir scheint, jede Behauptung eines einzigen Hauptantriebes, ob nun Sexualität, Machtstreben, Sinnsuche oder etwas anderes gemeint ist, ist hinterfragbar oder sogar falsch. Ist die Sinnfrage so entscheidend? Ist die emotionale Ebene nicht doch ausschlaggebender für die seelische Hygiene als die noetische (geistige) Ebene? Ist Frankls Position nicht zu stark „Höhenpsychologie", die in der Höhe des Geistigen die Tiefen der Seele heilen möchte?

Manchmal klingt Frankls paradoxe Intention dem sehr ähnlich, was Kentenich mit Inscriptio, mit Intendieren des „Nur das nicht!" meint. Nun läßt Kentenich sich nicht auf eine psychotherapeutische Schule festlegen. Vermutlich dürfte Kentenich nicht von Frankls paradoxer Intention gewußt haben. Seine Inscriptio hat Kentenich unabhängig, im eigenen pastoralen Dialog während der Nazizeit entwickelt. Sie ist in seine Theologie eingebunden und Ausdruck der Ganzhingabe an Gott. Für den seelisch starken Menschen und für den zwangs- oder angstneurotischen Menschen kann durch Ganzhingabe eine innere Befreiung erreicht werden. In jedem Fall bedarf diese Hingabe der Begleitung durch jemanden, der geistlich und psychologisch geschult ist. Ich meine, die paradoxe Intention ist ein sehr begrenzter Sonderfall der Inscriptio. Bei der paradoxen Intention muß der Therapeut eine Diagnose erstellen, aus der hervorgeht, daß eine krankmachende Erwartungsangst vorliegt. Er muß einschätzen können, ob für den Klienten jetzt der Schritt paradoxen Intendierens möglich ist.

Kentenich selbst konnte bei neurotischen Menschen beobachten, daß seine Inscriptio-Lehre heilenden Charakter hatte. Als Laie im psychologischen Bereich und als begabter Autodidakt hat Kentenich den therapeutischen Inscriptio-Vorgang nicht fachterminologisch beschrieben. Ich vermute, mit Frankls Terminologie der paradoxen Intention läßt sich Kentenichs Inscriptio im Sonderfall zwangs- und angstneurotischer Phänomene beschreiben. Die Intention Kentenichs mit den Fachbegriffen Frankls zu lesen, scheint legitim zu sein. Das „Nur das nicht!" Kentenichs meint Ähnliches wie die Technik der paradoxen Intention. Mit seinen naiven Grenzüberschreitungen zwischen Seelsorge und Tiefenpsychologie kommt Kentenich verschiedenen, methodisch exakt arbeitenden Psychologen sehr nahe.

Persönliche Fragen:

• Wo war in meinem Leben eine paradoxe Intention das einzig Richtige?

• Habe ich mich bei meiner paradoxen Intention von einem Therapeuten abhängig gemacht, der eine neurotische Erwartungsangst diagnostizierte?

• Bin ich ein Sinnsucher, gerade auch bei Leid, Tod und Sünde?

• Suche ich lange und intensiv, um einen „Übersinn" zu entwickeln?

• Kenne ich Menschen, die zu viel denken und zu wenig erleben?

• Wo und wann beobachte ich ein „Gefühl der Leere", ein „Sinnlosigkeitsgefühl" bei mir?

• Wo hat mein Mitleiden das Leid eines anderen mitgetragen?

• Gibt es einen einzigen Hauptantrieb des Menschen, oder gibt es mehrere gleichbedeutende Antriebe des Menschen? Was ist meine Erfahrung?

• Beschreibe deine Hauptstraßen zum Lebenssinn: Tiefenerlebnisse, kreatives „Werk", Leidannahme.

• Wo habe ich die „Trotzmacht" des Geistes entdeckt, wie etwa Frankl als Häftling im KZ?

• Wo habe ich Erwartungsängste entwickelt und die Angst vor einer Prüfung oder einer Erkrankung künstlich überhöht und verstärkt?

• Haben meine Erwartungsängste schon fast hysterischen Charakter?

• Welcher psychotherapeutischen Richtung schenke ich mehr Vertrauen?

6.2 Wer ist Viktor Frankl?

„Nicht im Menschen selbst gründet
das Glück, daß er essen und trinken
und durch seinen Besitz das Glück
selbst kennenlernen kann.
Ich habe vielmehr beobachtet, daß dies
von Gottes Verfügung abhängt."

(Koh 2,24)

Wer das Werk Kentenichs, die Schönstattbewegung, verstehen will, muß das Leben des Gründers Pater Kentenich verstehen. In gewissem Sinn ist diese Bewegung mit ihren verschiedentlich gebundenen Mitgliedern das erweiterte „Ich" des Gründers. Die Mitglieder wollen einfach vom „geistigen Vater" ein Stück weit geprägt sein, allerdings in voller Originalität und ohne billige Kopie eines Vorbildes. Ähnliches gilt für viele „Große" der Weltgeschichte, für Mutter Teresa von Kalkutta, für Franziskus u. a. Der rationale Mensch hat wohl Probleme bei dem Gedanken, wie personbezogen, ja autobiographisch verschiedene Ideen und Lebenskonzepte sind. Das klingt ihnen zu subjektiv, gar subjektivistisch. Und doch sind die meisten Ideen und Lebenskonzepte mit einer konkreten Person verbunden: die Psychoanalyse mit Sigmund Freud, eine gesunde Lebensweise beispielsweise mit Hildegard von Bingen. Wir tun gut daran, die lebensgeschichtliche Rückkoppelung der Menschen, ob es nun Theologen oder Psychologen sind, zu sehen. Das gilt auch für Gründergestalten.

Ich denke, in der Logotherapie gibt es einen ähnlichen Lebensvorgang. Der logotherapeutische Psychologe orientiert sich am Gründer Viktor Frankl. Am Ende geht es darum, daß der Mensch jene Lebens- und Sinnkräfte entwickelt, die der „Lebensmeister" selbst in seinem Leben entdeckt hat. Gründer sind außergewöhnliche Menschen, die ein besonderes Charisma, ein ungewöhnliches Talent besitzen. Zumindest zu Beginn ihres Schaffens versuchen sie, diese besondere Begabung zu verstecken. So ließ sich Kentenich lange Zeit nicht fotografieren, um einen „Führerkult" zu verhindern. So gibt es von Frankl lange keine autobiographischen Äußerungen. Die eigene Lebensphilosophie soll sachlich für sich sprechen, und doch besteht die schlichte Wahrheit darin, daß die Lebensphilosophie ohne die eigene Lebensgeschichte nicht gedacht werden sollte.

Frankl durchbricht erstmals sein autobiographisches Schweigen mit dem Buch „Trotzdem ja zum Leben sagen" (Ein Psychologe erlebt das Konzentrationslager). Doch auch in diesem Buch spricht er über die Psychologie des KZ-Häftlings. Und wir müssen zwischen den Zeilen lesen, um zu entdecken, wie er selbst das KZ gemeistert hat. Karl Jaspers hat dieses Buch folgendermaßen qualifiziert: „Das eine Buch von Ihnen, das über das Konzentrationslager, das gehört zu den wenigen großen Büchern der Menschheit."[8]

Erst anläßlich seines 90. Geburtstages durchbricht Frankl sein Schweigen mit der Herausgabe eines autobiographischen Buches. Wenn der Leser im folgenden die Lebensgeschichte Frankls aufnimmt, so nimmt er gleichzeitig die Grundanliegen der logotherapeutischen Psychologie auf. Das ganze Kapitel bezieht sich auf Frankls eigene Lebenserinnerungen. Hier wird nicht einfach eine Lebensgeschichte erzählt, sondern die Biographie Frankls wird unter verschiedenen Gesichtspunkten immer wieder neu erzählt. Zuerst schauen wir auf den religiösen Aspekt seiner Lebensgeschichte, danach schauen wir die soziale Dimension, dann die psychologische und zuletzt die tragische Dimension seines Lebens an. Die Lebensgeschichte Frankls wird also gleich viermal hintereinander erzählt. Das mag historisch oder systematisch denkende Leser stören. Aber nicht allein durch die geschichtliche Abfolge, sondern durch das Erzählen unter ideengeschichtlichen Aspekten soll dem Leser die Persönlichkeit Viktor Frankls nahe gebracht werden.

Die religiöse Dimension:

Viktor Frankl entstammt einer religiös jüdischen Familie. Seine Eltern Gabriel und Elsa Frankl heirateten 1901 und hatten insgesamt drei Kinder Viktor, Walter und Stella. In seiner Ursprungsfamilie erlebt Frankl sehr viel Geborgenheit. Die seelengute, herzensfromme Mutter entstammt einem alten Prager Patriziergeschlecht und zu ihrer langen Ahnenreihe gehören zwei berühmte Rabbiner aus dem Mittelalter. Als die nationalsozialistische Bedrohung zunimmt, verabschiedet sich Frankl von seiner Mutter stets mit einem Abschiedskuß, damit sie für den möglichen Fall der Trennung im Guten voneinander gegangen seien. Bevor Viktor mit seiner Ehefrau nach

Auschwitz abtransportiert wird, läßt er sich von seiner Mutter den Segen geben. Der Vater ist ein pflichtbewußter, fast perfektionistischer Mensch, der von seinen Söhnen verlangt, daß sie am Abend vor dem Sabbat ein hebräisches Gebet vorlesen. Als Gefangener im KZ Theresienstadt, als die anderen in Panik geraten, sagt der Vater lächelnd: „Immer nur heiter, Gott hilft schon weiter." Viktor bezeichnet seinen Vater als einen „liberalen Vertreter des Reformjudentums". Liberalität bedeutet in diesem Fall aber nicht mangelnde Glaubenstiefe, sondern Abkehr von einer Religiosität, die in bloßen Formeln erstarrt ist. Das Lebensmotto des Vaters, sein möglicher Wahlspruch lautet: „Wie Gott will, ich halte still!" Das ist ein stark passiver und zugleich heroischer Vorsehungsglaube. Nach eigenen Angaben war Viktor Frankl als Kind sehr religiös und hatte als Jugendlicher eine atheistische Phase. Ich denke, entwicklungspsychologisch gesehen ist das ein häufiger Lebensvorgang. Der Pubertierende hat eine größere Wertempfänglichkeit für ethische Ziele; erst im Erwachsenenalter werden religiöse Inhalte wieder stärker in den Blick genommen.

Frankls Religiosität wird in seinen Büchern, so scheint mir, eher versteckt. Er möchte möglichst viele für die Logotherapie gewinnen und entwickelt eine „ärztliche Seelsorge", die von vielen jüdisch-christlichen Voraussetzungen ausgeht, ohne sie zu benennen. Frankls Glaubenssatz lautet: „Gesegnet das Schicksal, geglaubt sei sein Sinn." Ich möchte hinzufügen, daß ein solcher Glaubenssatz noch nicht einmal von vielen Theologen unterschrieben wird. Diese Liebe zum Schicksal bewirkt, daß alles, was einem zustößt, einen letzten Sinn haben muß. Wenn der Mensch den Sinn nicht mehr mit natürlicher Vernunft entdecken kann, so sucht er nach Frankl nach einem „Übersinn". Denn das Gefühl der Sinnlosigkeit ist etwas Unerträgliches. Mit zwei Geschichten möchte ich Frankls religiöse Haltung veranschaulichen. Im KZ Auschwitz erhält Frankl den Gehrock eines bereits Vergasten zugeteilt. In der Tasche dieses Gehrockes findet er auf einem herausgerissenen Blatt das jüdische Hauptgebet in hebräischer Sprache: „Schema Israel!" (Höre Israel!) Diesen Zettel hütet Frankl in seiner KZ-Zeit wie einen Schatz. Viele Jahre später wird Frankl zu einer Sonderaudienz bei Papst Paul VI. geladen. Vorher beschäftigt ihn die Frage, was er der Gnade schuldig geblieben sei, daß er nach Auschwitz jetzt noch 50 Jahre leben durfte. Der Papst hielt eine kurze Ansprache, in der er Frankls

KZ-Zeit und seine Logotherapie zur Sprache brachte. Beim Abschied, als Frankl mit seiner Frau den Saal bereits wieder verlassen wollte, rief der Papst dem jüdischen Neurologen nach: „Bitte, beten Sie für mich!" Dieses Wort hatte Frankl zutiefst ergriffen und zugleich erschüttert. Frankl hat einen Glaubensoptimismus, der im Wesen des Menschen gegründet ist. Jeder Mensch, ganz gleich, welcher Religion er angehört, trägt diesen Willen zum Sinn in sich und deutet so sein Leben schon religiös oder allgemeiner ausgedrückt transzendent, das heißt die bloße empirische Lebenswirklichkeit überschreitend.

Die soziale Dimension:

Frankls Vater Gabriel entstammte einer armen Familie aus Südmähren und mußte sein Medizinstudium aus finanziellen Gründen abbrechen. Der Vater ging dann in den Staatsdienst. Frankl schreibt viel länger über seinen Vater als über seine Mutter. Der Grund dafür könnte darin gelegen sein, daß er sich in den Charakterzügen seines Vaters eher selbst wieder entdeckt. Schon mit drei Jahren entsteht im kleinen Viktor der väterliche Berufswunsch des Mediziners. Als Vorzugsschüler und Starstudent engagiert sich Frankl in der „Sozialistischen Arbeiterjugend". Zeitweilig ist er sogar der „Obmann der sozialistischen Schüler von ganz Österreich". Frankl entstammt einer bürgerlichen Welt, hat aber doch in seiner Jugend linkssozialistische Vorlieben. Die Nähe zum Sozialismus ist für Juden nicht ganz ungewöhnlich, ist doch Karl Marx Jude gewesen und haben sich bis heute sozialistische Lebensformen im freiheitlichen Israel gehalten.

Die psychologische Dimension:

Ob Zufall oder Fügung, Frankl begegnet sehr jung den großen Wiener Psychologen: zuerst Sigmund Freud, dem Begründer der Psychoanalyse; und später Alfred Adler, dem Begründer der Individualpsychologie. 1905 wird Viktor in einer Privatwohnung geboren, schräg gegenüber hatte eine Zeitlang Alfred Adler gewohnt. Schon als Schüler des Gymnasiums korrespondiert er mit Freud, und alle seine Briefe werden vom Begründer der Psychoanalyse prompt beantwortet. Viktor ist noch keine 20 Jahre alt, da veröffentlicht Freud einen Aufsatz des Schülers in einer Fachzeitschrift für Psychoanalyse. Doch schon bald gelangt Frankl in die Einflußsphäre Adlers und wendet sich von den Anschauungen Freuds ab. Doch der Schüler der Adlerschen Individualpsychologie macht sich bald seine eigenen Gedanken und wird 1927 vom „Gründervater" Alfred Adler höchstpersönlich aus dem Verein für Individualpsychologie ausgeschlossen.

Im „Mekka" der Psychotherapie, in Wien lebend, wird Frankl so auf eigene Wege gebracht; und er spürt, daß die Psychologie zu wenig die geistige Dimension des Menschen in den Blick nimmt. Ohne das Suchen des konkreten Lebenssinnes kann der Mensch nicht geheilt werden. Dabei ist Sinn nicht etwas abstrakt Philoso-phisches, sondern etwas ganz Konkretes im Leben des einzelnen. Sinn stiftend ist eine Tat, ein geschaffenes Werk oder ein Erlebnis, in dem eine liebende Begegnung geschieht. Die Psychologie berück-sichtigt zu wenig die „Trotzmacht des Geistes", die Fähigkeit des Menschen zur Selbst-Distanzierung und zur Selbst-Transzendenz. Jeder kann sich selbst in Frage stellen, über sich selbst lachen, seine Neurosen ironisieren (Selbst-Distanzierung) oder schwierige Vor-gegebenheiten in religiöser Deutung anders sehen (Selbst-Trans-zendenz). Zu Frankls jüdischem Naturell gehört eine große Liebe zum Witz und zum Humor. Dieser zeigt die Trotzmacht des Geistes im „alltäglichen" Leben. Der leidende, verletzte Mensch kann durch Humor und Ironie psychisch belastende Vorgegebenheiten relati-vieren und abmildern.

Der Humorvolle steht über den Dingen. Eine Extremform ist der Galgenhumor, wo der Mensch angesichts des Todes noch lachen kann. Der folgende politische Witz, von Frankl erzählt, mag das ver-anschaulichen. Hier wird ausgesagt, daß der realpolitisch gesehen ohnmächtige Jude der mächtigen SS eben doch auf geistiger Ebene unendlich überlegen ist:

Ein SS-Mann und ein Jude sitzen sich im Zug gegenüber. Der Jude verzehrt einen Hering, den Kopf steckt er jedoch wieder ein. „Wozu machen Sie das?" fragt der SS-Mann. „Im Kopf ist das Gehirn, das gebe ich meinen Kindern, damit sie gescheit werden." Der SS-Mann wird neugierig, und schließlich kauft er den Kopf des Herings für eine Mark. Nach fünf Minuten sagt der SS-Mann: „Sie Saujud, der ganze Hering kostet 10 Pfennig und Sie verkaufen mir den Kopf für eine Mark." Antwortet der Jude: „Sehen Sie, er beginnt schon zu wirken."

Nach eigenen Angaben hat bereits der Medizinstudent Frankl seit 1929 die paradoxe Intention praktiziert, die wir im vorherigen Kapitel beschrieben haben. Eine Zwangsneurose wird dabei durch eine veränderte Einstellung des Patienten auf geistiger Ebene bekämpft. Für Frankl beginnen nach dem Ausschluß durch Adler einige Praxisjahre. Er beschäftigt sich nun weniger mit theoretischen Konzepten der Psychotherapie. In sechs Städten organisiert er Jugendberatungsstellen, die unentgeltlich arbeiten. Nach seiner Promotion arbeitet er in der Psychiatrie im sogenannten „Selbstmörderinnen-Pavillon", wo jährlich 3000 Patientinnen durch seine Hände gingen. Danach gründet er eine Privatpraxis für Neurologie und Psychiatrie, die er aber als Jude nicht lange führen kann, weil Hitler in Österreich einmarschiert. So muß er in einem jüdischen Krankenhaus arbeiten. Es gelingt ihm, sich der Euthanasie zu widersetzen und einigen Behinderten das Leben zu retten. Als sich die Lage weiter verschärft, bietet das Konsulat der USA dem jüdischen Arzt ein Auslandsvisum an. Doch Frankl lehnt ab, weil er seine Eltern vor der Deportation ins Konzentrationslager nicht allein lassen will.

Die tragische Dimension:

Zu Viktor Frankls Leben gehören sehr viel Leid und Tragik. Beide Eltern finden im KZ den Tod. Seine Mutter kommt in Auschwitz „direkt ins Gas". Seinem Vater spritzt Viktor im KZ Theresienstadt geschmuggeltes Morphium, um seinen Sterbevorgang zu verkürzen. Der Vater stirbt fast in seinen Armen. Auch der Bruder Walter starb in einem Nebenlager von Auschwitz, vermutlich in einem Bergwerk. Mit seiner ersten Frau, der Stationsschwester Tilly Grosser, war er nicht lange verheiratet. Beide gehörten zu den letzten jüdischen Ehepaaren, die in Wien noch heiraten durften. Seine Frau Tilly muß das ungeborene jüdische Kind abtreiben lassen – jüdisches Schicksal in Groß-Deutschland nach der Endlösung der Judenfrage. Im August 1945 hört Frankl vom Tod seiner Ehefrau Tilly im KZ Bergen Belsen. Ein Bericht, hungernde Menschen hätten die Leichenteile der Toten, insbesondere deren Leber gegessen, führt bei Frankl zu quälenden Zwangsvorstellungen.

Frankl selbst war drei Jahre lang Häftling in vier Lagern: Theresienstadt, Auschwitz, Kaufering III und Türkheim. In der ganzen Tragik gibt es die Erfahrung, daß Gottes Vorsehung ihn beschützte, was er aber nicht ausdrücklich so sagt. Im Vernichtungslager Auschwitz selektierte der berüchtigte Arzt Dr. Mengele die ankommenden Häftlinge. Links gingen die Schwachen und Alten gleich in die Gaskammern. Und die nach rechts Gehenden durften erst noch Arbeitsdienst leisten. Frankl wird nach links selektiert, sieht jedoch einige Berufskollegen, die nach rechts geschickt werden. Er geht deshalb um den Arzt Dr. Mengele herum und wendet sich dann unbemerkt nach rechts. Später ist klar, daß er durch diese spontane Reaktion am Tod im Gasofen vorbeikommt.

Einmal wird ein Invalidentransport, der meist tödlich endete, ohne ihn weggeschickt. Ein anderes Mal holt der Münchener Fernsehschauspieler Benscher den depressiven Frankl aus einer Selbstmordstimmung heraus und rettet so sein Leben. Als Frankl 1945 nach Wien zurückkehrt, befürchtet sein väterlicher Freund Otto Plötzl das Schlimmste, nämlich seinen Selbstmord. Doch das geschieht nicht, vor dem väterlichen Freund kann Frankl sich ausweinen. Obwohl soviel über Frankl hereingebrochen war, bleibt er derjenige, der dem scheinbar sinnlosen Leid einen Sinn abringen möchte. Mit großer Energie diktiert er verschiedenen Sekretärinnen das Manuskript seines KZ-Buches „Trotzdem ja zum Leben sagen".

Der Jude Frankl nennt das KZ-Auschwitz das „experimentum crucis", das Experiment des Kreuzes. Interessanterweise deutet er dies theologische Wort nicht näher. Seine optimistische religiöse Weltanschauung, die vom „gesegneten Schicksal" spricht und den „Willen zum Sinn" annimmt, wird auf einen besonderen experimentellen Prüfstand gebracht. Aber gerade in Auschwitz zeigt sich seiner Meinung nach das menschliche Unvermögen nach Selbst-Distanzierung und Selbst-Transzendenz. Der Häftling sucht sich seinen Sinn, der in der Zukunft auf ihn warten könnte. Der Mensch möchte auch im KZ über sich selbst hinaus gelangen. Frankl selbst tritt in der Grausamkeit des KZ die „Flucht nach innen" an. Er träumt von der Liebe zu seiner Frau Tilly, und er will unbedingt sein Buch „Ärztliche Seelsorge" verfassen, um der Nachwelt die Kurzfassung der Logotherapie zu hinterlassen. Seine ideellen Ziele, das zu schreibende Buch einerseits sowie seine personale Gebundenheit, seine Verliebtheitsgefühle und seine „Traumreisen" zu seiner Ehefrau Tilly, bringen Sinn in eine sinnlose Welt. Der Häftling Frankl hält in seiner Phantasie die Gestalt seiner Frau fest, führt Gespräche mit ihr und erfährt existentiell, daß die Liebe das Höchste und Letzte ist und daß der Mensch durch die Liebe erlöst wird. Einmal stellt sich Frankl in der Tristheit des KZ-Alltags vor, er würde in einem schönen Kongreßsaal einen Vortrag halten zum Thema „Psychotherapeutische Erfahrungen im Konzentrationslager".

Dann versucht er immer wieder, stenographische Stichworte hinzukritzeln, um sein verlorengegangenes Manuskript „Ärztliche Seelsorge" wiederherstellen zu können. Im KZ wird der „Wille zum Sinn" zum „survival value", zum Überlebenswert. Der unvorstellbare Hunger, die dramatische Unterernährung, das Retten der nackten Existenz, die räumliche Enge der Häftlinge in den Schlafsälen und selbst auf den Toiletten – all das wird gemeistert durch „Einstellungswerte". Der KZler hat keine äußere Freiheit. Umso wichtiger ist es, daß er die innere Freiheit beibehält. Ein Trieb meldete sich mit vehementer Kraft, der Nahrungstrieb. In der Nacht träumten die Häftlinge vor allem von einem tollen Essen. Die Sexualität spielt in den Träumen der Häftlinge eine sehr untergeordnete Rolle. Und doch selbst diesen ewigen Hunger konnte man auf der geistigen Ebene besiegen, wollte man nicht von „tierischen" Triebimpulsen besiegt werden. Der Gefangene mußte aufpassen, daß er nicht völlig apathisch wurde. Trotz der ausweglosen Situation gingen nur wenige in depressiver Verstimmung in den elektrischen Draht, der unter Hochspannung stand. Der KZ-Häftling „überlebte", wenn er ein innerer Mensch war. Selbst Kunst hatte ihren Raum in den Todesstädten der Nazis.

Wer sich auf Logotherapie einläßt, tut gut daran, sich auf die Lebensgeschichte Frankls einzulassen. Nun kann sich jedes Werk von seinem Meister trennen: der Marxismus von Marx, der Protestantismus von Martin Luther, die Psychoanalyse von Sigmund Freud. Das könnte möglicherweise das Schicksal der Logotherapie werden. Um den Ursprungsimpuls dieser psychotherapeutischen Denkrichtung wahrzunehmen, ist jedoch eine Auseinandersetzung mit dieser so spannenden Lebensgeschichte Viktor Frankls notwendig.

Persönliche Fragen:

• Wie ist die religiöse Situation in meinem Elternhaus gewesen?
• Wo gab es authentische Religiosität bei Mutter und Vater, die mich überzeugte?

- Welche soziale Situation lag in meiner Ursprungsfamilie vor?
- Gibt es Wechselbeziehungen zwischen meinen Berufswünschen und den Berufswünschen meiner Eltern?
- Wo habe ich die Trotzmacht des Geistes erlebt und erfahren?
- Kann ich über mich selber lachen?
- Bin ich gerne bei Feiern dabei?
- Gehört der „Clown" zu mir?
- Erzähle ich gerne Witze? Welcher Natur sind diese Witze? Wen nehme ich gerne auf die „Schippe"? Welche Personen werden von mir kritisiert?
- Bin ich der Meinung, Gott hat mir geholfen, mir das Leben gerettet? Glaube ich an Gottes Vorsehung, auf mein eigenes persönliches Leben bezogen?
- Was war meine schwerste, dunkelste Zeit? Kriegserlebnisse? Scheidung vom Ehepartner? Leben mit einem Alkoholkranken? Das passive Beobachten, wie mein Kind in die Rauschgiftszene gleitet?
- Frankls These: „Gesegnet das Schicksal, geglaubt sei sein Sinn!" Bejahe ich diesen Satz, oder lehne ich diese Aussage ab?
- Was können wir Menschen von den KZ-Häftlingen lernen?
- Warum habe ich Hunger gehabt oder wenigstens streng gefastet?
- Meine eigene Lebensgeschichte unter verschiedenen Gesichtspunkten: der religiöse, der soziale, der tragische oder dramatische, der berufliche Aspekt.
- Was imponiert mir am Leben Frankls?

6.3 Sinnsuche des Leidenden

> *„Das geknickte Rohr zerbricht er nicht,*
> *und den glimmenden Docht*
> *löscht er nicht aus."*   (Js 42,3a)

Der Logotherapeut sucht nicht für seinen Klienten nach „dem Sinn des Lebens". Es geht um einen ganz konkreten, klar begrenzten, partikulären Sinn. Es geht nicht um allgemein gültige Aussagen wie „die Liebe kann das Leid wandeln" oder um irgendwelche Bibelsprüche, sondern es geht um den Sinn in einer konkreten Lebens-situation, um eine kompetente Seelsorge. Jemand ist mit einer Person X unglücklich verliebt und beschreibt seine Situation und seinen Gemütszustand. Der Therapeut versucht, diese Situation erst einmal aufzunehmen, zu fragen, wie es dazu kam und wo der Eigenanteil an der unglücklichen Liebe steckt. Der Mensch ist ja oft ein „Weltmeister" darin, den Eigenanteil, den Balken im eigenen Auge zu übersehen. Nun ist jeder Mensch und jede Situation einmalig, deshalb sind keine Patentrezepte vorhanden, wie Sinn in diese konkrete unglückliche Liebe hineinzubringen ist. Jede unglückliche Liebe ist anders, und der Therapeut wird anders auf den „Zahn fühlen" und den Grund des Liebesschmerzes hinter-fragen. Der Therapeut schaut sich die Person X und den Ratsuchen-den an. Vielleicht entdeckt der unglücklich Liebende und so Ent-täuschte, daß er eigene Fehler in der Kommunikation begangen hat, daß Enttäuschungen oft Folgen von Täuschungen sind. Wer Sinn einzig und allein in einer Liebesbeziehung sucht, sollte nicht über-sehen, daß Sinnpotentiale erst einmal in mir selber, in meinen „Hauptstraßen zum Sinn" entdeckt werden können. Der Liebes-kummer, von verschiedenen Seiten angeschaut, sieht nach einer län-geren Nachforschung ganz anders aus und hinterläßt nicht mehr einfach Verzweiflung, sondern vielleicht eine tiefere Sicht des Lebens und der Liebe. So gesehen ist Logotherapie mehr Haltung als Gesprächstechnik; eben der Versuch, Sinnpotentiale, die im Rat-suchenden selbst stecken, wachzurufen und in die Tat umzusetzen. Logotherapie will, daß der Mensch seelisch gesund lebt, indem er sich seiner wirklichen Lebensproblematik stellt.

Wenn Menschen vom Leid sprechen, so meinen sie meist nicht irgendein Wehwehchen, sondern das schwere, unabänderliche Leid. Auch hier ist und bleibt der Mensch von seinem Naturell her ein Sinnsucher. Die Absurdität, der Nihilismus, die Sinnlosigkeit darf eigentlich nicht den Sieg davontragen. Doch bei Schicksalsschlägen und Ähnlichem liegt Sinnhaftes nicht einfach so da wie ein Gegen-stand auf der Straße. Von der Lebensbeobachtung, von der reinen Empirie her ist Sinn nicht auszumachen. Es braucht logotherapeu-tische „Glaubensaugen", um zu wissen: Gott möchte das geknickte Rohr nicht brechen und den glimmenden Docht nicht löschen. Ich denke, manch Leidende werden sich in den Bildworten vom geknickten Rohr oder vom glimmenden Docht schnell selber wiederfinden. Diese Bildersprache im ersten Gottesknechtlied spricht den Leidenden spontan an. Logotherapie versteht sich als ärztlich professionelle Seelsorge, die dem Menschen helfen möchte, aus der Verzweiflung herauszukommen. Elisabeth Lukas schreibt in ihrem Buch „Auch Dein Leiden hat Sinn": „In einer durch ein unabwendbares Leid entstandenen Krise sind nur drei Hilfen denkbar, nämlich: a) der Glaube und das Gottvertrauen, b) das Mitgefühl und Verständnis der engeren Umwelt und c) die eigene stabile Sinnerfüllung."[9]

Offensichtlich können manche Leidende zur Gewißheit gelangen: Der gute Gott hilft und schenkt Licht in die Dunkelheit hinein. Oder der Leidende spürt: Ich werde von einem lieben oder befreundeten Menschen getragen. Wichtig wäre ein eigenes, ganz persönliches Wert- und Sinngefüge, ein „Persönliches Ideal" in der Sprache Kentenichs. Wenn a), b) und c) keine Sinnpotentiale enthalten, wird es natürlich schwierig, in einer tragischen Situation noch Sinn, einen „Übersinn", einen „Sinn trotz allem" zu entdecken.

Es ist günstig, wenn der Mensch in „guten Zeiten" *Sinnpotentiale* angesammelt hat. Leo Lionni hat ein „Märchen" für Kinder und Erwachsene über die Feldmaus Frederik geschrieben.[10] Darin wird erzählt, daß kurz vor dem Wintereinbruch alle Feldmäuse damit beschäftigt waren, in unermüdlicher Arbeit Vorräte an Stroh, Nüssen und anderem zu sammeln. Doch die Feldmaus Frederik arbeitete nicht. Statt dessen sammelte Frederik Sonnenstrahlen für den kalten Winter, Farben für den grauen Winter und Worte für den langen Winter. Als nun der Winter immer länger wurde, da wurden die Feldmäuse in ihrem Winterquartier ganz traurig. Die Essensvorräte wurden knapper, die Sonnenstrahlen wurden immer mehr vermißt, und den Mäusen ging sogar das Gesprächsthema aus. Da sprach Frederik zu den Mäusen: „Schließt eure Augen und träumt von blauen Kornblumen und roten Mohnblumen!" Und Frederik selbst hielt in Gedichtform Vorträge und heiterte alle grauen Mäuse auf. Der kluge Mensch sollte wie Frederik Sinnvorräte sammeln für schwierige Zeiten, wenn die Masse der Feldmäuse ihr Leben nur noch in Grautönen sehen kann. In den Wintertagen kommt es dann darauf an, träumen zu können, damit es im Herz wärmer wird und damit wieder Farbe in den grauen Alltag gelangen kann. Geschichten für Sinndeuter sind in den Winterzeiten zu erzählen.

Die Logotherapeuten fallen in unseren Tagen durch ihre Zustimmung zum Leid und durch ihren radikalen Sinnoptimismus auf. Gerade bei „modernen" Theologen stoßen sie deshalb auf manche Ablehnung. Die sensible Theologie unserer Tage kommt ja an einer Erfahrung nicht vorbei, an Auschwitz. Theologie spricht anders vom Erlöser Jesus Christus, von Vorsehung Gottes nach jener Katastrophe des Massenmordes, jenen Greueltaten, die im deutschen Namen begangen wurden und wie ein Kainsmal unsere deutsche Identität belasten. Aber Auschwitz ist noch mehr eine religiöse Frage als eine politische. Nach Auschwitz sitzt Gott bei vielen Menschen erst einmal auf der Anklagebank, und er scheint von dieser Position nicht herunterzukommen. So unausblendbar die Auschwitz-Frage für den religiösen Menschen ist, so ist ein „augustinisches" Lösungsmodell doch kritisch zu hinterfragen, das die Wirklichkeit nur als grausam und böse qualifiziert und dann den Sinn rein übernatürlich sucht, im mitleidenden, ohnmächtigen, gekreuzigten Gott. Frankls Sinnoptimismus ist durch die Erprobung des KZ gegangen. Er will nicht so schnell aufgeben, Sinn überall zu suchen; gerade auch im Leiden der KZ-Häftlinge, in den Menschen, die durch den Gasofen gehen mußten.

Ich denke, die meisten heutigen Theologen der westlichen Welt stehen in der Tradition des heiligen Augustinus und weniger in der Tradition des Thomas von Aquin. Grundsätzlich stellt sich nämlich die Frage nach der Schöpfung. Ist die Schöpfung grundsätzlich gut (Thomas von Aquin) oder ist die Schöpfung durch die Ursünde des Menschen verdorben und böse (Augustinus)? Setze ich die Schöpfung als gut voraus wie Thomas, so entwickelt die Theologie eher eine harmonische Gesamtschau von Gott und Welt. In der alttestamentlichen Weisheitsliteratur finden wir solch harmonische Gedanken im Hohenlied der Liebe oder bei Jesus Sirach. Auch beim Wanderprediger aus Nazareth finden wir harmonievolle Naturbeobachtungen wie das Wort von den Lilien auf dem Felde, die Bilder für Gottes Vorsorge und Liebe sind. Betone ich wie Augustinus das Verdorbene des Geschaffenen, so komme ich leicht zu einem dualistischen Denken. Dieses neigt zu Kontrastierungen, wie wir sie in anderen biblischen Traditionen, im Johannesevangelium (Licht und Finsternis) oder in der Apokalyptik (Daniel, Geheime Offenbarung), finden. Von der Qualifikation der Schöpfung als grundsätzlich gut oder als verdorben hängt es ab, wie Gottes Gnade und erlösende Befreiung im Menschen wirken können. In der alten Theologie des Thomas von Aquin gab es die Unterscheidung von „natura" (Natur) und „gratia" (Gnade). Unter Natur kann das in der Schöpfung Vorhandene, das im geordneten Kosmos Vorgegebene verstanden werden. Gnade ist dann das, was uns von Gott her als freies Geschenk zukommt. Die Menschwerdung Gottes und die Sündenvergebung durch den Kreuzestod Christi sind etwa solche Geschenke, die nicht zu erwarten sind, in denen sich aber die Liebe Gottes zeigt und offenbart. Nach Thomas ist die Beziehung von Natur und Gnade etwas zutiefst harmonisches, zwischen Gnade und Natur gibt es keinen Gegensatz. Die Natur ist nicht durch den Sündenfall derart verdorben, daß die Gnade nur jenseits der natürlichen Gegebenheiten eine Chance hätte. Augustinische und protestantische Denker sehen gerne Gnade als etwas an, was wie ein Blitz vom Himmel fällt und jenseits des naturhaft Vorgegebenen sich auswirkt. In der augustinisch-lutherischen Tradition ist das Verhältnis von Gnade und Natur eher konträr oder dialektisch zu denken: Gott greift ein, ohne an natürliche Dinge anknüpfen zu müssen. Katholisches Denken in der Tradition des Thomas von Aquin suchte immer nach einer Nähe und Verwobenheit von Natur und Gnade: Gott in seiner Gnade sucht normalerweise die natürlichen Voraussetzungen auf, um den Menschen mit göttlicher Liebe und Bundeshuld beschenken zu dürfen.

In der Frage der Leidbewältigung stellt sich diese alte Differenzierung von Natur und Gnade erneut. Für viele „augustinische" Theologen gilt, Leid sei im Naturbereich etwas schlicht und einfach Sinnloses; allein durch die Gnade sei dem Leid Sinn abzugewinnen. Das bedeutet dann: Deine Krankheit ist in sich sinnlos, todbringend, absurd. Aber allein durch die Begegnung mit Jesus Christus, durch den Blick auf sein Kreuz, durch das Mitleiden Gottes können wir versuchen, Liebe ins Leid zu bekommen, Licht ins Dunkel zu bringen.

Logotherapeuten, so möchte ich meinen, sind „extreme" Thomas-Schüler: Bei der Sinnsuche des Leidenden sollen wir erst einmal im Naturbereich nach Sinnquellen suchen und nicht so schnell auf die religiös-gnadenhafte Ebene fliehen. Mit Paulus wissen wir, daß die Schöpfung der Vergänglichkeit unterworfen ist und deshalb „bis zum heutigen Tag in Geburtswehen liegt und seufzt" (Röm 8,22). Trotzdem heißt das nicht, im Schöpfungsbereich sei nicht Sinngebung von Leid möglich. Selbst der Ungläubige kann Sinn finden bei der Bewältigung seines Leids. Manchmal müssen gläubige Menschen sich selbst eingestehen, daß Ungläubige besser mit einem Schicksalsschlag, etwa einer Krebserkrankung, fertig werden können als ungläubige Menschen. Ich möchte hinzufügen, daß Menschen, die sich als Ungläubige bezeichnen, nicht unbedingt ungläubig sein müssen. Vielleicht haben sie nur Negativerfahrungen mit religiösen Institutionen gemacht. Und Menschen, die Religion „praktizieren", müssen nicht gleich schon auf dem Grund ihrer Seele religiös sein. Ein eingefleischter Atheist sagte zu mir, als er etwas zu viel getrunken hatte: „Herr Pfarrer, ich muß unbedingt bei Ihnen eine Lebensbeichte ablegen!" Betrunkene und Kinder sagen bekanntlich oft die Wahrheit. Manch scheinbar guter Katholik kommt nicht auf diesen Gedanken, weder nüchtern noch angeheitert.

Zu beachten ist, daß auch in schwierigsten Situationen natürliche Sinnpotentiale vorhanden sind. „Das KZ bewältigen" gelingt nicht nur durch Gebet, sondern durch viele ideelle Ziele. Der eine hält aus, um seine Ehefrau wiederzusehen. Der andere versteht sich als politischer Märtyrer, nach dem KZ wird er verstärkt um Freiheit und Menschenwürde und gegen den Faschismus kämpfen. Die Lebensbeobachtung sagt, daß Ungläubige oder Zweifler bisweilen besser mit einer todbringenden Krebserkrankung umgehen können als Gläubige. Daraus können wir den Schluß ziehen, daß im Naturbereich Sinnpotentiale liegen, die für jeden Menschen unabhängig von seiner Weltanschauung zugänglich sind.

Im augustinisch-lutherischen Denken sind Auschwitz oder Dachau im Erleben des Häftlings sinnlos, allein der Glaube an die Auferstehung und an das ewige Licht bringt Sinn. Die natürliche Vernunft bringt kaum Licht in die KZ-Mauern und in die Leidensproblematik. Der augustinische Erlösungsglaube besagt: Der mitleidende Gott bringt allein Licht in eine durch und durch verdorbene Schöpfung. Gott ist und bleibt der ganz Andere, den wir Menschen kaum verstehen können. Die Schüler des Thomas von Aquin und damit auch die Logotherapeuten möchten nicht so schnell aufgeben, im Naturbereich Sinnvolles zu finden. Der Mensch soll Sinnsucher im Schöpfungsbereich bleiben. Weil Leiden Teil des Lebens und Bestandteil der Schöpfung ist, deshalb ist Lebenssinn nicht jenseits des Leids, sozusagen in einem leidfreien Raum auffindbar.

Wer das konkrete Leben eines Menschen nicht nur oberflächlich, sondern auf Tiefe hin betrachtet, wird merken, daß Freude und Liebe ohne Leiden nicht zu haben sind. Tiefe Freude und wahre Liebe erfährt nur der, der gelitten hat. All das heißt nicht, daß Leid kein Übel sei. Deshalb soll veränderbares Leid verhindert werden, wie das schon über den natürlichen Widerstand gesagt wurde. Doch es bleibt genügend unabänderliches Leid, dem jeder Mensch einen Sinn abzuringen versuchen sollte. Der Leidensdruck bewirkt, daß wir uns ändern. Ohne Leidensdruck würde oft alles beim alten bleiben, denn oft reagieren wir verhaltenspsychologisch gesprochen wie ein faules und träges Tier, wie ein überaus konservatives und bewahrendes Lebewesen. Ohne Leidensdruck gäbe es kaum Bewegung in der Gesellschaft, im Staat oder in der Kirche; alles bliebe beim alten. Doch wenn Arbeitslosenzahlen sich erhöhen, müssen neue Wege in der Politik gesucht werden. Wenn Kirchenaustritte zunehmen, muß in den Kirchen umgedacht werden. Ohne Leidensdruck und ohne Krise wird Kreativität nicht entwickelt.

Selbst im Wahnsinn der Konzentrationslager galt es für den Betroffenen, nach Sinn zu suchen und Leid in Aufgabe umzuwandeln. Jeder Tag im Leben des KZ-Häftlings war eine Herausforderung und wollte durchlebt, durchlitten und gemeistert werden. Wie man Hungergefühle erträgt, mit der Raumnot im Schlafsaal fertig wird oder die katastrophale Situation auf den Toiletten bewältigt, all das sind keine religiösen Sinnfragen, sondern ganz praktische Fragen des Überlebens. Wenn ein Tourist oder Politiker nach dem KZ-Besuch lediglich erschüttert feststellt: „Das darf nie wieder passieren!", so hat er sich vermutlich in das wirkliche Leben eines KZlers wenig hineingedacht oder gar hineingefühlt.

Wer ein offenes Herz hat, ist verwundbar. Otto Zsok schreibt: „In der Erfahrung großer Verwundbarkeit erkennt der liebend leidende Mensch, daß er die Fähigkeit zur Anteilnahme am Leben anderer hat."[11] Zu vielen geglückten Beziehungen, ob es sich nun um Freundschaften oder um Liebesbeziehungen handelt, gehört eine gemeinsam angeschaute und bewältigte Portion Leid. Das geteilte und mitgeteilte Leid vertieft die Liebe und die Solidarität. In der Logotherapie wird Leiden als geistige Leistung angesehen, gerade im Leidvollen kann der Mensch die Trotzmacht des Geistes entdecken. Die Leidensfähigkeit gehört zum wahren Menschsein mit hinzu.

Ohne Leidensbereitschaft hat der Mensch seine Menschlichkeit noch nicht erreicht. Die Aufgabe besteht darin, eine innere Einstellung zu Krankheit, Behinderung und schwerer Lebenssituation zu entwickeln. Ein Häftling, der sagt, ich will durch möglichst viel Kartenspiel in der knappen Freizeit das Grausame des Gefängnisses vergessen, wird wenig Sinnpotential entwickeln. Die Hoffnung, das Gefängnis zu überleben und vielleicht seine Familie wiederzusehen, birgt schon deutlich mehr Sinnpotential in sich. Und dann gibt es religiöse Sinnpotentiale: Ich möchte hier im KZ zeigen, was es heißt, aus dem Glauben und Gottvertrauen heraus mein Leben zu führen. Nicht die äußere Situation, sondern die innere Einstellung, die geistige Sichtweise ist ausschlaggebend. Das gilt für Extremsituationen und für Normalsituationen.

Nach Zsok wird der Mensch durch das Leid „reicher, weitsichtiger, weitherziger, verständnisvoller, barmherziger".[12] Im Psalmengebet findet der Mensch „aus der Tiefe" (Ps 130) oder „im Tal des Todes" (Ps 23) zu sich selbst, zu seiner Tiefe, zur Gemeinschaft der Glaubenden und zu seinem Gott. Der Betende, der Gott seine Klagen sagt, der Gott anklagt, wie Jeremia, Ijob oder der Schreiber der Psalmen, mag uns manchmal wie ein Ungläubiger oder wie ein Gotteslästerer vorkommen. Doch durch sein Festhalten an Gott zweifelt er zwar, aber er verzweifelt nicht. Die Logotherapeuten glauben, der Mensch sei und bleibe in allen Situationen ein Sinnsucher. Das ist ein natürlicher Impuls im Menschen, Licht ins Dunkel zu bringen. Und der Mensch sucht im Absurden, im Tragischen nach einer Deutung. Denn tief im Menschen ist das Wissen, daß die Welt gut ist, weil von Gott geschaffen. Das Gute der Schöpfung mag verstellt sein, weil der Teufel wie losgelassen ist und die Menschen zu bestialischen Wesen macht. Und· trotzdem ist der Himmel auch in der Hölle des KZ immer noch offen. Wie der Mensch in den Tod geht, ist Ausdruck seiner Würde, seiner Religiosität und seiner Liebes- und Leidensfähigkeit.

Frankl kennt das Wort vom „Übersinn": Der Sinnsuchende gibt nicht auf, einen Sinn zu finden. Es gibt ja Situationen, die sind einfach schlimm, grausam, schrecklich. Zwei Beispiele möchte ich nennen: Ich beobachte, wie mein Ehemann millimeterweise in den Tod geht. „Wann darf er endlich sterben?", so bete ich. Einen natürlichen Sinn finde ich nicht, das hat mein guter Ehemann nie und nimmer verdient, daß er so langsam dahinsiecht. Da bleibt mir noch ein „rein religiöser" Sinn. Der Sterbeprozeß wird seinen Aufenthalt im Fege-feuer verkürzen, nach dem Tod wird mein Ehemann so schnell wie möglich Gott schauen, von Angesicht zu Angesicht. Oder ich bin als junger Mann durch einen Autounfall ein Leben lang an den Roll-stuhl gefesselt. Der Unfallgegner war betrunken, er hat mich nicht einmal im Krankenhaus besucht. Wenn ich nicht einfach in Verbit-terung und Wut ein Leben lang fixiert bleibe, muß ich mir auch einen konkreten Übersinn entwickeln. Jetzt werde ich einen anderen Beruf erlernen müssen. Die Verlobte, die mich nach dem Unfall ver-lassen hat, war eben doch nicht die richtige Frau fürs Leben. Der „Übersinn" tut sich nur dem auf, der ein Leben lang zu lernen versucht hat, konkretes Leid in konkrete Liebe zu wandeln. Ein Mensch ohne Leidensbereitschaft wird solch konkreten „Übersinn" kaum entdecken können. Im Normalfall ist Gott aber ein weiser Erzieher. Bevor ich gleich einen „Übersinn" bei Schicksalsschlägen zu leben habe, bringe ich bei „normalen" Leiderfahrungen Licht in kleinere Dunkelheiten. Die Dosierung an Leid erhöht sich im Laufe eines Lebens und bewährt sich letztendlich im Sterbeprozeß. Der alternde Mensch muß viele Geschenke des Lebens wieder abgeben, seine körperlichen und selbst seine seelischen Kräfte lassen langsam nach. Doch auf der noogenen Ebene, im geistigen Bereich kann eine Reifung bis zum Tod sich vollenden, wenn keine Altersverwirrtheit auftritt. In der Nähe eines alten, reifen Menschen hält sich jeder gerne auf. Gerade ihm höre ich gerne zu, gerade von ihm kann ich lernen.

Gerade der Leidende ist und bleibt Sinnsuchender. Er möchte dem leidvoll Erlebten einen Sinn abringen. Dieser Sinn ist nicht nur reli-giös einsehbar. Jeder Mensch will sich seinen Reim machen auf Unge-reimtes. Der Mensch gibt sich nicht mit der Aussage zufrieden, „alles sei absurd". Ein Wort, das meines Erachtens von Friedrich Nietzsche stammt, wird in diesem Zusammenhang oft genannt: „Wer ein Warum zu leben hat, der erträgt fast jedes Wie."

Persönliche Fragen:

● Suche ich nach Sinn bei scheinbar sinnlosen Schmerzerfahrun-gen: eine schlechte Beurteilung in der Schule oder im Beruf? Eine zeitweilige Krankheit? Kündigung beim Arbeitsplatz?

- Neige ich zum harmonisch-optimistischen Denken (Thomas von Aquin) oder zum dualistisch-pessimistischen Denken (Augustinus)? Ist das Geschaffene eher gut, oder ist die Welt eher böse? Hat sich mein Denken durch Lebenserfahrungen im Laufe der Zeit gewandelt?
- Habe ich wie Frederik „gute Sinndeutergeschichten" für lange Winterzeiten „gespeichert"? Sammle ich die eigentlichen Schätze im Leben? Oder sammle ich nur „materielle" Dinge an?
- Wer oder was hat mich im schweren Leid getragen: Mein Glaube an Gottes Fügung, an Gottes Mitleiden? Was habe ich damals gebetet? Beim Tod einer geliebten Person?
- Bin ich schon durch manche Dunkelheiten gegangen? Habe ich dabei innere Stabilität erhalten? Mit welchen Dingen oder Geschehnissen kann ich gut fertig werden?
- Wenn ich traurig werde, wen rufe ich dann an? An wen schreibe ich Briefe?
- Schreibe ich in mein Tagebuch?
- Gehe ich in eine große Kirche, um am besten ganz allein zu sein?
- Wo habe ich einen „Übersinn" nach schweren Erlebnissen finden können?
- Bin ich über mich selbst hinausgewachsen, um einen Sinn zu finden?
- Wie kann ich als alter Mensch mit meinen Grenzen umgehen? Herzbeschwerden, Bluthochdruck, Schwierigkeiten beim Treppensteigen? Häufigere Gefühlsschwankungen, depressive Verstimmungen, Überempfindlichkeiten?
- Werde ich auf der geistigen Ebene runder und reifer? Macht mir mein altes Hobby Freude? Werde ich immer mehr zum stillen Mittelpunkt meiner Familie? Kann ich gut zuhören?

7
Aufgaben des Lebens

7.1 Heraushörende Seelsorge

> *„Sei schnell bereit zum Hören,*
> *aber bedächtig bei der Antwort."* (Sir 5,11)

Leiden kann resignativ, depressiv oder aggressiv machen. Negative Leidverarbeitung, wenn etwa das Gemüt „abstirbt", kann uns krank machen, zur Depression oder gar zur Suizidgefährdung führen. Negative Leidverarbeitung kann dazu führen, daß der Leidende ein Revolutionär, ein selbstzerstörerischer Kirchen- oder Gesellschaftskritiker wird. Doch im Leiden stecken ebenfalls positive Möglichkeiten, Aufgaben und Chancen. Richtiges Trauern führt oft zur seelischen Gesundung des Leidenden. Drei Aufgaben einer positiven Leidverarbeitung werden nun in den Blick genommen. Mitgeteiltes Leid führt oft zu vertiefter Begegnung. Leidende hören mit besonderer Intensität und mit größter Betroffenheit einander zu. Und sie beten authentischer, echter. Und schließlich bedenken wir die Verwobenheit von Liebe und Leid: Liebe wird etwas Sympathisches, zu deutsch Mitleidendes. Über die Aufgabe des Heraushörens soll zuerst gesprochen werden.

Der Limburger Bischof Franz Kamphaus schreibt in seinem Buch „Priester aus Passion" den lapidaren Satz: „Wer seine Seele zurückhält, kann nicht Seelsorger sein."[1] Ohne seelische Beziehung ist Seelsorge oder geistliche Begleitung unmöglich. Aber jeder beziehungsfähige Mensch kann auch Seelsorger sein. In jeder Familie geschieht Seelsorge. Doch die große Nähe zwischen den Familienmitgliedern kann Probleme bei der objektiven Bewertung bereiten. Der Außenstehende hat es manchmal leichter, aus einer gewissen Distanz heraus Familiensituationen aufzuschlüsseln. Das „Heraushören" erlernen Mutter und Vater zuerst einmal mit den eigenen Kindern. Da gibt es das ausdrücklich Gesagte, das Sprechen durch die „Blume" oder das verschlüsselt Angedeutete. Viele Eltern merken gleich, wo der „Schuh drückt", obwohl das Kind in „sieben Siegeln" sprach. Doch bei Teenagern werden den Eltern die Hände zur Einflußnahme oft gebunden, denn in einem solchen Alter sind sogar die modernsten Eltern „von vorgestern". Und antiautoritäre Eltern werden abgelehnt, weil sie weder Orientierung noch Sicherheit schenken. Die „pubertäre Neugeburt" des Menschen benötigt ihren Freiraum vom Elternhaus.

Hören und Zuhören brauchen Zeit. Wenn dem Ratsuchenden Ungeduld signalisiert wird, entsteht kein tieferes Gespräch. Zum Zuhören gehören das Schweigen und das Warten. Viele Menschen ertragen es kaum, wenn in einem Zweiergespräch nur für 30 Sekunden Stille ist. Diese Zeit erleben sie als peinliche Ewigkeit. Wenn der Ratsuchende den Eindruck hat, das von ihm Gesagte geht durch das Herz des Zuhörenden, dann wächst sein Vertrauen. Wenn er aber keine Liebe des Zuhörenden spürt, spricht er nicht länger „persönlich" weiter. Die dreifache Frage Jesu an Petrus: „Hast du mich lieb?" (21. Kapitel des Johannesevangeliums) ist die Hintergrundfrage jedes persönlichen Gespräches. „Liebst du mich auch jetzt noch, wo du das von mir weißt?" So empfindet mancher, der bereit ist, sich in einem Gespräch einem anderen mit seiner Not und Hinfälligkeit zu offenbaren.

Heraushören meint mehr als bloßes Hören. Ich, der Hörende, muß die Emotion des anderen mithören. Mein Herz muß mitvibrieren, muß gezittert haben, als ich das von dir erfahren habe. Ich fühle mich ein und mache mich auf eine Reise in ein fremdes „Seelenland". Nicht meine, sondern deine Erlebnisweise ist maßgebend. Mein Herz läßt sich von deinem Leid anrühren, und meine Sicht des Lebens läßt sich von dir in Frage stellen. Wenn ich nicht heraushöre, werde ich nicht trösten können. Dabei möchte ich nicht vertrösten und schnell ein Trostwort sagen, denn dann verschließt sich dein Gemüt wieder. Das Hören ist mein erstes kostbares Geschenk. Später sind andere Geschenke denkbar wie das gemeinsame Suchen nach einer Lösung. Ich suche dein Problem bei mir und schau demütig, wie ich damit umgegangen bin. Wenn ich deine Schwierigkeiten selbst nicht gelöst habe, kann ich kaum helfen. Ich übertrage sonst meine ungelöste Problematik in deine Geschichte hinein, und schwierige „Übertragungen" und „Gegenübertragungen" würden geschehen. Und meine Lösung des Problems ist nicht unbedingt mit deiner Problemlösung identisch.

In seiner ersten großen pädagogischen Tagung (1931) mit dem Thema „Ethos und Ideal in der Erziehung" sprach Kentenich in mehreren Vorträgen über das Thema der seelsorglichen Gesprächsführung.[2] Da gibt es die „Kunst des Aufschließens", die „Kunst des Hörens" und die „Kunst des Führens". In der nicht direktiven Gesprächsführung von Carl Rogers beschränkt sich der Therapeut aufs „Widerspiegeln". Kentenich hält ergänzend auch Führung für notwendig. Doch zu Beginn des Gesprächs arbeiten Rogers und Kentenich methodisch gleich. Das affektive Sich-Öffnen ist meist ein langsamer und notvoller Prozeß, nicht nur bei Jugendlichen. Verschlossenheit ist behutsam zu überwinden. In dieser ersten Phase des Gesprächs sollte der Berater auf Deutungen, Weisungen oder vergleichende Beispiele verzichten.

Der Zuhörer sollte darauf achten, nicht zu schnell zu trösten: Eine Tochter aus einer geschiedenen Ehe sagt ihrer Mutter, sie sei traurig, weil der Vater sich so gar nicht meldet und keine Zeichen von Verbundenheit schickt. Zum Naturell der Mutter könnte es gehören, die Tochter tröstend in den Arm zu nehmen. Denkbar wäre ebenfalls, daß bei der Mutter eigene Verletztheiten hochkommen und daß das Leid der Tochter dann gar nicht zur Sprache käme. Vor dem Trost muß das Ausweinen oder das Ausschreien geschehen. Die Tochter soll erst einmal weinen und klagen dürfen. Dann kommen vielleicht auch tiefere Verletztheiten (z. B. ein sexueller Mißbrauch durch den Vater) zur Sprache. Die Mutter muß nicht an sich denken, sondern sie soll mit auf die Reise der verletzten Gefühle ihrer Tochter gehen. Wer zu früh tröstet, vertröstet. Wer aber vertröstet, hat es gut gemeint, aber seine „Seelsorge" schlecht gemacht. Zwischen Vertrösten und Trösten liegen Welten.

Manchmal begegnet dem Zuhörer eine Klage, auf die er thematisch nicht eingehen sollte. Allein das Aussprechen des Ärgers kann schon Klärung bringen. Der Klagende benötigt einen seelischen „Mülleimer", wo all das Schwierige seiner Lebenssituation abgeladen werden kann. Der Ratsuchende weiß dann: Jemand hat nur zugehört und das Gesagte wird nicht weitererzählt. Schon das Aussprechen birgt etwas Heilsames in sich, und die Seele wird wieder ins reine gebracht. Derjenige, der schwer Verdauliches gegessen hat, muß sich übergeben, um Magen und Darm in Ordnung zu bringen. Ähnliches mag auch für die geplagte Seele gelten.

Manchmal möchte der Ratsuchende etwas von ihm Gesagtes doch wieder unter einem „Schleier" lassen. Pubertierende, die sonst so viel versteckt halten, geraten in einen Offenbarungsdrang, aber bekommen im Gesprächsverlauf dann Angst vor der neu erlebten Offenheit. Sie möchten den „Schleier" des Geheimnisses nicht ganz weggezogen wissen. Der Berater soll sich eher zurückhaltend und ehrfürchtig verhalten. Denn die Ehrfurcht könnte gebieten, nicht alles von dem erfahren zu sollen, was Jugendliche in dieser Phase des Offenbarungsdranges sagen wollen. Ein Einwand des Beraters könnte lauten: Möchtest du mir das wirklich anvertrauen? Der Beichtvater muß ebenfalls nicht alles wissen; das nähere Wie der Sünde hat ihn nicht zu interessieren. Der gute Beichtvater wird vorsichtig und einfühlsam Hintergrundfragen entwickeln. Ob sich aus dem Beichtbekenntnis ein längeres Seelsorgsgespräch entwickeln soll, sollte das Beichtkind entscheiden.

M. E. Frömbgen und H. Czarkowski haben Ähnlichkeiten zwischen Kentenich und der Gesprächstherapie von C. R. Rogers/ R. Tausch aufgezeigt:

R. Rogers/R. Tausch:	*J. Kentenich:*
• Verbalisierung emotionaler Erlebnisinhalte	• emporbildendes Verstehen: Aufschließen – Hören – Führen
• positive Wertschätzung und emotionale Wärme	• mit Liebe (Nähe) und Ehrfurcht (Distanz)
• Echtheit und Selbstkongruenz	• reife Persönlichkeit, Überwindung infantiler Einstellungen[3]

Mit jeweils anderen Begrifflichkeiten werden in der dargestellten Vergleichstabelle ähnliche Inhalte beschrieben. Große Übereinstimmungen gibt es in der Weise der Gesprächsführung und in der Grundhaltung des Beraters. Bei Kentenich findet sich zusätzlich die Aufgabe des „Führens". Darunter ist nicht zu verstehen, der Ratsuchende müsse passiv bleiben und den Rat des Weiseren entgegennehmen. Die Deutung ist ein gemeinsamer Prozeß in einem subtilen Kommunikationsvorgang. Doch nach Kentenich soll der reife Seelsorger schon Deutungsversuche mit dem Ratsuchenden entwickeln, Hilfen beim Tasten im Vorsehungsglauben aufzeigen. Gemeinsam wird nach

Sinn oder „Übersinn" (Frankl) gesucht. Doch die Sinnangebote liegen in der Lebensgeschichte des Ratsuchenden; in seiner Wertempfänglichkeit und in seiner subjektiven Gläubigkeit ist Sinnsuche zu tätigen. Der Seelsorger soll irgend etwas besser können, sonst würde der Ratsuchende nicht kommen. Der Seelsorger kommt aus einem Anlaß, er macht z. B. kurz vor der Beerdigung einen Kondolenzbesuch im Trauerhaus. Der Vorsprung des Beraters ist vielleicht nur der, daß er als einfühlsam oder lebenserfahren angesehen wird. Wichtig ist, daß er „widerspiegelt" und Zwischentöne aufnimmt. Die Lebenswelt im Seelsorgsgespräch kann sehr unterschiedlich sein. Der Berater soll das gehörte Lebensproblem auch bei sich selbst suchen.

Ähnliches gilt beim Eltern-Kind-Verhältnis, wo die Eltern das Problem des Kindes zuerst auch bei sich selbst suchen sollen. Wenn das Kind mit einem schlechten Zeugnis nach Hause kommt, sollen die Eltern sich fragen, wie sie mit einer Negativbeurteilung umgegangen sind. Echtheit oder „reife Persönlichkeit" liegt nicht vor, wenn die Eltern ihre eigene Schulzeit glorifizieren und die eigenen Schulzeugnisse beschönigen. Erziehen kann nur der erzogene Erzieher. Der Erziehende muß sich auch selbst erziehen, Erziehung sollte immer Selbsterziehung mitbeinhalten. Dann geschieht Erziehung nicht von oben herab, sondern demütig mit bereichernder Selbsterkenntnis. Eltern entdecken bei den Fehlern ihrer Kinder die eigenen Unzulänglichkeiten. Logischerweise haben unerzogene Eltern meist unerzogene Kinder. Häufig übernimmt die Mutter die Aufgabe der Bestätigung und der Bejahung, während der Vater dem Kind kindgerechte Forderungen abverlangt und dadurch Mut zuspricht. Das wird in jeder Familie etwas anders sein, doch mütterliche und väterliche Autorität werden vom Kind polar aufgenommen. Bei vielen Scheidungskindern fällt meist der Vater ganz aus. Wenn die Mutter von den Kindern abgelehnt wird, ist die Lage nicht leichter.

In kirchlichen Predigten und Verlautbarungen wird oft mit einer gewissen Realitätsfremdheit das Ideal der christlichen Familie gezeichnet. Doch Ideal und Realität sind gleicherweise in den Blick zu nehmen. Familie kann sehr schön sein. Aber sie kann auch belastend sein, weil kein Familienmitglied aus diesem Sozialverband ausbrechen kann. Alles, was es in der Berufswelt gibt (Rivalitäts- und Machtkampf), kann es selbstverständlich auch in der Familie geben. Das Kind kann zum kleinen Tyrannen werden, der die Nerven der

Eltern belastet. Oder der Vater ist halt nie zufrieden mit den Schul- und Sportleistungen seiner Tochter. Oder die Mutter spielt in jeder Konfliktsituation die „beleidigte Leberwurst", anstatt dem Kind die Chance der Auseinandersetzung zu geben. Das Nicht-ausweichen-Können ist typisch für die Familiensituation. Nicht gerade wenige Jugendliche träumen von dem Tag, an dem sie durch Studium oder Ausbildung bedingt endlich von zu Hause ausziehen dürfen, um die „große Freiheit" erleben zu können. All das Gesagte zeigt, wie wichtig ein vertrauensvolles und freies Gespräch zwischen Eltern und Kindern bzw. Jugendlichen ist.

Die Kirche ist oft uninteressant geworden, weil sie ein Überangebot an Antworten zu besitzen meint, ohne die konkreten Fragen der Menschen zu hören. Auch der Ratgeber sollte nicht ein Überangebot an Antworten parat haben. Auf Menschen mit übertrieben väterlichem oder mütterlichem Ton reagieren viele Ratsuchende ziemlich allergisch. Für den Berater sollten Fragen und Nöte im Raum stehen bleiben können. Wer meint, der große weise Lebensberater zu sein, ist eher ein „paternaler oder maternaler" Neurotiker; ein Über-Vater oder eine Über-Mutter, die in Wahrheit Freiheit als Gefahr sehen und in ihrem Überschutz bedrohlich wirken. Eine solche Beraterin beschreibt Marielene Leist in einem Fallbeispiel: „Ich sprach mit einer Psychologin über die Sorgen mit meinem Sohn. Sie wußte für alles einen Rat. Nicht nur einen Rat, sondern eine genaue Gebrauchsanweisung . . . Wahrscheinlich aus der Angst heraus, daß es etwas im Leben gäbe, was sich nicht bewältigen läßt."[4]

Der Ältere darf nicht seinen „reicheren" Erfahrungsschatz ständig betonen, denn Lebenserfahrung ist ganz originell und unwiederholbar. In unserer Zeit wird oft vom „Helfersyndrom" und vom Heer der „hilflosen Helfer" gesprochen. Den Helfern schlägt der Verdacht entgegen, daß sie ihre eigene Lebensproblematik nicht gelöst haben und sich auf andere stürzen, ohne ihre eigenen Verletzungen anzuschauen. Dabei stehen sie in der Gefahr, dem Ratsuchenden ihr eigenes Problem einzureden. Iatrogene (vom Arzt gewirkte) Neurose heißt das bei V. Frankl. Daß dieser Verdacht nicht ganz unbegründet ist, zeigt die Tatsache, daß jeder ernst zu nehmende Psychotherapeut und jeder Psychiater zuerst eine eigene Therapie beziehungsweise Psychoanalyse durchzumachen hat, bevor er andere therapieren oder analysieren darf.

Die Persönlichkeit des Beraters bzw. Seelsorgers ist für das Gelingen des Gespräches entscheidend. In seinem Buch „Heilung durch Ähnlichkeit"[5] sagt Friedrich Reitzer, in den antiken griechischen Mythen könne nur der „verwundbare Arzt" (Pythagoras, Chiron) heilen. Der Berater muß sich also durch das Gehörte selbst verletzen, verwunden und in Frage stellen lassen. Das ist leichter gesagt als getan. Der Verwundete kann heilen. Wer fremdes Leid in sich aufgenommen hat, kann Leid in Liebe wandeln. Der Berater darf sich also nicht als der Überlegene sehen. Der Pfarrer, der dem armen Seelsorgskind helfen will und beim Gespräch nicht selbst zum Verwundeten wird, kann nicht helfen. Für den Berater geht es nicht nur um Erlernen von Gesprächstechniken, um das Beherrschen des spiegelnden Gesprächs à la Rogers. Er muß sich bis in die Mitte seines Herzens betreffen und verwunden lassen. Das fremde Leid muß durch sein Herz hindurch gegangen sein, sonst bringt das Gespräch nicht den erwünschten Erfolg; es geschieht kein „Herzensaustausch" in der Kommunikation. Dabei ist der beratende Seelsorger nicht der Große, der im Glauben Überlegene, sondern er ist ähnlich oder „anders" hilflos, anfechtbar, unsicher wie der Ratsuchende. Ohne diese Ähnlichkeit kommt kein Lebensaustausch, keine Heilung zustande. Erlösung geschieht in der Bibel nicht anders. Ijob, der gerechte Gottesknecht, Jeremia, Jesus u. a. erleiden Ähnliches wie der religiöse Leser. In der Ähnlichkeit geschieht Annäherung, Solidarität, Sympathie, Heilung.

Nun geschieht unter Freunden oder Ehepartnern ebenfalls heraushörende Seelsorge. Dann sollte der eine erst einmal seine Sorgen erzählen, und beide sollten im Gespräch bei der Sorge des einen bleiben. Später werden die Gesprächsrollen des Beraters und Ratsuchenden getauscht. Große seelische Nähe oder Verliebtheit kann aber auch „blind" machen oder ein Stück weit Kritikunfähigkeit bewirken. Es ist nicht leicht, den Geliebten zu kritisieren. In solchen Gesprächssituationen gibt es viel Einfühlung, Sympathie, Bestätigung und hervorragende Widerspiegelung, doch möglicherweise zu wenig Deutung und Führung. Auch im seelischen Bereich gilt, daß zwei Blinde sich nicht helfen können; doch ein Blinder und ein Tauber können einander sehr wohl helfen. Die beiden Ratsuchenden dürfen halt nicht in zu ähnlichen Dingen „seelisch blind" sein.

Pater Kentenich denkt, daß auch der Erwachsene Gefühle für Autorität entwickeln sollte. Das mag dem modernen Menschen, der Emanzipation als hohen Wert betrachtet, nicht ganz zusagen. Kentenich beobachtet: „Nicht selten muß man jedoch feststellen, daß alle, die – um mit Kerschensteiner zu sprechen – keine Autoritätsgefühle entwickeln, gemeiniglich auf sich selbst zurückgeworfen werden, daß sie früher oder später seelisch vereinsamen oder daß sie – wie Walter Gerson meint – sich als letzte Instanz erleben und so die Fähigkeit verlieren, sich gesund weiterzuentwickeln oder mangelnde Entwicklungsstadien nachzuholen.‟[6]

Der Berater soll Autorität ausstrahlen und transparent auf Gott hin sein, ein Abbild göttlich barmherziger Liebe. „Was die modernen Theorien von der Seelentiefe nicht kennen, ist der Wurf zum Göttlichen, zum Letzten . . . Bindung an ein Geschöpf muß immer Bindung sein an ein Transparent Gottes.‟[7]

„So kommt es, daß der Arzt den Patienten zu Heilzwecken vielfach an sich selber als individuelle Person, nicht aber an sich als Gottes Abbild und Transparent und ebensowenig an andere Personen und Faktoren, zu denen Natur und Gnade hindrängen, noch viel weniger an den dreifaltigen Gott bindet.‟[8] Der Ratsuchende oder Klient soll in ein tragfähiges, allumfassendes Bindungsnetz gebracht werden. Die Beziehung zum Therapeuten weitet sich und schließt Gott in das Bindungsgeschehen mit ein. Denn in jedem seelsorglichen Gespräch kann es zu einer religiösen Sinndeutung kommen.

Persönliche Fragen:

● Welche Seelsorgsgespräche als Berater habe ich bisher geführt?
● Welche Blockaden sind mir bewußt? Wann fliehe ich auf die kognitive Gesprächsebene, weil es mir zu emotional wird? Wo liegen nach Meinung anderer meine Kommunikationsprobleme?
● Wie war die Gesprächssituation in meiner Herkunftsfamilie? Gab es genügend Vertrauen und Freiheit zwischen den Eltern und in den Begegnungen mit mir? Wie war die Seelsorge in meiner Herkunftsfamilie?
● Mit welchen anderen Tricks verhindere ich größere Nähe im Gespräch? Themenwechsel, allgemeine „man‟-Aussagen, Stimmungswechsel?

- Wann habe ich nur meine Themen gebracht, ohne mich in Themen des Partners einzufühlen?
- Wann war ich Ratsuchender und wann Ratgeber?
- Wer ist mein bester Zuhörer gewesen? Wer kann mich am besten trösten?
- Ist Gott als der „Dritte" bei den Gesprächen anwesend gewesen?
- Wann verschließe ich mich nach einer gewissen Öffnung wieder, obwohl ich eigentlich meine Karten offen auf den Tisch legen wollte?
- Wie gut kann ich Stille im Gespräch aushalten? Kann ich lange nichts sagen?
- Mit wem gibt es ein gegenseitiges „Seelsorgsverhältnis"?
- Wo ist mir Gott (Jesus, ein Engel) im Berater begegnet?
- Neige ich zum Predigen, zum zu schnellen Deuten? Kann ich ein Gespräch beenden, ohne eine Lösungsmöglichkeit entwickeln zu können?
- Wem gegenüber empfinde ich Ehrfurcht, Dankbarkeit, ein Autoritätsgefühl?
- Wem gegenüber empfinde ich mich „klein", weil ich ihn bewundere?

7.2 Mystik des Leidens

„Aus der Tiefe rufe ich, Herr,
zu dir: Herr, höre meine Stimme."
(Ps 130,1–2a)

Leszek Kolakowski spricht in seinem Buch „Falls es keinen Gott gibt" über drei Weisen, sich Gott zu nähern.

1. Es gibt den Gott der Scheiternden, die versuchen, die Theodizeefrage zu lösen: Wie kann es einen allmächtigen Gott geben, wenn er so viel Böses zuläßt?

2. Es gibt den Gott der Denker: Die einen versuchen, seine Existenz mit Mitteln der Vernunft zu beweisen. Die anderen bleiben eher Skeptiker oder Agnostiker, sie meinen, daß diese Frage unlösbar sei.

3. Es gibt den Gott der Mystiker, die den Eros in die Religion hineinbringen. Nach Kolakowski meint Mystik „unmittelbare Berührung mit einer außermenschlichen spirituellen Wirklichkeit".[9] „Dieser Kontakt ist vom intensivsten Gefühl der Liebe durchdrungen", so der polnische Philosoph.

Zur zweiten Gruppe gehören auch die Zweifler und Atheisten. Interessanterweise sind die Zweifler an Gott sich mit den Mystikern in dem einen Punkt einig, daß es gar nicht darum geht, die Existenz Gottes mittels Vernunft zu beweisen. Es ist nicht ausschlaggebend, ob angesichts des Leids kluge Argumente zur Verteidigung Gottes vorgebracht werden können. Weder der Skeptiker noch der Mystiker will sich einen glatten Reim darauf machen, wie die Allmacht Gottes mit dem unsäglichen Leiden der Menschen zu harmonisieren ist.

Doch der Umgang mit dem Leiden ist leichter für den Mystiker. Er kann nicht so sehr mit pädagogischen Anstrengungen, sondern durch seine Erfahrung der Gnade Gottes zu einem höheren Stadium der Leidverarbeitung gelangen. Der Mystiker müht sich nicht um ein Vielwissen, um ein Ansammeln theologischer Inhalte. Für den Mystiker kommt es darauf an, göttliche Wirklichkeiten zu erspüren und zu verkosten. Das „Verkosten" Gottes gelingt von innen her dem, der sich tief auf Gott einläßt. In allen Religionen gibt es wahre Mystiker, die erfahren, daß im innersten Herzen Gott wohnt. In der Leidannahme könnte der gläubige Beter Energien freisetzen, die dem Ungläubigen verschlossen sind. Dabei sprechen wir vom wirklich Glaubenden, dessen Setzen auf Gott einem „Todessprung für Verstand, Wille und Herz" gleichkommt. Erst nach diesem Glaubenssprung steht dem Menschen die Welt der Mystik, der Schau Gottes, der Leidensseligkeit und Kreuzesweisheit offen.

Es braucht also mehrere, parallel verlaufende Lebensvorgänge: das Wachsen im Vorsehungsglauben, in der Kindlichkeit und im höheren Gebetsleben, das Berücksichtigen meiner seelischen Reaktionen. Dann kann sich der Leidende gläubig, kindlich und gemüthaft besser den Widrigkeiten des Lebens stellen.

Manche Menschen verbinden ihr Leiden ganz spontan mit einem „strafenden Gott". Ein alter Mann klagt: „Ich bin fast erblindet, weil ich im Leben so böse gegenüber meiner Ehefrau war. Wie oft habe ich sie geschlagen; kein Wunder, daß Gott mich jetzt mit Blindheit straft." Richtig an dieser Beurteilung ist das Schuldeingeständnis der

Frau gegenüber. Oft braucht es solch leidvoller Situationen, damit Schuldeinsicht zustande kommt. In allen Kulturen und Religionen gibt es einen solchen vermuteten Kausalzusammenhang zwischen Leiden und Sünde. Doch der christliche Gott ist ein Gott der Liebe, dessen Strafen von der Liebe umfangen sind. Leiden darf nicht mit Strafe allein verbunden werden. Denn Gottes Sonne geht auf über Gerechte und Ungerechte. Und „der Gerechte muß viel leiden" (Ps 34,20). Die großen Heiligen der Kirchen haben besonders viel gelitten; folglich sind die kleinen Sünder die großen Leidenden. Die Heiligen verstehen Leiden nicht als Strafe Gottes, sondern als Erwählung, als Weg in die Kreuzesnachfolge und als Christusnähe.

Andere Menschen haben die Vorstellung eines „Lückenfüller"-Gottes. Wenn man nicht mehr weiter weiß, helfe nur noch beten. Manche beten nur in der Not. „Not lehrt beten", lautet ihr Sprichwort. Doch Beten steht dann im Verdacht, inaktiv und passiv zu machen. In Taizé, einem internationalen und ökumenischen Jugendwallfahrtsort in Frankreich, wurde mit dem Wahlspruch „Kampf und Kontemplation" versucht, jenen Vorwurf zu überwinden, Beten mache passiv. Denn der kämpfende Mensch mit aktivem Vorsehungsglauben erhält im Gebet Widerstandskraft. Deshalb gilt fürs Gebet: Kampf und Kontemplation. Und fürs Leid gilt: Widerstand und Mystik. Im Gebet, in meditativer oder mystischer Versenkung, versucht der Mensch zu erfahren, wo er im Leidensprozeß steht oder stehen möchte. Der Mensch sollte die gesellschaftlichen Ursachen des Leids sehen. Leid ist etwas Persönliches, aber nichts Privates.

Im Gebet kann der Glaubende in der Kreuzesweisheit weiter sein als im Leben. Das Gebet verleiht bisweilen Flügel, weil die Sehnsuchtsaffekte des Herzens oft weiter sind als die Umsetzung im Leben. Der Mensch ruft aus der „Tiefe" in großer Innigkeit zu Gott, wie das der 130. Psalm besingt. Kein Wunder, daß die meisten Gebete der Heiligen Schrift Klagepsalmen aus der Tiefe menschlichen Herzens sind.

Und Jesus spricht am Kreuz ebenfalls jüdische Gebete, die ein Orientale auswendig kannte. „Mein Gott, mein Gott, warum hast du mich verlassen?" (Mt 27,46b = Ps 22,2) So schreit er fragend gen Himmel. Und zu den letzten Worten Jesu gehört der Vers aus einem anderen Klagepsalm: „Vater, in deine Hände lege ich meinen Geist!" (Lk 23,46 = Ps 31,6) Dabei wird Jesus nicht nur diese beiden Einzelverse, sondern die Psalmen 22 und 31 vollständig an jenem Karfreitag gebetet haben. Der Leidende kann die Bildworte der Klagepsalmen mit eigenen Lebenserfahrungen füllen. Kentenichs „Knüppelverse" aus „Himmelwärts" (eine Gebetssammlung aus seiner KZ-Dachau-Zeit) atmen oft den Geist der Klagepsalmen. Das sei mit der ersten Strophe des Gebets „In schweren Nöten"[10] verdeutlicht:

„In schweren Nöten
hast Du mein Beten,
in bitteren Wehen
mein kindlich Flehen
trotz Fehl und Schuld
erhört in Huld."

Das Klagen, das „Knuttern" mit Gott ist nicht unbedeutend. Die 1995 verstorbene Schriftstellerin Vilma Sturm sagt: „Not, die nicht in der Klage ausgesprochen wird, verschimmelt zu düsterer Melancholie."[11] Nicht ausgesprochene Klage gibt es häufiger, als viele vermuten. Wer alles selbst Gott gegenüber „heruntergeschluckt", kann in düsterer Traurigkeit landen.

Leiden bedarf der christlichen Sinngebung. Macdonald schreibt: „Der Sohn Gottes hat das Todesleiden auf sich genommen, nicht damit die Menschen nicht leiden, sondern damit ihr Leiden dem Seinen ähnlich sei."[12] Kentenich sagte in einem Vortrag vor kranken Menschen, daß „jeder Christ hineingezogen ist in die geheimnisvolle Teilnahme am leidenden und verklärten Heilandsleben."[13] Im Philipperbrief heißt es: Christus will ich erkennen und die Macht seiner Auferstehung und die Gemeinschaft mit seinem Leiden; sein Tod soll mich prägen (Phil 3,10). Ebenfalls weist Kentenich auf ein Wort von Papst Pius XII. aus seiner bekannten Kirchenenzyklika „Mystici corporis" hin: „Ein wahrhaft schaudererregendes Mysterium, das man niemals genug betrachten kann: daß nämlich das Heil abhängig ist von den Gebeten und Bußübungen der Glieder des geheimnisvollen Leibes Jesu Christi, die sie zu diesem Zwecke auf sich nehmen, und von der Mitwirkung, die Hirten und Gläubige, besonders die Familienväter und -mütter unserm göttlichen Erlöser zu leisten haben."[14] Pater Kentenich greift dieses Wort auf: „Mein Leid, mein Hängen am Kreuz hat auch eine erlösende Wirkung für ungezählt viele Menschen."[15]

Heil und Unheil hängen ab von der Erlösung Jesu Christi: Auf einer niedrigeren Ebene hängen sie ab von den Menschen, von Müttern und Vätern, die mit ihrer Einflußnahme zum Segen oder Fluch ihrer Kinder werden. Leid kann für jemand anderen verschenkt werden. Denn auch Jesus hat gelitten für uns, wie das in jedem Gesätz des schmerzhaften Rosenkranzes gebetet wird. Im hohenpriesterlichen Gebet (17. Kapitel des Johannesevangeliums) spricht Jesus: „Ich heilige mich für sie" (Joh 17,19a). Ähnliches gilt für jeden Christen.

Kentenich spricht vom „Gnadenkapital", was besagt: Ich bitte den lieben Gott, mein angenommenes Leid oder mein Gebet soll zu einem geistlichen Geschenk für jemand anderen werden. Was Gott mit diesem Angebot macht, ist seine Sache; von mir ist nicht nachprüfbar, ob Gott dieses Angebot angenommen hat. Als die kleine Theresia von der baldigen Todesstrafe eines Häftlings hörte, bot sie im Karmelkloster in Lisieux dem lieben Gott ihre Opfer und Gebete als einen Beitrag dafür an, daß sich der Häftling vor seiner Hinrichtung noch bekehre. So konkret mit Gott umzugehen, ist für viele Christen befremdlich. Doch wir sollten nicht nur an einen transzendenten Gott, sondern auch an den immanenten (im Weltgeschehen wirkenden und eingreifenden) Gott glauben.

Eine andere alte Tradition in der Kirche betont die Wechselbeziehung von Leidannahme und *Selbstheiligung*. Der mittelalterliche Mystiker Meister Eckhart schreibt: „Das Roß, das am schnellsten zur Vollendung trägt, heißt Leben."[16] C. S. Lewis hört schon die moderne Kritik, wenn er apologetisch formuliert: „Ich möchte zeigen, daß die alte christliche Lehre vom Vollkommenwerden durch Leiden (Hebr 2,10) nicht ganz unglaubhaft ist. Ich denke nicht daran, zu behaupten, daß es eine angenehme Lehre ist."[17] Auch Kentenich will diese Tradition nicht aufgeben, obwohl er pastoral gesehen Leidannahme lieber mit „Leiden für jemanden" (konkrete Person, Kirche, Frieden in . . .), als mit „Leiden zur eigenen Vollendung" motivieren möchte. Der Leidende steht ja sowieso in der Gefahr der zu starken Selbstbespiegelung, des Ich-Drehs. Im aktuellen Prozeß des Leidens sollte der Blick nach außen gewählt werden; und erst in einer relativ „leidfreieren" Zeit könnte eine Reflexion darüber erfolgen, ob dieses Leid mich reifer hat werden lassen.

Der Glaubende sollte also lieber sein Leiden im sozialen Bezug sehen. Der von Rom dispensierte, französische Bischof von Ereux,

Jacques Gaillot, betonte in seiner „Abschiedspredigt" diesen Gedanken der Schicksalsverwobenheit im mystischen Leib Christi, der Kirche: „Der Leib Christi, das Volk Gottes, das ihr in diesem Moment bildet, ist ein Ort des Mitleidens und des Teilens von allem. Wenn ein Glied leidet, teilen alle Glieder sein Leiden. Wenn ein Glied geehrt wird, teilen alle die Freude."[18]

Nicht der einzelne Christ leidet einsam vor sich hin, sondern der Leidende ist verwoben in den mystischen Leib Christi. Bei Kentenich findet sich das schöne Wort von der „Schicksalsverwobenheit". In der NS-Gefängniszeit und in der kirchlichen Exilszeit ist Kentenich gläubig davon überzeugt, daß seine Befreiung durch die Gebete und Opfer seiner SchönstätterInnen mitbewirkt wurde. Der Mensch steht nicht allein, auch nicht allein vor Gott; auch religiös ist jeder Mensch in seiner sozialen Einbindung zu sehen. Es gibt eine Schicksalsverwobenheit der Menschen untereinander. Das gilt für die Naturfamilie und für eine geistliche Familie, das gilt für die großen Kirchen und für die gesamte Menschheitsfamilie. Das Abbrennen von Ölquellen im Golfkrieg, das Abholzen des tropischen Regenwaldes, jede ökologische Sünde großen Stils hat ihre Auswirkungen für das Wetter auf der Erde und damit für das gesundheitliche Wohlergehen aller Menschen. Meine Leidbewältigung hat positive Auswirkungen in der Gesellschaft und hat Vorbildcharakter für Menschen in ähnlich schwierigen Lebenssituationen.

Das Leben des Menschen wird nachhaltig verändert durch wenige Dinge, etwa durch eine große Liebe, durch eine tiefe Schuld oder durch ein schweres Leid. In jeder Veränderung (auch durch das Leid) steckt eine Chance. Im Credo der Werkzeugsmesse aus „Himmelwärts" betrachtet der Häftling Kentenich mögliche Auswirkungen des Leids:

„Ein Gruß von Dir ist jedes Leid,
der unserer Seele Flügel leiht,
der uns die Weichen kraftvoll stellt,
das Streben in Bewegung hält."[19]

Es ist nicht ganz leicht, Leiden als Gruß Gottes zu verstehen. Doch wenn Leiden weder depressiv, noch überaggressiv macht, kann das gewandelt angenommene Leid der Seele Flügel verleihen. Und das tiefe Leid wirkt wie eine Weichenstellung im Leben. Der Betroffene könnte zu sich selbst sagen: Jetzt bin ich auf dem Abstellgleis, jetzt kann ich nicht mehr. Oder der Betroffene könnte sich fragen: Wohin soll die Fahrt nach dieser leidvollen Weichenstellung gehen? Wir können beim Beispiel des KZ-Häftlinge bleiben. Wenn der eine Häftling im Gespräch zu einem anderen sagt: „Unser Leid darf nicht umsonst gewesen sein, wir müssen anderen Menschen davon erzählen, in der Hoffnung, daß so etwas sich nicht noch einmal wiederholt", dann enthalten diese Äußerungen große Hoffnungsfunken.

Der leidende Christ trägt die „verklärten Wundmale des Herrn".[20] Im Leid kann für den Glaubenden eine österliche Christusbegegnung geschehen. Leid ist für den Gläubigen immer etwas Transzendentes, was nach religiöser Sinngebung ruft. Dabei soll Leiden nicht märtyrerhaft, sondern fraulich-marianisch geschehen. „Denn der Mann versinkt in Selbsterlösungstendenzen"[21], so Kentenich. Der Mann kann in der Leidbewältigung von der Frau lernen, die durch Schwangerschaft und Geburt leiderfahrener ist. Er kann seine „anima", seine fraulichen Seelenanteile, aktivieren und in das Gesamt seiner Persönlichkeit integrieren, um „weicher" in der Hingabehaltung Mariens mit dem Leid umgehen zu können. So kann die Liebe zu Maria die Modalität der männlichen Leidverarbeitung verändern.

Mariens Leid ist primär seelisches Leid. Mit-Leid mit ihrem einzigen Sohn. Mariens Leid geschieht aus einer endlos großen Liebe. Sie ist die Immakulata, von der Erbsünde frei. Deshalb kann sie in Fülle leben, lieben und leiden. Ihr Lieben und Leiden ist ungebrochen, rein, klar, ohne Vorbehalte. Der erbsündlich belastete Mensch ertappt sich so oft dabei, daß sein Lieben und Leiden „begrenzt" ist und manche dunklen Mischmotive kennt. Der durch die Ursünde vom Heil entfernte Mensch tut sich schwer damit, Leid in Liebe zu wandeln. Bei Maria ist das anders gewesen. Sie konnte lieben und leiden, ohne „Wenn und Aber". Die Leidensmutter hört die Weissagung des greisen Simeon: „Dir selbst aber wird ein Schwert durch die Seele dringen" (Lk 2,35b). So steht Maria unterm Kreuz, im Gegensatz zu fast allen anderen Aposteln.

Das im Hebräerbrief angesprochene Vollkommenwerden im Leid heißt für Kentenich zuerst einmal: kindlich, fraulich, weich, marianisch, verletzlich, mystisch zu werden. Ohne diese Modalität des Leidens gelingt kein ganzmenschlich-christliches Leiden. Die menschliche Anstrengung soll von der Mystik, der liebevollen Schau Gottes, umfangen sein. Blankovollmacht und Inscriptio gelingen nicht dem Aszeten, sondern dem Mystiker. Der aktive, „weltoffene" Vorsehungsglaube Kentenichs will mit einer innerlichen Frömmigkeit verbunden sein. Der Gläubige sucht den in der Geschichte gegenwärtigen „Gott des Lebens" und den „Gott des Herzens" zugleich, mit dem sich jede Spiritualität beschäftigt. In „Himmelwärts" betet der Häftling Kentenich:

„Auch wenn der Vater Leid hat zugelassen:
das Kind weiß es in Liebe zu umfassen,
Es küßt die Hand, die alle Fäden hält,
bleibt im Gebet auf Vater eingestellt."[22]

Ohne die Erfahrung göttlich-unendlicher Liebe kann niemand das Tragische des Lebens meistern. „Wenn ich nicht gebunden bin an den persönlichen Gott, macht mich das Leben krank."[23] Dies Wort Kentenichs will ausdrücken, daß zur Gesundung des Menschen die religiöse Dimension bis zur Mystik hin dazugehört. Gemeint ist hier nicht ein geglaubter Glaube, ein Glauben aus Tradition, sondern der Glaube des Gottsuchenden. Gemeint sind keine Glaubensetiketten. In manchen Pfarrhäusern und Klöstern sei nach Kentenich viel Verbitterung und „Unglücklich-Sein" als Folge mangelnden Glaubens und schwacher Leidverarbeitung zu finden. Wer nur von Amts wegen den Glauben zu verkünden hat, kann auf dem Grund seiner Seele ungläubig sein. Religion ist in Deutschland – anders als in den meisten anderen Ländern – eine gute Möglichkeit, Geld zu verdienen! Wie viele „ungläubige" Geistliche, Religionslehrer, Theologen und hauptamtliche Mitarbeiter wird es in den beiden großen Kirchen Deutschlands geben? Das ist eine Frage, die mir nach manchen Seelsorgskonferenzen hochkommt.

Ohne die *Versenkung in Gott* ist Leidbewältigung schwierig. Der Mystiker muß nicht verbittern, er kann frohen Herzens durchs Leben gehen. Der Mystiker hört die leise und sanfte Melodie der Liebe, die es in jeder menschlichen Geschichte gibt. Dagegen ist die Melodie der Kriege und des Todes laut und aufdringlich; diese Melodie füllt die Schlagzeilen der Presse, die Überschriften der Geschichtsbücher und die ersten Meldungen der Fernsehnachrichten. Wenn Papst Johannes Paul II. mit vier Millionen Menschen in Manila beim Weltjugendtag 1995 die Messe feierte, war das eine von vielen Meldungen im Fernsehen. Doch kamen schon einmal mehr Menschen auf unserer Erde zusammen? Mystiker hören die sanften Töne und die Töne, die unterdrückt werden. Die Geburt Jesu, wäre sie in unserem Jahrhundert passiert, wäre nicht in der „Tagesschau" gemeldet worden. Nicht das Gute, sondern das Verbrechen ist eine Zeitungsmeldung wert. Gott hat stillere Kommunikationskanäle und braucht in der Regel keine auffällige Reklame. Gottes Freunde hören schon sein stilles Werben.

Mystik ist für jedermann, weil jedermann viel zu leiden hat. Mystiker gibt es unter ganz einfachen Menschen. Sie ist nicht nur ein Spezialgeschenk für Menschen hinter Klostermauern, die sich täglich in der Stille und Kontemplation üben. Das so oft zitierte Wort Karl Rahners soll dieses Kapitel beenden: „Der Christ von morgen wird Mystiker sein oder er wird nicht sein."

Der Mystiker hat erfahren:

Gott ist das Licht in unseren Dunkelheiten,

Gott ist der Trost in unserem Leiden,

Gottes Segen geschieht im Zeichen des Kreuzes.

Persönliche Fragen:

- Bin ich davon überzeugt, daß Gott mich liebt?
- Habe ich zu spüren gemeint, daß nicht ich, sondern der Heilige Geist in mir betet? Habe ich mich in Gott verliebt?
- Ist mein Meditieren erfüllendes „Schauen" Gottes? Oder ist beim Beten in meinem Gemüt eher Trockenheit, Unerfülltheit?
- Bete und meditiere ich gerne und lange?
- Wann sind meine Gebetszeiten? Und wo sind meine Gebetsorte?
- Sind Stille und Besinnung etwas, was täglich in meinem Leben einen Raum einnimmt? Wie viele Minuten?
- Kenne ich die Welt der Klagepsalmen? Welche Gebete habe ich gern?
- Spielt Gott mit mir ein Such- und Versteckspiel?
- Wann war Gott mir nah? Wann war Gott mir fern?
- Gehören Kampf und Kontemplation, Widerstand und Leidensseligkeit zu meinem Leben?

- Habe ich Gottes Liebe verkostet und geschmeckt? Bei der geistlichen Lesung, beim stillen Gebet, im Sakramentenempfang, im Vorsehungsglauben?
- Glaube ich an eine „Schicksalsverwobenheit" mit den Glaubenden meiner Pfarrgemeinde? Wo hat ein Freund mein Leid mitgetragen? Wie sieht die Schicksalsverwobenheit in meiner Ehe und Familie aus?
- Bin ich durch meine Leidverarbeitung reifer, vollkommener, weniger egozentrisch geworden? Wer trägt mein Leid mit?
- Wessen Sorgen und Nöte trage ich in meinem Herzen mit?

7.3 Sympathische Liebe

> *„Da weinte Jesus. Die Juden sagten:*
> *Seht, wie lieb er ihn hatte!"*
> (Joh 11,35–36)

In seinem Roman „Krebsstation" beschreibt Alexander Solschenizyn im 8. Kapitel eine Diskussion unter den Krebspatienten. Jefrem, an Halskrebs erkrankt, hatte aus Langeweile seit langem mal wieder zu einem Buch gegriffen und dort eine Kurzgeschichte von Leo Tolstoi mit dem Titel „Wovon leben die Menschen?" entdeckt. Nun wollte Jefrem die Meinung der Mitpatienten und Pflegekräfte erfahren. Die Antworten waren recht unterschiedlich: Von der Versorgung. Mit Nahrungsmitteln und Sachen. – Vom Arbeitslohn. – Vor allem von der Luft. Dann vom Wasser. Dann vom Essen. – Vom Alkohol. – Von der Qualifikation. – Von der Heimat . . . Wo man daheim ist, fällt einem die Krankheit nicht so lästig. – Von der Ideologie und den gesellschaftlichen Interessen. – Am Ende lautet die Antwort: „Wovon? Man konnte es kaum laut sagen, es war ja fast unanständig: Von der Liebe."

Die Liebe ist Sinngrund des Lebens. Wer nicht liebt, bleibt im Tod, in der Sinnlosigkeit. Wir werden nicht geheilt durch „reine" Psychotherapie oder durch eine gute Selbsterfahrungsgruppe. Ausheilung geschieht in der Erfahrung menschlicher und göttlicher Liebe. In jeder Liebe, in jeder Begegnung ist Gott. Die beste Gesprächstechnik bringt nichts, wenn der Zuhörende nicht ein Liebender ist.

Das beste Studium der Spiritualität bringt nichts, wenn der Leser nicht erfahren hat, daß Beten Lieben ist. Sinnsuche ohne Liebe ist zum Scheitern verurteilt.

Das Wort Leid wird in unserer Sprache oft als Zwillingsformel benutzt. Da gibt es „Freud und Leid", „Lust und Leid", „Trost und Leid", „Reu und Leid", „Kreuz und Leid" sowie „Lieb und Leid". Manchmal sagen wir lieber „Herzeleid" als einfach nur Leid, denn Leiden wie Lieben gehört zur Mitte des Menschen, zum Herzen. Leid und Liebe sind zwei Seiten einer Medaille; oder romantischer ausgedrückt „zwei Rosen an einem Stock". Die eine rote Rose mit Namen Liebe will nur mit der anderen roten Rose mit Namen Leid erblühen. Beide Rosen wachsen an einem einzigen Stock und trinken, leben von der gleichen Wurzel. Liebe wird ins Leid hineingenommen, wird sympathische, zu deutsch: mitleidende Liebe.

Je mehr ich liebe oder geliebt werde, umso verletzlicher werde ich. Der Liebende oder Geliebte ist besonders verletzlich, angreifbar, ungeschützt. Wenn ich von einem lieben Menschen kritisiert werde, tut das besonders weh. Und wie schwer ist es, einen Geliebten zu kritisieren. Die christliche Ehebewegung „Marriage Encounter" empfiehlt, daß sich Ehepaare auf Seminaren wahrhaftige Briefe zu einem Thema schreiben: Geldausgabe, Zärtlichkeiten, Kindererziehung, Sexualität, gemeinsames Gebet. Es ist leichter, dem Ehepartner die Kritik schriftlich mitzuteilen, als das direkt von Angesicht zu Angesicht zu sagen. Das Schauen in die Augen des Geliebten macht es schon schwierig, ehrlich zu sein. Wenn der Mensch, den ich am meisten liebe und dem ich am meisten verdanke, mich ganz tief verletzt hat, so ist ein Gespräch darüber alles andere als leicht. Bei „Marriage Encounter" ist dies Gespräch durch den gegenseitigen Brief vorbereitet worden. Denn gerade über die gegenseitige Verletzung der Liebenden sollte ein Gespräch erfolgen. Liebende fügen sich ungewollt Verletzungen zu, weil sie übersensibel in ihrer Beziehung zueinander sind. Je mehr ich liebe, umso mehr bin ich oft ins Leid hineingezogen.

Doch kann der heutige Mensch an die Liebe glauben? Der Jesuit Pater Delp schreibt „im Angesicht des Todes": „Was gegenwärtig die Kirche beunruhigt und bedrängt, ist der Mensch. Der Mensch außen, zu dem wir keinen Weg mehr haben und der uns nicht mehr glaubt.

Und der Mensch innen, der sich selbst nicht glaubt, weil er zu wenig Liebe erlebt und gelebt hat. Man soll deshalb keine großen Reformreden halten und keine großen Reformprogramme entwerfen, sondern sich an die Bildung der christlichen Persönlichkeit begeben und zugleich sich rüsten, der ungeheuren Not der Menschen helfend und heilend zu begegnen."[24]

Der „Mensch innen" hat zu wenig Liebe erlebt und gelebt. Doch aus der Grundkraft der Liebe möchte der Mensch leben. Kirche sollte die Liebesmacht in einer oft kalten Welt sein. Zum Organismus der Liebe gehört die Selbstliebe als Fundament und Basis. Die Gottes- und Nächstenliebe bedeutet Sinngebung und Lebenserfüllung. Feindes- und Kreuzesliebe ist für die Gläubigen Entdeckung eines Übersinns und Lebensbewältigung in schwierigster Lage. Die Welt sieht anders aus, wenn der leidende Mensch lieben kann. Ladislaus Boros schreibt: „Ein Liebender mag Schmerzen spüren, seelisch geplagt und leiblich bedroht sein; wenn und indem er liebt … trägt er das Glück in sich, das von keinem Leid berührt werden kann."[25] Doch der Mensch kann nur Liebender in Belastungssituationen bleiben, wenn er sich als geliebt erfährt, letztlich von Gott geliebt weiß. Kentenich betet im KZ Dachau:

„Wo schnell der Zauberstab der Liebe
in Freude wandelt alles Trübe."[26]
„Verfüge stets darüber nach Belieben,
nur eines gib mir: Lasse mich Dich lieben!
Laß mich wie Deinen teuren Augenstern
von Dir geliebt mich glauben nah und fern."[27]

Kentenich benutzt in diesem Text das Bildwort vom „teuren Augenstern", das sich in den Psalmen (Ps 17,5) finden läßt. Wenn ich im liebenden Auge Gottes einen Raum gefunden habe, wenn ich mich ganz persönlich vom großen Du Gottes umfangen weiß, dann darf Gott über alles Verfügungsrecht haben.

Der Liebende kann Leiden besser wandeln. Leiden weckt Mitleid und die Liebe des Freundes. So ist es geschehen bei Jesus Christus, der wegen des Todes seines Freundes Lazarus weinte. „Wie sehr Jesus den Lazarus liebte", kommentieren die jüdischen Beobachter zutreffend. Das Leid des Freundes (der Freundin) weckt meine Liebe. Geteiltes Leid sei halbes Leid, verspricht der Volksmund. Und mitgeteiltes Leid ist halbes Leid. Im gemeinsam getragenen und mitgeteilten Leid verdichtet sich die Liebe. Alle Erfahrungen wirklicher Liebe (personale Sexualität und hohe Mystik) helfen uns in der Leidbewältigung. Leider gibt es „Hungerkünstler" der Liebe, die zu wenig Liebe gespürt haben.

Die Schweizer Psychologin Julia Onken schreibt dazu: „Die tiefen seelischen Verletzungen, Kränkungen und Defizite, die wir wie eine Aussteuer in die Partnerschaft tragen, sind: Wir wurden vom gegengeschlechtlichen Elternteil in unserer geschlechtlichen Identität nicht beantwortet; wir wurden in unseren Gefühlen, in unserer seelischen und geistigen Entwicklung nicht beantwortet; wir wurden nicht verstanden; wir wurden nicht wertgeschätzt; wir wurden nicht ernst genommen; wir wurden eingeengt; wir wurden daran gehindert, uns selbst zu spüren; wir wurden nicht für das geliebt, wie wir waren, sondern für das, wie wir hätten sein sollen."[28]

Über die Wechselbeziehung von Elternliebe und Gottesliebe sagt Christa Meves: „Gottes Liebe, Opfersinn und Vergebungsbereitschaft, Gottes Kraft, Ordnung und Hingabe manifestiert sich in den Eltern oder auch nicht."[29] Kindliche Mangelerfahrungen können in der Begegnung mit einer Ersatzmutter oder einem Ersatzvater kompensiert werden. Grundsätzlich wäre es gut, wenn Versöhnung mit den Eltern geschehen könnte, wenn sich das Kind trotz allem vor den Eltern in Ehrfurcht verneigen könnte. Die Sünden der Eltern haben oft ihren Grund in eigenen Verletzungen und unbewältigten Konflikten. Die Sünden der Eltern gelassen sehen zu können, das brächte Frieden in die so aufgewühlte Seele. In manchen Situationen gestaltet sich die Aussöhnung mit den Eltern sehr schwierig oder scheint gar unmöglich zu sein. Doch nur eines der Zehn Gebote wird mit einer Verheißung begründet, das vierte Gebot: „Ehre deinen Vater und deine Mutter, damit du lange lebst und es dir gut geht in dem Land, das der Herr, dein Gott, dir gibt" (Dtn 5,16; Ex 20,12). Die Bibel ist auch in dieser Aussage psychologisch orientiert. Im frühen Alten Testament gibt es noch nicht den Glauben an ein Weiterleben nach dem Tod; deshalb ist das „lang leben" und das „gut gehen" Ausdruck göttlichen Segens. Heilung und Heil gelingen durch die Aussöhnung mit den elterlichen Grundgestalten. Das vierte Gebot besagt: Es geht dir gut, wenn du mit Mutter und Vater ausgesöhnt bist, wenn du sie trotz allem „ehren" kannst.

Die Wechselbeziehung von Liebe und Sexualität wird heute verstärkt gesehen. Lange genug hat die Kirche vor allem davon gesprochen, wann und welche sexuelle Aktivität erlaubt ist. Die kirchlich normative Einengung des Themas hat bis heute für die Pastoral katastrophale Folgen. So wird von den Kirchen nur wenig Lebenshilfe zu diesem Thema erwartet. Pater Kentenich sah Sexualität mit all ihren Verästelungen, sie betrifft den Körper, die Seele und die Kreativität des Menschen. Die Welt der zärtlichen Berührungen, das Gespräch zwischen den Menschen und die schöpferischen Talente bekommen dadurch, daß der Mensch Mann oder Frau ist, eine besondere Färbung. Alles, was ich tue, denke, fühle und empfinde, hat durch mein Mann- oder Frau-Sein eine besondere Note.

Die Andersartigkeit der Geschlechter wird uns Heutigen wieder neu als besonderes Geschenk bewußt. Die Spannung zwischen ihnen ist als Reichtum anzusehen. Sexualität ist weitaus mehr als Genitalität, denn das wäre jene Verkürzung des Menschen, welche die Pornographie vornimmt. Sexualität umfaßt alle Bereiche des Menschseins und möchte als etwas Kostbares erlebt werden. Nähe und Geborgenheit, bleibende Bindung und Treue haben mit Sexualität zu tun. Sie ist bildlich gesprochen so etwas wie ein wunderschöner Regenbogen, der viel Sehnsucht ausdrückt sowie Himmel und Erde berührt. Die Farben des Regenbogens zeigen die reiche Palette der sexuellen Erfahrung: meine Identität als Mann oder Frau, meine Väter- oder Mütterlichkeit, meine Sehnsucht nach Zärtlichkeit, meine Liebe zum Kind, die Gottesbegegnung im geliebten Du, das Wunder des Lebens, die Ekstase in der intimen Begegnung, meine Erfahrung von Geborgenheit, das Wissen um die Schönheit des Menschen.

Sexualität ist Körpertrieb und Seelentrieb zugleich. Sie verbindet sich mit dem Eros, in der erotischen Liebe kann es erfüllend beglückende Beziehungen geben. Als Körpertrieb kommt sie in der intimen Begegnung von Mann und Frau im Geschlechtsverkehr zum Ausdruck. Leibhaftig äußert sie sich auch dann, wenn die Mutter ihr Kind stillt oder dann, wenn eine zärtliche Berührung seelische Nähe ausdrückt. Wir Heutigen sollten nicht nur dann über Sexualität sprechen, wenn es problematisch oder konfliktiv wird: beim Thema Aids oder Abtreibung etwa. Bemühen wir uns vielmehr um eine positive Sicht und versuchen wir, Sexualität mit den Augen Gottes als großartiges Geschenk zu sehen. Noch nie haben die Menschen so viel Glück von ihrer ehelichen Partnerschaft erwartet! Und wie oft werden sie bei dieser hohen Erwartungshaltung bitter enttäuscht. Belastungen im Leben sind leichter zu tragen, wenn das eheliche Lebensglück hält.

Viktor Frankl hatte im KZ Dachau die Befürchtung, auf einen Invalidentransport geschickt zu werden, was meist den Tod bedeutete. So bittet er den Mithäftling Otto, ein mündliches Testament auswendig zu lernen und seiner hinterbliebenen Ehefrau später gegebenenfalls aufzusagen: „Erstens – wir haben täglich und stündlich von ihr gesprochen – erinnerst du dich? Zweitens: Ich habe nie jemanden mehr geliebt als sie. Drittens: Die kurze Zeit mit ihr verheiratet gewesen zu sein, dieses Glück hat alles aufgewogen, auch was wir jetzt hier erleben mußten."[30] Manchen heutigen Menschen und vielen Eheberatern scheint das zu idealistisch zu klingen. Und doch kommt in diesem Testament die Ursehnsucht des Menschen nach Geliebtsein und Lieben zum Ausdruck.

Trotz des bisher Gesagten birgt Sexualität nicht nur etwas Beglückendes, sondern ebenfalls etwas Schwieriges, ja Zerstörerisches in sich. Schwierig ist sie, weil die Andersartigkeit von Mann und Frau angenommen und akzeptiert werden muß. Ingrid Trobisch benutzt afrikanische Bilder, um das andersartige sexuelle Erleben zu beschreiben. „Das Erleben des Mannes ist wie Grasfeuer, leicht entzündbar, schnell auflodernd und rasch erlöschend. Das Erleben der Frau hingegen ist wie Holzkohlenglut, die der Mann mit Geduld zum Brand entfachen muß und die nach dem Aufflammen noch tief und lange weiterwärmt."[31] Zerstörerisch kann Sexualität wirken, wenn wir an verschiedene Perversionen denken. Wenn das Inzesttabu, das stärkste aller Tabus, durchbrochen wird, dann wirkt sie zerstörerisch, besonders in den eigenen vier Wänden zu Hause. Doch manche Psychologen meinen, daß es beim Inzest des Vaters mit seiner Tochter zwar nicht juristisch, wohl aber psychisch zwei Täter geben kann. Die Mutter sei nicht völlig unschuldig, weil ihre sexuelle Beziehung zum Mann unerfüllt war. Deshalb schlug der Mann einen schrecklichen Irrweg sexueller Erfüllung mit seiner leiblichen Tochter ein. Mit Sexualität kann also unsägliches Leid und abgrundtiefe Schuld verbunden sein.

Doch bevor Pater Kentenich den moralischen Zeigefinger erhebt, stellt er lebenserfahren fest: Sexualprobleme sind Liebesprobleme.

Mangelnde Liebeserfahrung verführt den Menschen und lenkt seinen Weg in verhängnisvolle oder perverse Formen der Sexualität. Selbst gelungene Sexualität, die aus der Personmitte, aus liebevollem Herzen getätigt wird, muß Leidvolles annehmen und integrieren. Allein die Andersartigkeit von Mann und Frau kann zur Glücksquelle oder zur Quelle des Leids werden. Lieben gelingt dem leichter, der selbst geliebt wurde. Auch in Fragen der Sexualität erleben die Menschen Glückskreise oder Teufelskreise. Einen Teufelskreis zu durchbrechen ist bekanntlicherweise schwer und bedarf göttlicher Gnade.

Das eine deutsche Wort Liebe wird in anderen Sprachen mit mehreren Begriffen wiedergegeben. Philia beschreibt Freundschaftsliebe, caritas meint Nächstenliebe, agape bedeutet Lieben mit göttlicher Kraft. Die Griechen sprachen vom „Eros", der die Sexualität und das göttliche Lieben der Agape miteinander verbinden kann. Das Erotische in der Liebe kann den Egoismus lösen. Im „Brief 1956" schreibt Pater Kentenich: „Eros steht am Anfang jeder Liebesbewegung. Ungerufen kommt er über den Menschen."[32] Der Eros bedarf der Lenkung durch Willen und Verstand. Doch durch den Eros werden „die beiden Partner innerlich von sich selber gelöst" und „sie wachsen in ein edelmenschliches und göttliches Wir hinein".[33] In der erotischen Du-Begegnung geschieht Ich-Bereicherung. Liebe wird zur größeren Liebe durch gemeinsames Leiden, durch mit-geteiltes Leid, durch Sym-pathie, durch Tragen des Leids des Du. Lieben und Leiden wachsen miteinander und führen zu immer höherem Lebensglück. Die Verheißung eines Liebesliedes: „Ich wünsch dir Liebe ohne Leiden", wird sich nie erfüllen. Richtig dagegen ist das Wort des Gottfried von Straßburg: „Leid kommt wohl ohne Lieb allein, Lieb kann nicht ohne Leiden sein!"[34] Die Verwobenheit von Liebe und Leid beschreiben viele, auch weltanschaulich gegensätzliche Personen. Kurt Tucholsky meint: „Wer mehr liebt, der muß mehr leiden."[35] Bischof Georg Moser behauptet: „Zur wirklichen Liebe ist ohnehin nur der Mensch fähig, der tief gelitten hat."[36]

Für alle Formen des Liebens, ob es sich dabei um Nächstenliebe, erotische Liebe, Gottesliebe, Freundschaftsliebe, Kreuzesliebe, Feindesliebe handelt, ist die Voraussetzung des richtigen Liebens die geordnete Selbstliebe. Nur mit geordneter Selbstliebe sind christliche Haltungen wie Demut, Buße oder Sühne lebbar. Ob geordnete Selbstliebe vorhanden ist, läßt sich an verschiedenen Lebensäußerungen ablesen. Zu viel Selbstliebe nennen wir Egoismus oder Narzißmus, vor dem die christliche Erziehung oft einseitig gewarnt hat. Doch es gibt ebenfalls das andere Extrem der zu geringen Selbstliebe. „Viele Christen leiden manchmal an mangelnder Selbstliebe, ohne sich das einzugestehen. Sie haben die letzten drei Worte des Gebotes aus Levitikus 19,18 nicht beherzigt: Liebe deinen Nächsten wie dich selbst! Es heißt also: Liebe dich selbst! Martin Buber formuliert in seiner Bibelübersetzung übrigens dies Gebot folgendermaßen: „Liebe deinen Nächsten, er ist wie du!" Nicht Ich-Vergessenheit, sondern Ich-Besitz bringt mehr Du-Liebe. Der Volksmund sagt: Wer sich selbst nicht riechen kann, der stinkt auch anderen. Symptome für mangelnde Selbstliebe können u. a. sein: der Geiz, ich gönne mir selbst nichts Gutes, lieber sparen als mir selbst etwas Gutes tun.

Das Sich-nicht-Wehren ist ein anderes mögliches Indiz für zu geringe Selbstliebe. Christlicher Gehorsam ist nicht Schicksal des Schwachen, sondern Freiheit des Starken. Einem Schüler, der einen perfektionistisch-neurotischen Englischlehrer hatte, riet ich: „Geh allein durch den Wald und beschimpfe den Lehrer mit all den Schimpfworten, die dir deine Eltern streng verboten haben." Zur Selbstliebe gehört das Widerstehen und Kämpfen mit hinzu, selbst wenn der Widerstand gegen den stärkeren, Zensuren gebenden Lehrer sich nur im einsamen Schreien im Wald ausdrücken kann.

Wieder andere können wunderbar für andere sorgen, aber sie sorgen zu wenig für sich selbst. Oder wir kennen Menschen, die so schlecht nein sagen können. Wenn ich ein unerwünschtes Kind war, das eigentlich abgetrieben werden sollte, oder wenn ich nur mit schwierigen Bedingungen geliebt wurde, habe ich tief in meinem Unterbewußten die Botschaft der Ablehnung. Ich fühle mich dann als weggetreten, totgewünscht oder als „Abfallprodukt". Es braucht dann ganz schön lange, bis ich bis ins Unterbewußte hinein hin weiß: Ich bin geliebt. Es dauert, bis der Grund meiner Seele beten kann: „Kann denn eine Frau ihr Kindlein vergessen, eine Mutter ihren leiblichen Sohn? Und selbst wenn sie ihn vergessen würde: Ich vergesse dich nicht. Sieh her: Ich habe dich eingezeichnet in meine Hände" (Js 49,15–16a).

Der heutige Mensch weiß, daß die geordnete Selbstliebe das A und O der seelischen Gesundheit ist. Das macht es noch schwerer, sich selbst richtig einzuordnen, denn jeder will gesund und „okay" sein!

Bei der Selbstliebe ist die Kardinaltugend des rechten Maßes von großer Bedeutung: Zu viel und zu wenig Selbstliebe raubt das Lebensglück. Ohne geordnete Selbstliebe kann die Liebe zu Gott Ausdruck der Selbstverachtung sein. Das Gebot der Nächstenliebe kann ohne geordnete Selbstliebe eine falsche und überzogene Selbstvergessenheit bewirken. Demutserziehung gerät ohne Selbstliebe ins Krankhafte. Buße und Sühne ohne geordnete Selbstliebe verfestigen pathologische Verhaltensweisen. Ohne hinreichende Selbstliebe bedeuten Blankovollmacht und Inscriptio Verfestigung des Gefühls der Gottverlassenheit. Ohne die Selbstliebe ist „sympathische" Liebe nur schwer möglich. Ein Freund kann mir das schon mal gut sagen: Jetzt denk doch auch mal an dich!

Eine der besten Darstellungen zum Thema Liebe liefert der Münsteraner Philosoph Josef Pieper mit seinem Buch „Über die Liebe":[37] „Lieben heißt zu sagen, zu leben: Gut, daß es dich gibt." Liebe ist also eine Gutheißung, eine grundsätzliche Bejahung. Pieper verteidigt den Eros als das Band, das Sexualität und Agape (göttliche Liebe) miteinander verbindet. Die Akzeptanz des Eros bewirkt, daß es nicht das bloß Sexuelle gibt. Wichtig ist die Sicht des Gemeinsamen, der Gutheißung in allen Formen der Liebe: Gottesliebe, erotische Liebe, Freundschaftsliebe, Selbstliebe, Elternliebe, Kindesliebe. Das Ideal selbstloser Liebe ist hinterfragbar, denn schon Augustinus sagt: „Wenn du dich selber nicht zu lieben weißt, kannst du auch den Nächsten nicht in Wahrheit lieben."[38]

Im Idealfall kann es schon das Paradoxon der „selbstlosen Selbstliebe" geben. Doch selbst der Liebende erreicht nicht die vollkommene Glückseligkeit, sondern macht die Erfahrung, die Ernst Bloch „die Melancholie der Erfüllung"[39] nennt. Die Sehnsucht des Menschen ist immer größer als die Erfüllung. Daß manches als Utopie unerreichbar bleibt, ist etwas Leidvolles. C. S. Lewis unterscheidet die „gift-love" (schenkende Liebe, Agape) und die „need-love" (bedürftige Liebe, Eros), die beide ihre Berechtigung haben. Protestantische Denker haben oft das erotische Lieben abgewertet, weil sie göttliches und naturhaftes Lieben fälschlicherweise als etwas Gegensätzliches ansahen.[40] Selbst der „unglücklich" Liebende, dessen Liebe nicht beantwortet wird, ist glücklicher als der Nicht-Liebende; er kann viel besser Leid wandeln als der, der nicht an die Liebe glaubt und der nicht liebt.

Persönliche Fragen:

- Bei welchen Menschen ist meine Liebe so stark, daß sie zur sympathischen und mitleidenden Liebe wurde?
- Wo hat der „Zauberstab der Liebe" für mich Trübes gewandelt?
- Wo bin ich durch mitgeteiltes Leid einem anderen besonders nahe gekommen? Wann wurde mir das Leid anvertraut? Wie gut kannten wir uns da?
- Erlebe ich Sexualität ganzheitlich, den ganzen Menschen betreffend?
- Wann bin ich „in die Liebe gefallen" (englisch: to fall in love) und vom Eros getroffen worden? Eine Liebe als Teenager? Eine „unglückliche" Liebe? Eine Liebe, die nicht erwidert wurde? Eine Liebe, die ich mir nicht eingestehe?
- Wo habe ich Sexualität als zerstörerisch und schmutzig erlebt? Merkte ich im nachhinein, mein Partner wollte nur Sex? Erfahrung von Vergewaltigung oder sexuellen Mißbrauch? Prostitution oder Pornographie?
- Wo ist mein Lieben sehr bedürftig (need-love)?
- Wo ist mein Lieben sehr verschenkend (gift-love)?
- Fühle ich mich von Gott geliebt und angenommen, gerade auch in schwierigen Lebenssituationen? Bin ich in Gott verliebt? Bewegt sich mein Herz, wenn ich bete?
- Zu welchem Menschen kann ich sagen: Eine so tiefe Liebe wie die deine habe ich noch nie erlebt? Welche Liebe füllt mein Herz fast ganz aus?
- Wo habe ich das Schwierige von Sexualität erlebt? Über welche sexuellen Regungen in mir habe ich mich geschämt? Impulse zur Selbstbefriedigung? Triebwünsche einer anderen Person gegenüber, obwohl ich eigentlich in meiner Ehe glücklich bin? Habe ich mit meinen Zärtlichkeiten meinen Partner überfordert?
- Bin ich ganz Frau oder ganz Mann? Habe ich den andersgeschlechtlichen Seelenanteil in mir entwickelt?
- Ist mir im Ehe- oder Lebenspartner oder im Freund Gott begegnet? Erleben wir Gott als den Dritten im Bund, der Harmonie und Verständnis schenkt? Wo war sexuelle Begegnung einfach schön, erfüllend, ein Stück weit Ekstase? Bei welcher zärtlichen Berührung waren Seele und Leib in großer Harmonie?

- Wo hat mir mein Lieben viel Herzeleid bereitet? Wo dachte ich, mein Geliebter wirft meine Rosen der Liebe einfach weg in den Schmutz?
- Wenn Sexualität so etwas ist wie ein bunter Regenbogen, wie würde ich dann die Farben beschreiben: rot wie …? Blau wie …?
- Wie kann ich mit einem lieben Menschen Konflikte austragen?
- Kann ich mit meinem Partner über die Erfülltheit oder Unerfülltheit sexuell intimer Begegnung sprechen?
- Habe ich Angst vor Nähe? Habe ich als attraktive Frau Angst vor Männern und ein negatives Bild vom Mann?
- Glaube ich an die Liebe als Sinngrund des Lebens?

8
Schlußbetrachtungen

„Wer aber sein Leben um meinetwillen
verliert, wird es gewinnen."
(Mt 16,25b)

Zuerst möchte ich eine Zusammenfassung dieses Buches versuchen: *Leiden gehört zum Leben.* In jeder Lebensgemeinschaft wird „Freud und Leid" geteilt. Dabei ist Leid die dunkle Seite der Medaille, eben nicht die Schokoladenseite des Lebens. Doch ohne Leid gelingen Freude und Liebe nicht. Die Versuchung, leidfrei durchs Leben zu kommen, stößt sehr bald an Grenzen der Undurchführbarkeit. Gleichwohl sind heute viele Menschen dieser Versuchung zur Leidfreiheit erlegen und werden dabei ganz unglücklich. Man kann Leid verstecken, wegschminken, tolles Make-up entwickeln – und doch ist das Leid immer wieder da. In jeden Lebensbereich kann das Leid eindringen. Es kann so dicht, so dämonisch komprimiert auftreten, daß ich schier verzweifle: an Gott, an den Menschen und an mir selbst. Ich brauche da nur an Auschwitz zu denken. Günther Anders sagt beispielsweise: „Wenn es ihn gibt . . . dann ist er einer, der Auschwitz und Hiroshima nicht verhindert hat." Und Hans Jonas ergänzt: „Und da sage ich nun: Nicht weil er nicht wollte, sondern weil er nicht konnte, griff er nicht ein."[1] Mir fällt da nicht immer etwas Klügeres ein gegen die Argumente der Zweifler: Und doch, der Glaubende hält fest an seinem Gott. Ob Gott zuläßt oder fügt, wann er die Ohnmacht wählt, wie die ungefährdete Freiheit des Menschen und die liebende Gnade Gottes zusammen zu denken sind, all das sind philosophisch unlösbare Fragen. Wie verbinde ich die Klarheit und Dunkelheit des Glaubens miteinander? Wenn ich so tue, als wäre alles klipp und klar, dann belüge ich mich selber.

Tiefgläubig kann nur ein Kind sein. Verletzlich wie ein Kind sollte ich bleiben. Doch entdecke ich mich dabei, wie ich dem Evangelium und den biblischen Verheißungen mißtraue. So lege ich mir lieber einen Panzer um, damit niemand mein „zartes" Herz noch einmal verletzen kann. Leid klopft unaufhaltsam an die eigene Lebenstür, sehr unberechenbar und rätselhaft, bei jedem ganz originell. Leiden muß ins Lebenshaus eingelassen werden, wenn ich den unliebsamen Gast nicht herauswerfen kann. Aber ich strenge mich ganz schön an, damit der aufdringliche Gast endlich verschwindet. Und manchmal kommt er durch die Hintertür wieder herein. Ich schreie dann und tobe. Ich weine. Und wenn nichts zu machen ist, lächle ich sogar diesen unangenehmen Gast an, mit dem Charme der Seliggepriesenen im Evangelium.

Nur als Glaubender und als Liebender kann ich dem schrecklichen Gast mit Namen Leid mit Gottes Beistand etwas Positives abgewinnen. Leid muß nicht sinnlos bleiben, sondern kann Sinn machen. Selbst dem unliebsamen Gast mit Namen Leid kann ich Gastfreundschaft gewähren, wenn meine Wohnung vorher richtig eingerichtet ist und die Warnlämpchen des Widerstandes brennen. Durch den Wunsch: „Nur das nicht!", verliere ich die Angst vor dem unliebsamen Besucher. Und dann ist Lieben nicht nur etwas Rosarotes oder Himmelblaues. Je mehr ich das kleine du des Menschen und das große Du Gottes liebe, um so mehr werde ich in den Strudel des Mit-Leidens hineingezogen. Irgendwann sind Lieben und Leiden so miteinander verwoben, daß ich beides nicht mehr trennen kann. Doch wenn ich dem Leiden Sinn abringe, habe ich das Leben gewonnen; dann bin ich glücklich. Wer trotz des Leidens nicht aufhört zu lieben und zu beten, der ist Lebensmeister und Heiliger zugleich.

Ich kann dieses Buch anders zusammenfassen: Pater Joseph Kentenich ist ein Mensch, dessen Leben oft am seidenen Faden hing. Er hatte in seinem Leben sehr viel „aufzuleiden". Leidvolles liegt in seiner Herkunftsfamilie: In der Studienzeit drohte sein Leben endgültig ins Negative wegzugleiten, weil er kurz vor der geistigen Umnachtung stand. Leidvolles liegt in der Nazizeit, wo er Gefangener und Häftling war; Leid wurde ihm von der geliebten Kirche, nicht nur in einer vierzehnjährigen Verbannung, zuteil. Zugleich teilte er das Schicksal eines unerwünschten und solidarischen Propheten. All das machte ihn sensibel für eigene und fremde Leidbewältigung. Zudem führte Gott ihn ungewöhnliche Pfade. Ken-

tenich kommt ganz aus der christlichen Tradition der Kreuzesnachfolge, nach der alles Schwere um des ewigen Lebens willen ertragen
werden soll, so wie das klassisch im Kapitel 47 im 3. Buch der „Nachfolge Christi" des Thomas von Kempen[2] ausgesagt ist. Doch gleichzeitig ist Kentenich offen für die psychologischen Vorgänge, die sich
beim Leidenden abspielen. Diese Aufgeschlossenheit korrigiert die
traditionelle Sicht der Kreuzesnachfolge. In Hunderten von Predigten und Referaten läßt sich eine klar zu umreißende Position Kentenichs über das Wie des Leidens erkennen. Er hat ein stark pasto-
ralpsychologisches Interesse. Durch die Berücksichtigung psychischer Prozesse im Leidensvorgang korrigiert Kentenich eine allzu
rigorose Kreuzesnachfolge.

Zuerst soll der gläubige Christ sich selbst lieben können. Ohne
geordnete Selbstliebe ist jede Kreuzesnachfolge in der Gefahr, etwas
Krankhaftes zu sein. Zudem ist Leid als etwas Alltägliches anzusehen. Leid ist nicht Sonderfall, sondern Regelfall des Lebens. In der
Schrift „Werktagsheiligkeit", die in der Grundkonzeption auf Kentenich zurückgeht, wird die Frage des Leids im naturnahen Bereich
(beim Abschnitt: Werkgebundenheit) behandelt. Im zweiten Haupt-
teil geht es um Arbeitsgebundenheit, Dinggebundenheit und Leidgebundenheit. Mir fällt auf: Kentenich siedelt die Frage nach dem
Leid nicht im Abschnitt über Gottgebundenheit an. Leid gehört zum
„weltlichen" Bereich des Buches, zur Werkgebundenheit. Der Seelsorger soll das Leid des Ratsuchenden einfühlend lange anschauen
und in der Beratung nicht zu schnell mit Kreuzesnachfolge und dem
leidend-passiven Jesus kommen. Denn christlich leiden können wir
erst dann, wenn wir echt menschlich gelitten haben.

Gerade der Leidende erfährt den Wagnischarakter und die Dunkelheit des praktischen Vorsehungsglaubens. Gott ist oft unbegreif-
lich in seiner Weltregierung. Das Leid ist so rätselhaft und ungerecht
verteilt, deshalb bleibt die Warum-Frage des Leidenden offen und
unbeantwortet im Raum stehen. Jeder Mensch muß sich dem Tragischen des Lebens stellen. Eigentlich gibt es auf die Tragik des Lebens
nur zwei grundsätzliche, aber entgegengesetzte Reaktionen: die Verbitterung oder das vertiefte Kindsein vor Gott. Das Leid soll nicht
bewirken, daß sich der Leidende einen Schutzschild oder „Panzer"
zulegt, um nicht neu verletzt zu werden. Durch Kindlichkeit und
Gott-Vater-Frömmigkeit bleibt der Leidende weich und verletzlich.

Der Leidende soll nicht durch religiöse Deutungen und Vertröstungen dahingehend beeinflußt werden, daß der Aufschrei des Herzens verhindert wird. Tränen dürfen zum guten Seelsorgsgespräch mit hinzu gehören. Kentenich warnt ausdrücklich vor einer überzogenen Kreuzesliebe, die sich durch mangelnden Widerstandswillen gegen das Leid auszeichnet.

Der direkte, aktive Widerstand gegen jede Form des Leids ist und bleibt die erste Reaktion des Leidenden, ganz gleich, wie „heilig" er ist. „Wir wollen nicht absolut Leid!" Leidvolles ist zu bekämpfen oder zumindest zu verändern. Nicht aus Märtyrerakten, sondern aus der Ölbergstunde des Herrn können wir das Wie des Leidens lernen. Überzogene Männlichkeit im Sinne der Auffassung, keinen Schmerz zu kennen, ist eine Fehlform der Leidverarbeitung. Besser ist es, der „Leidfülle ins Gesicht zu sehen, auf die Gefahr hin, weich zu werden und seinen Tränen freien Lauf zu lassen"[3], sagt V. Frankl. Mit den Gefühlen richtig umzugehen, ist alles andere als leicht. John Donne warnt: „Mögen unsere Gefühle weder sterben noch uns töten!"[4]

Am schwachen und deshalb starken Jesus Christus lesen wir folgende doppelte Leidreaktionen ab: der gemüthafte menschlich-kindliche Aufschrei („Vater, nimm diesen Kelch von mir!") und das majestätisch vom Heiligen Geist gewirkte Wort („Nicht mein, sondern dein Wille geschehe!"). Dabei kann der menschliche Aufschrei zur Rebellion gegen den Vatergott führen, was Dostojewski meisterhaft dargestellt und selbst durchlitten hat. Deshalb werden wir „ohne Vaterströmung mit den Grausamkeiten des Lebens nicht fertig".

Zum menschlichen Aufschrei müßte sich nach einer gewissen Zeit das majestätische Wort „Ja, Vater, dein Wille geschehe" gesellen, das nur begrenzt das Gemüt umfaßt und doch wirksam ist. Aus der häufiger getätigten Doppelreaktion von menschlichem Aufschrei und majestätischem Wort kann sich in der Seele des Leidenden die polare Grundstimmung von menschlichem Weinen und göttlichem Lächeln entwickeln. Nur wenn das Leid als „Liebkosung, Umarmung, Heimsuchung des Vatergottes" aufgefaßt werden kann, hat der Leidende die Möglichkeit, „die Verklärungszüge göttlichen Lächelns aus seinem Bilde nicht auszustreichen". Manchen Menschen wird die „Leidensseligkeit" als besondere Gabe des Heiligen

Geistes geschenkt. Sie soll nicht aszetisch angestrebt werden, denn das ginge nur mit „Ach und Krach". Leidensseligkeit ist also keine „natürliche Tugend", sondern Geschenk Gottes.

1. Stadium: der natürliche Widerstand, Neinsagen und Kämpfen.
2. Stadium: der menschliche Aufschrei, Weinen und Klagen:
   „Laß diesen Kelch an mir vorübergehen!"
3. Stadium: das majestätische Ja-Wort; mit dem Willen und später
   mit dem Gemüt zu sprechen: „Nicht mein, sondern
   dein Wille geschehe!"
4. Stadium: menschliches Weinen und göttliches Lächeln als
   Grundstimmung.
5. Stadium: Leidensseligkeit als Geschenk des Heiligen Geistes.

Das Erreichen des höheren Stadiums ist eine Auswirkung göttlicher Gnade, die dem offenen, kindlich-gläubigen Menschen zu einem bestimmten Zeitpunkt von Gott geschenkt wird. Nun hat der Mensch bis ins unterbewußte Seelenleben hinein eine starke Ablehnung und negative Voreingenommenheit gegen jedes Leid. Das macht es sehr schwer, Sinn zu stiften, wenn Leid den Menschen lähmt. Das Sich-Einfügen in den Willen Gottes nennt Pater Kentenich „Blankovollmacht". In ihr realisiert der Mensch mit Kopf und Herz, daß er von Gott geliebt ist und daß er diese Liebe in seiner konkreten Lebensgeschichte hautnah und handgreiflich erfahren hat. Doch der Geliebte wagt, in ungewisser Zukunft stehend, den Sprung in die Vaterhände Gottes. Nicht so sehr der Asket oder der Wille im Menschen, sondern mehr der Mystiker, derjenige, der Gott „geschmeckt" hat, kann in der Grundhaltung der Blankovollmacht ein Leben des Gottvertrauens, des Urvertrauens führen. Der Betende weiß sich von Gott geliebt, doch es gibt immer noch einen Vorbehalt in seiner Seele. Der Gläubige denkt: Ich weiß um deine unendliche Liebe zu mir. Dir, Gott, schenke ich einen leeren Blankoscheck, auf den du alles draufschreiben kannst. Aber es gibt ein Geschehen, das sollte auf keinen Fall passieren. Diesen Vorbehalt nennt Kentenich das „nur das nicht!". Auch dieses von Gott zu wünschen ist Akt höchster Freiheit und höchster Liebe. Kentenich merkte, daß dieser religiöse Vorgang therapeutische Nebenwirkungen hatte. Seine „Seelsorgskinder" wurden durch diese Haltung von Zwängen, Schlafstörungen oder nervösen Überbelastungen befreit.

Kentenichs „nur das nicht!" (Inscriptio genannt) hat in verschiedenen Sondersituationen methodische Ähnlichkeiten mit Frankls *paradoxer Intention*. Wenn neurotische Menschen krankmachende Erwartungsängste entwickeln, wird nach Frankl der Patient „angehalten, gerade all das, wovor er sich fürchtet, sich gerade zu wünschen oder vorzunehmen". Dadurch soll der neurotisch Leidende die krankmachende Erwartungsangst, die Angst vor der Angst, verlieren. Kentenichs paradoxe Intention, das „nur das nicht!" wünschen, ist eingebunden in ein religiöses Geschehen, ist Vertrauensakt und Glaubenssprung in die Arme des liebenden Gottes.

Jeder Mensch darf und soll fremdes Leid mittragen, was im seelsorglichen Gespräch geschehen kann. Seelsorge hat etwas mit Seele, mit Herz, mit Affektivität zu tun. Nur wenn ich mein eigenes Gemüt mit seinen Schmerzen und Verwundungen angeschaut habe, werde ich mich in den anderen einfühlen können. Zum Hören gehört die Kunst des Aufschließens, des Heraushörens und des Führens mit hinzu, wobei der Ratsuchende nicht entmündigt wird, sondern eigenverantwortlich sein Leben gestalten soll. Gute Seelsorger und Freunde stellen gute Fragen und führen zu wahren, selbstverantworteten Einsichten und Entscheidungen. Mitfühlende Seelsorger helfen mit, die Grundmelodie oder das persönliche Ideal des Ratsuchenden in einer längeren Begleitung zu entdecken. Das Leid, will es bewältigt werden, verweist in die Welt der Mystik, des Gebetes, der Gotteserfahrung. Blankovollmacht und Inscriptio sind Aufgaben für den Mystiker. Jeder Mystiker bleibt Anfänger, bleibt Kind Gottes, das sich immer wieder neu von der Liebe des großen Du Gottes im Vorsehungsglauben, in den Sakramenten der Kirche beschenken läßt. Und das Leiden steht in innerer Verwobenheit zum Lieben.

Alle wirklichen Formen der Liebe, von der Erotik über die Freundschaft bis zur Mystik, helfen dem Menschen, mit seinem je eigenen Leid umgehen zu können. Leidbewältigung heißt deshalb nicht, nur und isoliert auf das erfahrene Leid zu schauen. Leid wird bewältigt, wenn wir auf das Ganze des Lebens schauen, eben auf Freud und Leid oder auf Lieb und Leid blicken. Demjenigen, der mich liebt, vertraue ich mein Leid an. Liebende tragen gemeinsam ihr Leid, und das macht die Last oder das „Joch" leichter. Liebe wird zur sympathischen, zur mit-leidenden Liebe.

Theresia von Lisieux schreibt in ihr Tagebuch: „Ich leide viel. Aber leide ich auch gut? Das ist entscheidend!"[5] Hoffentlich hat der Leser nach dieser Lektüre gelernt, besser als bisher das Wie des Leidens anzugehen. Ich ende mit einer kleinen, sehr gekürzten, am Ursprungstext orientierten Geschichte von Pet Partisch über die Steinpalme. Diese Geschichte hat auch den Titel: Das Märchen vom finsteren Ben Sadok.[6]

„Neben den vielen Palmen am Strand des Meeres stand etwas abseits eine eigenartig geformte Palme. Sie wirkte gedrungen, mit einem mächtigen Stamm und starken Fächern. Denn inmitten der Palme, im Herzen der Palme, dort, wo sonst die neuen, gellgrünen Triebe aus der Mitte des Stammes nach oben drängten, lag ein mächtiger, rötlicher Stein, ein Stein, wie unzählige am Strand herumlagen. Wie kam dieser Stein an diese Stelle? Es wird erzählt: Ein Mann, der tagelang durch die Wüste geirrt war, kam vor langer Zeit an dieser Palme vorbei. Er warf seinen ausgedörrten Körper in das Meerwasser, doch sein Durst konnte von dem Salzwasser nicht gestillt werden. Da packte ihn ein rasender Zorn. Er sah den wunderschönen Palmenschößling stehen und schrie: ‚Warum lebst du? Warum findest du Nahrung und Wasser, und ich verdurste hier? Du sollst nicht leben!' Und mit letzter Kraft preßte er einen Stein mitten in das Kronenherz des jungen Baumes. Danach brach der Mann neben der kleinen Palme zusammen. Doch er wurde vermutlich von Kameltreibern gerettet. Der große Stein lastete nun schwer auf dem zierlichen Stamm, das weiche Palmenherz war gequetscht. Doch der Mann hatte die Palme nicht töten können. Er konnte sie verletzen, aber nicht töten. Die brechenden Zweige und das Zerfasern der jungen Triebe bewirkten einen großen Schmerz. Der kleine Baum konnte auch mit Hilfe des Windes den Stein nicht abschütteln. ‚Was soll ich tun?' fragte die Palme, ‚ich kann den Stein nicht abwerfen!' Aber da war eine andere Stimme, die sagte: ‚Nichts ist zu schwer! Du mußt den Stein nicht abwerfen. Du mußt den Stein annehmen. Dann wirst du erleben, wie deine Kräfte wachsen.' Der Baum klammerte sich mit den kräftiger werdenden Wurzeln in den Boden, denn er brauchte mit seiner doppelten Last einen doppelten Halt. Irgendwann stieß die Wurzel auf eine Wasserader. Nun fand die Palme dauernd feste Nahrung und legte breite Fächerzweige um den Stein herum. Der Stamm gewann mehr und mehr an Umfang. Auch wenn die anderen Palmen am Strand höher und lieblicher waren, war diese Palme der mächtigste Baum und bekam von den Leuten den Namen Steinpalme. Der Baum hatte seine Last angenommen und hoch hinausgetragen. Und die Steinpalme hatte eine Quelle freigelegt, die seither den Durst vieler löscht."

Nichts ist zu schwer, du mußt das Leid nur annehmen. Du mußt aus tieferen Quellen trinken, indem deine Wurzeln in die Tiefe hineinwachsen. Da gibt es die Tiefe deiner Seele und die Tiefe der Mystik. Da gibt es Lebens- und Liebeskräfte, die erst im Leid wach und lebendig werden. Und du mußt das Leid annehmen mit deiner ganzen, so hinfälligen Seele. Bleib Kind beim Leiden, schrei und weine und lächle! Und du kannst das Leid annehmen mit der Kraft aus der Höhe, mit dem Wehen des Geistes. Und du hast eine besondere Glut, wenn du Leid in Liebe gewandelt hast. Und du bist nicht der Verlierer, sondern du hast das Leben gewonnen.

ANMERKUNGEN

(Abkürzungen: JK = Joseph Kentenich; KJ = Kentenich Joseph)

Kapitel 1: Lebenserfahrung heute

1 Kentenich, Joseph, Milwaukee Predigten, Band 5, Vallendar 1971, 90.
2 Leisner, Karl, Mit Christus leben, Gedanken für jeden Tag, herausgegeben (= hrsg.) von Wilhelm Haas, Kevelaer 1979, 117 (Leisners Tagebucheintragung vom 10. 5. 1938).
3 Kentenich, Joseph, Sammlung von Texten über Inscriptio, zusammengestellt von J. Klein, Vallendar 1970, 94, nicht ediert.
4 Kentenich, Joseph, Sammlung von Texten über Christusverständnis und Christusliebe, Santiago de Chile, 148, nicht ediert. Zitat aus der Tagung „Der erlöste Mensch", 1936.
5 Kentenich, Joseph, siehe oben, 90, Mitschrift eines Einkehrtages für Lehrerinnen im November 1929.
6 Kentenich, Joseph, Grundriß einer neuzeitlichen Pädagogik für den katholischen Erzieher, Vorträge der Pädagogischen Tagung 1950, bearbeitete Nachschrift, Vallendar 1978, 76.
7 Spruchkarte, nicht näher belegt.
8 Kentenich, Joseph, Milwaukee-Predigten, Band 1, Vallendar 1969, 43.
9 Kentenich, Joseph, siehe oben, 41.
10 Prekop, Jerina, Der kleine Tyrann. Welchen Halt brauchen Kinder?, 6 Aufl. München 1994, insbesondere Seiten 124–130.
11 Kentenich, Joseph, Milwaukee-Predigten, Band 1, 47.
12 Frankl, Viktor, . . . trotzdem ja zum Leben sagen. Ein Psychologe erlebt das Konzentrationslager, München 1977, 63.
13 Sölle, Dorothee, Leiden, 3. Aufl. Stuttgart 1976, 52.
14 Sölle, Dorothee, siehe oben, 50.
15 Gemeinsame Synode der Bistümer in der Bundesrepublik Deutschland. Offizielle Gesamtausgabe 1, 2. Aufl. Freiburg 1976, 89.
16 Postman, Neil, Wir amüsieren uns zu Tode, Urteilsbildung im Zeitalter der Unterhaltungsindustrie, Frankfurt 1990, 189.
17 Lorenz, Konrad, Die acht Todsünden der zivilisierten Menschheit, 19. Aufl. München 1988, 39–50.
18 Bonn, Cäcilia, und Schipperges, Heinrich, Hildegard von Bingen und ihre Impulse für die moderne Welt. Referat von Cäcilia Bonn am 9. Oktober 1984 in der Abtei St. Hildegard in Eibingen, 22.
19 Goritschewa, Tatjana, Die Kraft der Ohnmächtigen. Weisheit aus dem Leiden, 2. Aufl. Wuppertal 1987, 25, 22, 23, 55.
20 Brantschen, Johannes B., Warum läßt der gute Gott uns leiden?, Freiburg 1986, 59–66.
21 Concilium, 12. Jahrgang 1976, 563.

22 Frankl, Viktor, Die Sinnfrage in der Psychotherapie, in: Suche nach Sinn – Suche nach Gott, hrsg. von Paus, Ansgar, Graz – Wien – Köln 1978, 316.

23 Zitiert nach: Kentenich, Joseph, Texte zur Ostsendung, hrsg. von Grill, R. Ch., Vallendar 1991, 68.

24 Zitiert nach: Pereira, Alfonso, Jugend mit Gott, Kevelaer 1971, 235.

25 Moltmann, Jürgen, Atheismus um Gottes willen, in: Bloch, Ernst, Religion im Erbe, München 1967, 15–17.

26 Zitiert nach: de Boisdeffre, Pierre, Leben und Werk von Albert Camus, in: Camus, Albert, Die Pest, Sammlung Nobelpreis für Literatur, Nr. 52, Zürich – Düsseldorf, 42.

27 Kogon, Eugen, und Metz, Johann Baptist, Gott nach Auschwitz, Dimensionen des Massenmords am jüdischen Volk, Freiburg 1979.

28 Schütz, Christian, Verborgenheit Gottes, Martin Bubers Werk – Eine Gesamtdarstellung, Zürich 1975, 60.

29 Schütz, Christian, Verborgenheit Gottes, siehe oben, 58.

30 Zitiert nach: Klempnauer, Günther, Mein Gott – warum? Über das Leiden und den Sinn des Leidens, Wuppertal 1988, 42. Literaturhinweis: Wiesel, Elie, Macht Gebete aus meinen Geschichten, 3. Aufl. Freiburg 1986.

31 Locher, Peter, Mit Herz und Humor, Erzählungen aus dem Leben Pater Kentenichs, Vallendar 1981, 43–44.

32 Information aus dem Museum im KZ Dachau.

33 Weber, Thomas, Er hat mich angesehen. Moderne Mysterienspiele, Kevelaer 1982, 110.

34 Siehe oben, 118–119; vergleiche auch: Kommandant in Auschwitz, Autobiographische Aufzeichnungen des Rudolf Höss, hrsg. von Braszat, Martin, 10. Aufl. München 1985.

35 Kentenich, Joseph, Wegweisungen unseres Gründers, Band 2, Vorträge von P. Kentenich am 16. Juli 1967 im KZ Dachau, hrsg. vom Schönstatt-Familienwerk, Vallendar, 30–31, nicht ediert.

36 Kentenich, Joseph, Gott – wo bist Du?, hrsg. von Schönstätter Marienschwestern, 4. Aufl. Vallendar 1972, 10.

Kapitel 2: Wer ist Pater Kentenich?

1 Willms, Wilhelm, wagnis und liebe, der gefährliche weg des josef kentenich, ein musical, Kevelaer – Vallendar 1986, 23–24.

2 Monnerjahn, Engelbert, P. J. K. – Ein Leben für die Kirche, 3. Aufl. Vallendar 1991. Uriburu, Esteban, Sie nennen ihn Vater, 2. Aufl. Vallendar 1990. Walter, Heinrich, und Hergenroth, Gerhard, PJK, Schönstatt, Ein Ort, ein Weg, eine Bewegung, Strasbourg 1991

3 In englischer Sprache: Monnerjahn, Engelbert, A life for the church, Cape Town 1985; Savage, Barbara, Mary's Prophet, a life of Father J. K., Cape Town 1993. Weitere biographische Schriften:
Mengedodt, Karl Heinz, Erste Begegnung mit P. J. K., 2. Aufl. Vallendar 1989. King, Herbert, Der Mensch Joseph Kentenich, Vallendar, fast textgleich mit den späteren Artikeln: „Die Reifung eines neuen Paradigmas".
Nailis, Annette, Pater Kentenich, wie wir ihn erlebten, Vallendar 1981.
Neuenhofer – Zillekens, auf die Spur kommen, Vallendar 1985.

4 King, Herbert, Die Reifung eines neuen Paradigmas in Pater Kentenich – 1. Krise, in: Regnum, 28. Jahrgang 1994, 163.

5 Predigt anläßlich der Beerdigung von P. Dr. Alexander Menningen am 25. Mai 1994 von P. Dr. Michael Marmann, eigene Erinnerung.

6 King, Herbert, siehe oben, wie 3, 160.

7 King, Herbert, siehe oben, wie 3, 173.

8 Vgl.: King, Herbert, Die Reifung eines neuen Paradigmas in Pater Kentenich, II. Überwindung der Krise, in Regnum, 29. Jg. 1995.

9 Faulhaber, Kurt, Solidarität als Auftrag, in: Internationale Festwoche 1985, Vorträge, hrsg. von Marmann, MJ., Vallendar 1985.

10 Kentenich, Joseph, Kindsein vor Gott, Priesterexerzitien (Herbst 1937, Schweiz), bearbeitet von Boll, G. M., und Penners, L., Vallendar 1979, 200. Nailis, Annette, Werktagsheiligkeit, Ein Beitrag zur religiösen Formung des Alltags, Limburg 1937, 142–166.

11 Begegnung mit Pater Joseph Kentenich im Pater-Kentenich-Haus auf Berg Schönstatt, hrsg. vom Säkularinstitut der Schönstätter Marienschwestern, Vallendar 1985; vgl.: Buesge, Pia, Wolf, Peter, Hingabe und Vision hinter Gittern. Geistlicher Kommentar zu Gebeten von Pater Josef Kentenich, Vallendar 1993.

12 Höffner, Joseph, Auserwählt, die großen Taten Gottes zu verkünden. Predigt am 15. September 1985 in Vallendar-Schönstatt, in: Ein Charisma für die Kirche: Ansprachen zum 100. Geburtstag von P. Kentenich, hrsg. von Boll, G. M., Vallendar 1986, 37.

13 Der Gefährte, erste Erinnerungen an P. Dr. Alexander Menningen, hrsg. von Ammann, R., Bausenhart, K., Klein, J. M., Vallendar.

14 Bibelstellen zur paulinischen Christus-Mystik: Röm 6,6; Gal 2,20; 5,24; 2 Kor 1,1 ff, Phil 1,23; 3,11; Kol 1,2.

Kapitel 3: Hintergründe des Leidens

1 Schütz, Christian, Verborgenheit Gottes, siehe oben, 60.

2 Kentenich, Joseph, Brasilienterziat, Terziat der Gesellschaft der Pallottiner in Santa Maria 1952, Band 3, Vallendar 1975, 132.

3 Kentenich, Joseph, Gott, wo bist Du?, 59.

4 Kentenich, Joseph, siehe oben, 88.

5 Kentenich, Joseph, siehe oben, 56.

6 Kentenich, Joseph, Victoria patris II, Vorträge in Oberkirch am 3. und 4. September 1967, 131, nicht ediert.

7 Kentenich, Joseph, Texte zum Vorsehungsglauben, hrsg. von Ziegler, August, 3. Aufl. Vallendar 1988, 186.

8 Kentenich, Joseph, Victoria patris II, siehe oben, 157; eine wissenschaftliche Studie zum Konzept des Vorsehungsglaubens bei KJ hat erstellt: Unkel, Hans Werner, Theorie und Praxis des Vorsehungsglaubens nach Pater Joseph Kentenich, Teil 1: Theologische Horizonte des praktischen Vorsehungsglaubens, Vallendar 1980, Teil 2: Leben aus dem praktischen Vorsehungsglauben, Vallendar 1981.

9 Kentenich, Joseph, Kindsein vor Gott, siehe oben, 6. Artikel zur „Einführung" von Penners, L.; Zitat von KJ aus einem Vortrag im Februar 1968.

10 Pestalozzi, Heinrich, Die Abendstunde eines Einsiedlers, in: ders., Werke I, 321.

11 Kentenich, Joseph, What is my philosophy of education, Mai 1961, in: Schlosser, Herta, Der neue Mensch – die neue Gesellschaftsordnung, Vallendar 1971, 157.

12 Tagore, Rabindranath, Gesammelte Werke, 8. Band, Lebensweisheit, München 1921, 356; einzig autorisierte deutsche Ausgabe, übertragen von Helene Meyer-Franck, aus der Spruchsammlung Spruch 298.

13 Kentenich, Joseph, What is my philosophy of education?, siehe oben, 157.

14 Locher, Peter, Mit Herz und Humor, siehe oben, 115.

15 Drewermann, Eugen, Kleriker. Psychogramm eines Ideals, Freiburg 1989.

16 Kentenich, Joseph, Desiderio desideravi, Milwaukee-Terziat, 6. Band, 44, nicht ediert.

17 Kentenich, Joseph, Rom-Vorträge, 3. Band, 121, Vortrag am 2. Februar 1966, nicht ediert.

18 Kastner, Ferdinand, Unter dem Schutze Mariens. Untersuchungen und Dokumente aus der Frühzeit Schönstatts 1912–1914, Paderborn 1939, 87–90.

19 KJ, Väterlichkeit, kurze Mitschrift des 2. Seelenführerkurses von KJ, hrsg. von Vautier, P., Münster 1969, Vervielfältigung, 6, nicht ediert; vergleiche: Czarkowski, Hans, Psychologie als Organismuslehre, Vallendar 1973, 179–253, vgl.: wie 58, 337–339.

20 Schlosser, Herta, Zentrale Begriffe Schönstatts, 69. Haas, Wilhelm, Christus meine Leidenschaft. Karl Leisner, Sein Leben in Bildern und Dokumenten, 2. Aufl. Kevelaer 1981. Dirksen, Jutta, Wagnis Freiheit, Pater Franz Reinisch, Vallendar 1993.

21 Im Dienste eines Charismas, 25 Jahre Patris Verlag, Vallendar 1995, darin: Frömbgen, E.: Religionslose Psychologie – psychologische Abstinenz der Theologie, 91–94.

22 Escriva de Balaguer, Josemaria, Der Weg, 10. Aufl. Köln 1982, Spruch 188 ist auf Seite 45, Kapitel Abtötung.

23 Kentenich, Joseph, Brasilienterziat, siehe oben, 144.

24 Frielingsdorf, Karl, Dämonische Gottesbilder. Ihre Entstehung, Entlarvung und Überwindung, 2. Aufl. Mainz 1993.

25 Kentenich, Joseph, Vortrag am 25. Juli 1966 in Vallendar-Schönstatt, Priesterhaus Marienau.

Kapitel 4: Erfahrungen des Leidens

1 Kentenich, Joseph, Sammlung von Texten über Christusverständnis und Christusliebe, siehe oben, 31. Text aus der Tagung „Gotteskindschaft" von 1922.

2 Kentenich, Joseph, Neue Vaterkindlichkeit, Vallendar 1975, 31, nicht ediert. Vortrag am 18. Februar 1963 in Milwaukee.

3 Kentenich, Joseph, Rom-Vorträge, Band 2, 99. Vortrag vom 24. November 1965, nicht ediert.

4 Nietzsche, Friedrich, Also sprach Zarathustra III: Von den Abtrünnigen, Werke hrsg. von Schlechta, K., Band II, 428.

5 Hemmerle, Klaus, Glauben – wie geht das? Wege zur Mitte des Evangeliums, Freiburg 1978, 88.

6 Vgl.: Kaiser, Heidi, Leiden und Hoffen. Ein Lesebuch für Schule und Gemeinde, Kevelaer 1993, 176.

7 KJ, Madison-Terziat, 8. Vortrag vom 24. Juli 1952, nicht ediert.

8 Norwood, Robin, Wenn Frauen zu sehr lieben. Die heimliche Sucht, gebraucht zu werden, Hamburg 1990, 9.

9 Riemann, Fritz, Grundformen der Angst. Eine tiefenpsychologische Studie.

10 Kübler-Ross, Elisabeth, Interviews mit Sterbenden, 8. Aufl. Stuttgart 1974.

11 Spiegel, Yorik, Der Prozeß des Trauerns. Analyse und Beratung, Mainz 1973.

12 Kentenich, Joseph, Sammlung von Texten über Christusverständnis und Christusliebe, siehe oben, 34–35.

13 Kentenich, Joseph, Kindsein vor Gott, 198–202, alle in Anführungszeichen gesetzte Worte stammen von KJ aus diesem Exerzitienkurs (bis Kapitelende).

14 Kentenich, Joseph, Sammlung von Texten über Christusverständnis, siehe oben, 43.

15 Kentenich, Joseph, siehe oben, 13.

16 Kentenich, Joseph, Desiderio desideravi, Milwaukee-Terziat, Band 2, 13, nicht ediert.

17 Kentenich, Joseph, Texte zum Vorsehungsglauben, siehe oben, 74–77. Text aus den „Chroniknotizen" von 1957.

18 Dostojewski, Fjodor Michailowitsch, Die Brüder Karamasow, Band 3, 399, München 1957, vergleiche dazu: Küng, Hans, Gott und das Leid, Einsiedeln 1967, Kapitel: Empörung, 19–26.

19 Kentenich, Joseph, Texte zum Vorsehungsglauben, siehe oben, 76–77.

20 Kentenich, Joseph, Es geht dich an, Band 1, hrsg. von der Schönstatt-Mädchenjugend, 114, nicht ediert, Ansprache vom 10. Juli 1967.

21 Kentenich, Joseph, Vortrag am 27. Oktober 1950 zur Einweihung eines Kreuzes, nicht autorisierte Mitschrift, 4, nicht ediert.

22 KJ, wie 95, 8.

23 Tagebuch der Ehefrau Dostojewskis, München 1952, 506.

24 Kentenich, Joseph, Unser Christusbild, Auszüge aus Predigten, zusammengestellt von den Frauen von Schönstatt, 530. Predigt vom 5. September 1965, nicht ediert.

25 Kentenich, Joseph, Unser Christusbild, 583.

26 Nigg, Walter, Große Heilige, 9. Aufl. Zürich 1974, 510.

27 Göres, Ida Frederike, Das verborgene Antlitz, Freiburg 1944, 384.

28 Gebete der heiligen Hildegard, An den Fenstern des Glaubens, hrsg. von Storch, Walburga, Augsburg 1991, 51, Überschrift: Zerknirschung.

29 Kentenich, Joseph, Unser Christusbild, 560.

30 Kentenich, Joseph, Madison-Terziat, 8.

31 Kentenich, Joseph, Oktoberwoche 1950, 202, nicht ediert.

32 Kentenich, Joseph, Rom-Vorträge, 3. Band, 229. Vortrag vom 9. Dezember 1965.

33 Frömbgen, M. E., Neuer Mensch in neuer Gemeinschaft, Vallendar 1973, 265.

34 Zitiert nach: Guardini, Romano, Christliches Bewußtsein. Versuche über Pascal, 2. Aufl. München 1950, 29.

35 Frömbgen, M. E., Neuer Mensch in neuer Gemeinschaft, 265.

Kapitel 5: Annahme des Leidens

1 Kentenich, Joseph, zitiert nach: Schlosser, Herta, Der neue Mensch – die neue Gesellschaftsordnung, Vallendar 1971, 194, „Amerikabericht" von Joseph Kentenich, 1948.

2 Nigg, Walter, Die Heiligen kommen wieder, 2. Aufl. Freiburg 1973, 145.

3 Zitiert nach: Körner, Reinhard, Weil Gott es so von mir will, Leipzig 1987, 96.

4 Ignatius von Loyola, Geistliche Übungen. Übertragung und Erklärung von Adolf Haas, Freiburg 1966, 79.

5 Kentenich, Joseph, zitiert nach: King, Herbert, Marianische Bundesspiritualität. Ein Kentenich-Lesebuch, Schönstatt-Studien 8, Vallendar 1994, 167–168.

6 Kentenich, Joseph, Texte zum Vorsehungsglauben, siehe oben, 186.

7 Kentenich, Joseph, Texte zum 20. Januar 1942, II. Teil, 194, nicht ediert.

8 Kentenich, Joseph, Wachstum im höheren Gebetsleben. Priestertagung vom 20. bis 22. Januar 1941, hrsg. von den Schönstatt-Patres der Anbetung, Vallendar 1977.

9 Hug, Heinrich, Vortrag bei der Gesellschaft für therapeutisches Festhalten, gehalten am 11. September 1994 in Linz, Österreich, Kopie.

10 Lechler, Walter H., So kann's mit mir nicht weitergehen!, Stuttgart 1994.

11 Kentenich, Joseph, Himmelwärts. Gebete für den Privatgebrauch, Vallendar 1945, 117.

12 Kentenich, Joseph, Brasilien-Terziat, siehe oben, 151–152.

13 Kentenich, Joseph, Rom-Vorträge, Band 1, 39, nicht ediert. Vortrag vom 17. November 1965.

14 Kentenich, Joseph, Rom-Vorträge, Band 2, 36. Vortrag vom 24. November 1965.

15 Schneider, Benito, Existentielle Sinnbejahung durch Blankovollmacht und Inscriptio, in: Regnum, 9. Jg. 1974, 160–171; 10. Jg. 1975, 10–21.

16 Kentenich, Joseph, Brasilien-Terziat, siehe oben, 145–146.

17 Albrecht, Barbara, Brüder im Geist. Maximilian Kolbe und Joseph Kentenich als Herausforderung an geistliches Leben heute, Kevelaer 1979, 55.

18 Kentenich, Joseph, Brasilien-Terziat, siehe oben, 147.

Kapitel 6: Logotherapie und Leid

1 Benedikt, Friedrich, Zur Therapie angst- und zwangsneurotischer Symptome mit Hilfe der paradoxen Intention und Dereflexion. Frankl. München, Fotodruck, Dissertation 1968, 9.

2 Fabry, Joseph B., Das Ringen um Sinn. Eine Einführung in die Logotherapie, Freiburg 1973, 147. Vgl. auch die Bücher von Lukas, Elisabeth, Geborgensein – worin? Logotherapeutische Leitlinien zur Rückgewinnung des Urvertrauens, Frankfurt 1993.

3 Frankl, Viktor E., Der Mensch auf der Suche nach Sinn. Zur Rehumanisierung der Psychotherapie, 5. Aufl. Freiburg 1976, 75.

4 Das Zitat und die folgende Gedankenführung sind inspiriert von: Naber, Ursula, Viktor Frankl: Eine Sinnlehre gegen die Sinnleere, Psychologie heute, 1994, September, 26–27.

5 Dienelt, Karl, Von der Psychoanalyse zur Logotherapie, München 1973, 48.

6 Schweizer Archiv für Neurologie und Psychiatrie, 43, 26; Angaben aus: Frankl, V., Das Leiden am sinnlosen Leben, Psychotherapie heute, Freiburg 1977, 56.

7 Fabry, Joseph, Das Ringen um Sinn, siehe oben, 151.

8 Frankl, V., Was nicht in meinen Büchern steht. Lebenserinnerung, München 1995, 92. Das ganze Kapitel 6.2 bezieht sich auf dieses autobiographische Buch, das anläßlich des 90. Geburtstages erschien; eine Autobiographie in „Kurzform" war vorher erschienen in Frankl, V., Die Sinnfrage in der Psychotherapie, 6. Aufl. München 1996, 143–166, unter dem Titel „eine autobiographische Skizze".

9 Lukas Elisabeth, Auch Dein Leiden hat Sinn. Logotherapeutischer Trost in der Krise, Freiburg 1981, 88.

10 Lionni, L., Frederik, Köln 1991.

11 Zsok, Otto, Zustimmung zum Leiden? Logotherapeutische Ansätze, St. Ottilien 1995, 42.

12 Wie 11, besonders Teil B, Kapitel: Das Wagnis der lebensfördernden Klage, 83 ff.

Kapitel 7: Aufgaben des Lebens

1 Kamphaus, Franz, Priester aus Passion, 3. Aufl. Freiburg 1994, 28.

2 Kentenich, Joseph, Ethos und Ideal in der Erziehung. Wege zur Persönlichkeitsbildung, Vallendar 1972. 10. u. 11. Vortrag, 253–301.

3 Czarkowski, Hans, Psychologie als Organismuslehre, Vallendar 1973, 215–216.

4 Leist, Marielene, Leid und Trost. Dem anderen zur Seite stehen bei Krankheit, Behinderung und Tod, Freiburg 1980, 86.

5 Ritzer, Friedrich, Heilung durch Ähnlichkeit, München 1970.

6 Kentenich, Joseph, zitiert nach Schlosser, Herta, Der neue Mensch – die neue Gesellschaftsordnung, Vallendar 1971, 37. Text Kentenichs, überschrieben mit Krise, 1961 verfaßt.

7 Kentenich, Joseph, Rom-Vorträge, Band 2, 36–37. Vortrag vom 24. November 1965, nicht ediert.

8 Kentenich, Joseph, Maria – Mutter und Erzieherin. Eine angewandte Mariologie, bearbeitet von M. E. Frömbgen, hrsg. von den Schönstätter Marienschwestern, Vallendar 1973, 417–418, ursprünglicher Titel: Fastenpredigten 1954.

9 Kolakowski, Leszek, Falls es keinen Gott gibt, Freiburg 1992, 89.

10 Kentenich, Joseph, Himmelwärts, 144.

11 Balling, Adalbert L., Gott lege ein Licht in deine Hände. Wenn der Schmerz größer ist als die Kraft, Freiburg 1994, 45.

12 Lewis, Carl S., Über den Schmerz, ins Deutsche übertragen von Hildegard und Josef Pieper, München 1978, 7.

13 Kentenich, Joseph, Der Gründer spricht zu den Kranken, Vallendar 1980, 13, Vortrag vom 27. Mai 1966, nicht ediert; vgl.: Augustin, Agnes, Rose und Ähre – Gemeinschaft in Krankheit. Behinderung und Leid, hrsg. von der Schönstatt-Krankenliga.

14 Kentenich, Joseph, siehe oben, 14.

15 Kentenich, Joseph, siehe oben, 14.

16 Balling, Adalbert, Gott lege ein Licht in deine Hände, siehe oben, 25.

17 Lewis, Carl, Über den Schmerz, siehe oben, 122.

18 Zitiert nach: Publik-Forum, Zeitschrift kritischer Christen, 24. Jg., Nummer 3, 29.

19 Kentenich, Joseph, Himmelwärts, 26.

20 Kentenich, Joseph, Der Gründer spricht zu den Kranken, siehe oben, 48.

21 Kentenich, Joseph, zitiert nach King, Marianische Bundesspiritualität, siehe oben, 236.

22 Kentenich, Joseph, Himmelwärts, 116.

23 Kentenich, Joseph, Gott mein Vater. Aphorismen, Vallendar 1970, 11.

24 Delp, Alfred, Im Angesicht des Todes, geschrieben zwischen Verhaftung und Hinrichtung, Frankfurt 1949, 111.

25 Boros, Ladislaus, Erlöstes Dasein, 4. Aufl. Olten 1964, 23.

26 Kentenich, Joseph, Himmelwärts, 160.

27 Kentenich, Joseph, Himmelwärts, 109.

28 Onken, Julia, Geliehenes Glück. Ein Bericht aus dem Liebesalltag, München 1991, 202.

29 Meves, Christa, Ninive darf nicht untergehen. Unsere Verantwortung für die Zukunft. Fünf Anreden, 3. Aufl. Kassel 1976, 24.

30 Frankl, Viktor, . . . trotzdem ja zum Leben sagen, siehe oben, 92.

31 Trobisch, Ingrid, Mit Freuden Frau sein, . . . und was der Mann dazu tun kann, 20. Aufl. Wuppertal 1974, 23.

32 Kentenich, Joseph, zitiert nach: King, Marianische Bundesspiritualität, siehe oben, 334.

33 Kentenich, Joseph, zitiert nach: King, Marianische Bundesspiritualität, 335.

34 Zitiert nach: Kral, Josef, Christliches Zitatenlexikon, Abensburg 1950, 258.

35 Balling, Adalbert, Gott lege ein Licht in deine Hände, siehe oben, 59.

36 Balling, Adalbert, Gott lege ein Licht in deine Hände, 125.

37 Pieper, Josef, Über die Liebe, 4. Aufl. München 1977, 49.

38 Pieper, Josef, Über die Liebe, 129.

39 Pieper, Josef, Über die Liebe, 133.

40 Pieper, Josef, Über die Liebe, 95 ff.

Kapitel 8: Schlußbetrachtungen

1 Schiwy, Günther, Abschied vom allmächtigen Gott, München 1995, 7.

2 Thomas von Kempen, Die Nachfolge Christi. Vier Bücher, übersetzt und hrsg. von Mayer, Wendelin, 2. Aufl. Kevelaer 1990. Drittes Buch: Kampf und Trost, Kapitel 47, 282–284.

3 Frankl, V., . . . trotzdem ja zum Leben sagen, 127.

4 Zitiert nach Pieper, Über die Liebe, 168.

5 Martin, Theresia, Die letzten Worte der Theresia Martin, 2. Aufl. Trier 1963, 89.

6 Vgl.: Brantschen, Johannes, Warum läßt der gute Gott uns leiden? Freiburg 1986, 65–66.